良知

与狗食

周良沛 著

云南出版集团公司 / 云南人民出版社

书 前

过去，人过七十，乃“古稀”之年，如今，正当望八，也不“稀”奇。不仅是我，是六十多年前许多十几岁都踊跃当兵的兄弟，年纪比我还大的“同志哥”，如今一样健在。

人长寿，世道好。

不过，长寿不健康，活得也受罪。七年前，癌变体切除，本该归天，奈老天不收；能吃，能动，还“老不死”；愿听，愿看，无法不思考；先圣在谈德意志意识的书稿边上留有圣言：“真正的人——思维着的人的精神。”

过去，在一种近乎禁欲的环境长大，有不起任何嗜好；从小，严格接受为人、道德、信仰的教育，全成了无法改变的精神固执。颐养天年，“享受生活”，还不甘心除了吃喝养身，麻木不仁，四肢灵活，行尸走肉。

“余热”有多少，不知道；血不会冷，是人之所以为人之道。虽然行动迟缓，静观世事，仍有动心的喜忧；“无法改变的精神固执”，总为是是非非不安，为身边不平之事所忧；既有陷于痛苦的深思，当然燃烧表达的欲望。为此，也就有了汇集于此的杂文杂烩。

不再年少，气不盛，感悟生的艰难，几声叹息，淡淡的愁忧。题材属杂文，却少嬉笑怒骂，情随笔走，更似随笔。虽说人为应景真话难说，谎言混世何必活着；黄泉路近，名利似烟，顾忌何有；本为草根，平民心态，荡涤浊污；水平无法保证，真诚不会失却；心无天高，还不信命，遇事无奈，还得凭运；不少想做的事，若无关系，花落水流，胎死腹中；彻底的唯物论者，闲时，难免戏念：“阿弥陀佛。”

今日，过客联系两岸的半岛，巧遇双十。一桥之隔的深圳，选定此时为吉日，结婚的男女“扎堆”的新闻特显眼；一早，平壤壮观的大阅兵的直播，是关心当今世事者无法不关注的镜头；对岸纪念“武昌起义”九十九周年电视新闻中的烟火，看得我眼花缭乱。我家乡俗，百年纪九，该是辛亥革命百年祭。二三十年前，九龙到香港渡海的码头，此时不乏很张扬的，对大陆恶意的攻击，随着这些年的变化，岛上已无它的市场。港九之间，有了海底隧道，不用轮渡。但在另一“制”下，又不乏有心人的纪念。

我是井冈山人，故乡是革命的老根据地；“Th′ Internationale shall be the human race(英特耐雄耐尔一定要实现)”的誓言，是从那里唱响。但民主革命的先行，同是七年后的“五四”，十年后中国共产党创立的先行。孙中山先生的“民族”、“民权”、“民生”三大主义的民族独立、民主政治、民生幸福也不是今日可抛开，而是需要全部实现和完善的；社会主义初级阶段的迈步；出发，总是为了到达。有“英特耐雄耐尔一定要实现”的壮志，不敢“指点江山”，还能以此观世论事。然而，既成书面文字，哪愿它是寂寞的独语，总望借此与人对话。

在这信息时代，远离平台的顾盼，是

有口的失语、有嘴却哑。世态炎凉，总会有“人一走茶就凉”的，同样，也会有未曾谋面的朋友，约稿议文，尚未完全将我忘记，以文会友，一起热闹。同时，我义工的一家海外期刊，不乏营养精神、开阔视野的信息，人在外，话题难免延伸出外。为应时，不是应酬、应付，当记者，干编辑，时不时的都需要写下一些虽不一定署名，却可以为我的所思，留有心绪的表达，或在来稿的前后，补白写注，不至于“离休”则万“休”。

若天假以年，该干，还可能，还干得动时，仍当干。人愈老，手脚愈笨，人愈老，涉世不浮，笔下墨水还会流。若苍天不怜悯，活着却不健康，老年痴呆，不识人事，亲友权当收到儿孙为我发出的讣告，毋庸牵挂。

周良沛

2010.10.10，九龙，八度海逸

目　录

“实用”的堕落

一

纪念了“改革开放三十周年”，又面迎中华人民共和国开国六十周年的纪念，海外传媒，早早的就在渲染“十一”大阅兵这一多年未有的盛举。对于节日气氛的添喜，对于国力的展示，对于它留给人们想象的空间所可以去想的，也是无边无垠，爱怎么想就怎么想吧。如此这般，本身就是情趣盎然的乐事，有什么不好呢？

这三十年，改革开放的成果有目共睹，物质生活的改善，综合国力的增强，谁也不能目视无睹；“金融海啸”之中，许多国家都盯着中国的外汇储备，很不现实的希望能帮他们渡过危机，连金元帝国的总统奥巴马都说：“总不能老向中国借钱过日子！”除此，还用多说什么呢？

不想，此时北京竟然有些大“学者”、“权威”在讲了“任何事物都可以一分为二”后，继而大讲只有对改革开放不能“一分为二”的宏论，真是震古烁今。这些先生，已简单、粗暴地将“一分为二”之“二”，无知地视为一正一负，而负为正的阴影之变态，盲于它由此唯物于广阔的辩证天地。无视“矛盾存在于一切事物的发展过程中”；

“每一事物的发展过程中存在着自始至终的矛盾运功”的法则；无视“社会生活在本质上是实践的”所展现的事实。正像先圣所言：“现实的生活生产被描述成某种史前的东西，而历史的东西则被说成某些脱离日常生活的东西。”偷天换日，贩卖二元论，真是学术品格的堕落。不能合污，对此挑战，总不是持唯物史观者对信仰的放弃！

若照他等所说，这不等于公开摧毁写入《宪法》所确立当今政治秩序的思想、哲学基础的历史唯物主义、辩证唯物主义的基础么？一个国家，一个社会的统治思想，不论他尊奉唯物还是唯心，走的道路是左或右，是革命或反革命，都得以其统治思想矢志不渝的执著之坚守，以稳定其政治秩序与社会秩序，才可能谈别的。若为实用，此一说，彼一说，朝秦暮楚，出尔反尔，别人还能有办法相信你吗？你于国不顾，对建国立业的统治思想根基都如此，还说是为了“维护”这，“维护”那，那么，再漂亮的言词，也是谎言。

二

虽说改革开放的伟绩是任何人以任何方式都抹杀不掉的，若谁借“一分为二”专讲“阴暗面”，抹黑改革，天理不容。反过来，走到另一个极端，不说其中有什么经验教训，难道为了更上一层楼，正视矛盾找差距，想想其中的不足都错了么？否则，只能幻想一个无冲突、无矛盾、也无法推进的，人类发展史上从未有过的，海市蜃楼式的社会好了。

恩格斯（Engels，Friedrich 1829 ~ 1895）在《家庭、私有制和国家的起源》中针对家庭、婚姻讲“一些人的幸福和发展是通过另一些人的痛苦和受压抑而实现的”时，又说“任何进步的同时也是相对的退步”，从某一个角度看，它也是事物某些现象的概括。他和马克思（Marx，Karl 1818 ~ 1883）合作的《费尔巴哈》曾套用歌德（J. W. von Goethe 1749 ~ 1832）的《浮士德》中靡菲斯特斐勒司所说的“凡是现存的，都是应当灭亡的”以告世人。任何伟绩，都有需要重新起步的开始。

大庆之日，若大谈“经验教训”，太煞风景。为此，叫不要瞎折腾，也好理解。但是，事过之后，想想这些年的“医疗改革”的“不成功”，前后可没有少折腾老百姓；“教育改革”对于多少该当健康成长于他学习的学子，同样为它的“不成功”也多了多少艰难。这些事，任何时候想来，都不可能愉快。当前文化产业化的推行，是否学到其他搞市场经济的国家和地区对此之长？具体的作法，是否又符合政府一再重申的立国几项原则之利？出版原为世界十大暴利的行业之首，为什么在中国大陆不论美名“合作出书”、交纳“出版管理费”，实际上都是卖书号。五月廿六日《新华每日电讯》所据“扫黄”情况的综述，就有“一些正规出版社竟成‘制黄’帮凶”之叹。此中自然有见利忘义之徒，也不乏逼良为娼之事。有的单位为无法维持编辑人员原有的生活水平，还嫌万元以上的一个书号的“管理费”太少的都有。有人问港澳多少钱一个书号？我坦诚相告，香港无有书号要钱之事。过去有人向内地作者卖香港书号，几千元一个，愿打愿挨，无有正规行情，因为香港办个出版执照，收费不过千余。此中之弊，既有隐痛，怎能杜绝？传媒常常以某些地区某台晚会成为该地旅游活动的一个财源而大做文章，对真正的文学艺术规律、功能，若不能与旅游文化区别来想，区别来对待，那么，这文化问题的“文化”二字，不妨多加斟酌，有点深度的思考才行。此时此事，若说不能“一分为二”，只能自欺欺人，是对唯物史观的理论顽抗。

本来，欢庆改革开放之时，来些闲言碎语，冲淡欢声笑语之乐，容易误导对它应有的正面认识，不仅欠妥，简直不识时务。可是，此类“识时务”者为此又有此一新说，自然是为他的某种需要之实用。实用主义者对此实用之妙用，自有需此实用之妙。近日台北当局的某一公示之文印有马英九、刘兆玄的玉照，闹得沸沸扬扬，即被斥之“马屁”经的雕虫小技。蓝、绿两派齐轰。一旁静观，感慨万千。此岸上述“理论”之作为，是否有东施效颦之嫌？不敢妄言。但有一点是可以肯定的，政府执政的整体阶级、哲学基础，无不尊其对立统一的矛盾法则予以审视、推动、掌握、处理内外大小事务之进退、沉浮，为其思想定向。虽然为反对国际霸权也坚守“多极”政策，这和提倡文艺的“百花齐放”之“多样”不是一回事。尽管这一“多样”常被某些人说成“多元”一样。不能排斥有的人是居心偷换概念，有的人虽然肚里很有学问，但做学问，也像佛家念经一样，需要有对科学之“诚”，否则，经是要念歪的。因此，一个要科学治国的集体，是你以伪科学、反科学之论，以一厢情愿之需所能实用的么？

由此，不能不深思此种实用主义引向文化及各个领域的思想堕落。文风不正，政风不正，看似书生口头或书面之言，却深度的影响大众的社会生活。

三

过去讲到“GDP 迷信”和“隐性割据”等问题，行事者都是不择手段，不顾廉耻的只管实用。他等，没有未来，只有眼皮底下的实用；没有原则，只有少廉寡耻的交易；没有坚定信仰的忠诚，只有实用于需要的叛卖；捞到一把是一把，抓到手的归爷有；若有实用于登天之术的买卖，不惜推人下地狱为代价；若坑蒙拐骗实利于实用，公平和正义何惜糟蹋；为肥己伤天害理的缺德，必然张开损公的虎牙；拜金纵欲，花天酒地的实用，撑得贪腐的贼胆更大；无人之所谓人的诚信与良知，则弃人的道德准则以试法！堕落至此，也不顾拼命为自己“树形象”之形象了！又哪里愿想想个人对民族，国家应有的责任？实用得实利就好了，别的，管他妈的！

少年时，人民以战斗迎接新的共和国开国之际，我听会了《没有共产党就没有新中国》，从旧中国一直唱到新中国。当迎接开国六十周年纪念之际，年轻的朋友让我看到他从网上下载的一首竟以曹火星词曲的此歌，再由原曲换上新的，说是“填词”，未必确切，它将“没有共产党就没有新中国”的“共产党”全套成“房地产”三字，成了

“没有房地产就没有新中国/没有房地产就没有新中国/房地产它忽悠就能火/房地产它一心救中国/它指给了富人圈钱的道路/它引导政府走向富足……”它由“共产党”转唱到“房地产”，自然是反讽。“打油”的嬉笑怒骂，也无需苛求它有什么艺术的概括和语言于艺术的考究。肆无忌惮的贪腐，已是公开的掠夺。它所激发的公愤民怨，容易教人认同、欣赏此歌夸张、宣泄的嬉戏。贪腐自然不仅表现于房地产，报载民心工程成了“豆腐渣”工程，正因为它是贪腐工程。但内地的房地产，却是贪腐典型的温床。我见有个小区，交房之日，管理此地产之大公司的几个老总为此所受之贿，一个判死缓，一个判无期，一个判二十年。由此来看，它有多大的诱惑，也是多大的陷阱啊？台湾东森电视台采访北京的一位有关负责人，他坦言该市的GDP，房地产占百分之五十。这就是说，当地已将自身进退、沉浮的一半捆绑、卖身于房地产了，到时候是它听你的，还是你听它的。有位大陆名牌大学教经济的教授，听一位台湾学者讲到台湾的私有制将房产列为私产而不列为GDP，瞠目结舌。原来他在课堂为大力推崇、鼓吹现实中的市场经济，竟然不知土地的国有与私有是两种不同社会制度的重要标志之一。没有土地，高楼、别墅不能树立在梦幻中。“房”与“地”，生死相依。然而，地是国家的，房产商又绝对是私人资本，国家不准机关单位集资建房，个人也不允许单独在城市盖私宅，必须交予市场。因此，它整个的运作，必然公、私联手。我目睹有家房产商看中的土地，嫌面积不够他“开发”，竟然把有的机关宿舍圈进他“开发”的版图。此时，若无利益、利害相关，或别人不可能知内情的“猫腻”，不可能有官员胆大包天的出来“配合”，威逼干部拆迁的怪事轰轰烈烈的在光天化日之下。若不是包括一批离、退下来的有胆识、有水平，靠政策所强硬的人出面，事情的收场也必定更有戏剧性。因此，教经济的教授，若对台湾的房与地的私产不列入 GDP，和这里公产的土地的背后，不说全是，也不少上述故事所增长的 GDP 有个不糊涂的观念，怎能理解中央对房地产不允许出台优惠政策之文三令五申，许多地方不仅充耳不闻，反而加大优惠，中央之令，哪有从中以实用夺利实惠啊？

贪腐的另一极是清廉，它在现实中的淡化、缺失，必然使人丧失许多对现实的乐观之情。清康熙皇帝都知道“治天下以惩贪奖廉为要”。可是，今日惩贪之中，贪案反而增多，贪赃之款反而增大，贪官的官职上升，它促使我们的反思，自当不同以往。原因可以是多方面的，但上述那种实用主义瓦解理想的谬论污染、渗入、进击到不少执政人员的骨髓外化为溃疡，才使反腐形势更为严峻。

当然，事出有因。近年，类似之事，以不同方式，在不同场合频频曝光的，如申斥人民解放战争为内部残杀，当年调动亿万农民支持解放战争、建设新中国的土地改革，斥之对土地和地主私有之侵犯而大论其“害”的种种怪论，将原本为民之诚，之德，之辉煌于信仰的崇高所光照的历程，全妖魔化为摧毁你的核心价值观的核武器，使一些流于形式的宣传，在拜金与私欲膨胀之中找到更多扩散的空隙和空间，只成了一些政治化的空头标签。许多看来不正常的怪像，正是接受了这种污染而以牺牲思想、文化、政风、文风之健康为代价的多方位多层次的正常堕落。事例举不胜举，再说也是那个样子。由此，却想到捷克作家伏契克（J，Fucik 1903～1943），他身受法西斯迫害，随时可遭杀害，终身追求的崇高理想，可能难以见它实现时所发出的名言："人们，你们可要警惕啊！"

原载《海岸线》16 期（2009. 5. 15）

GDP 迷信与隐性割据

一

当前，无论何地的何种体制之政权，都不讳言经济下滑的现实。过去，这是任何当权者都忌讳、羞于出口的，否则，无异坦诚自己无政绩可言，坐在那把交椅上的人，有此坦诚的天真者，凤毛麟角。如今，事实的严重性、普遍性已无法相瞒，全球“金融海啸”的大环境，已无需担心可能为此遭到纳税人和选民的问责之困。公认为世界金融中心之一的香港，也不例外。公司减员、降薪之事，时有所闻。然而，香港的经济复苏，也摆脱不了内地经济状况的大环境的互动效能，这已是立法会的反对派都无法否认、反对的常识。为此，港人专注内地消解“金融海啸”的对策也属必然。

内地“扩大内需”的声势浩大，领导人鼓励百姓相信以此能走出逆境最常见的一句话则是“要有信心”。唯物论者相信存在决定意识，但绝不可忽视主观能动的作用，无此辩证法，处处皆是认识的陷阱。可是，对同一问题要有同样的“信心”，则需同心同德。为此，极度忠诚的行为准则，则为信仰，是“同心同德”上升到另一高度的情感世界，此种“信心”的强度，坚如磐石。

既是同心同德，自然劲要往一处使。近日，北京市政府公示：绝不救“烂尾”楼市，“楼市”二字前附加有“烂尾”二字，既是相关的政策措施，又不是泛指房地产业。不是官员们平日为其雅兴随便抛出来的一口浓痰。因为此次“金融海啸”的病症，始于房地产、股市。不几天，国家“发改委”明令各级地方政府不得在中央政策之外为房地产出台优惠条件。此令所针对的，正是不少地区为房地产暖身升温不断抛出很可观的地方优惠政策。它既为防堵目前“金融海啸”所波及的影响，也趁此修缮之前贫富差距拉大所带来社会问题的另一措施。

目前，若忘记直接以房地产作为 GDP 增长的数字以满足官员政绩指标所需，将本应用于民生的纳税人的钱往歧路运转之痛，必然与群众利益对立、对抗。此种为个人名利驱使的固执，即便不是从中直接受贿，以所谓的“政绩”往上冲刺“前途”与“‘钱’途”之快捷方式者，谁要一旦沦为其名下的平头百姓，还敢奢望能从他手下得益于“执政为民”之“政”么？目前，不少对现实不满的情绪，实则是由这些人一心只想抢眼 GDP，不顾民生的 GDP 迷信综合症而来。然而，这类对上阳奉阴违的官员和部门，有的为此已在自己权力的领域操盘他等的隐性割据，房地产的问题，只是一例。

二

新的共和国建立，无疑是自信民主革命的成功，又毕竟不是民主革命的全部完成。有人为此提出“补课”之说，作为政治斗争的课题，有它非常人所知的内情，不是学术，也不宜以谈学术予以评述。但反封建反得不到位、不彻底，直至今日的社会生活还会痛于它的后遗症，仍是现实。中国的千年封建，且不说它。辛亥革命后的军阀割据、混战，蒋介石的封建加法西斯的统治，算是对“封建”的发展和现代化。可是，到了社会主义中国，“文革”派性斗争中以亲己者之“正统”所树旗的“站队划线”，以及暴露出来的现代个人迷信，还有绝非个别的一把手的家长风，都是它的阴魂不散。

今日那些自行其道、窃取私利者，所以称其“隐性割据”，是时代不同了，毕竟不是民国初年，军阀握有“出政权”的枪杆子能割据称霸。今日那些先生的野心，虽然未必比那些军阀小，却没有拉出枪杆子占山为王的社会条件，还得统一在五星红旗下称臣为吏，无法摆脱上级的任免令所决定在那把交椅上的去留。英语通常称主席、议长和掌事者的 chairman，以我认汉字的习惯，容易将它作为 chair 与 man 的两个词的组合，前者汉译为“椅子”，古英语为“轿子”，后者，译为“人”，可见椅子的象征意味，中外皆然。所以他等坐上那把交椅作报告、训话作指示时，对中央文件的背书是口若悬河，滔滔不绝。阳奉阴违，又无法偷偷摸摸，不是不知利害，又似赌徒冒险。还是看准了人际网络关系中的腐败因素可以利用，是对群众监督机制的效力难以到位，甚至有操纵它的把握，才有他的贼胆！

这次，布什出面“救市”，竟有人说他要搞“社会主义”，自然是过去简单化地以“市场”和“计划”经济作为分界两种不同社会制度的主要标志。面对“金融海啸”，又有搞“市场”的国家希望中国有助于他们面临的危机，也该看作他们过去将“计划”简单化地等同“专制”的一记耳光；同样，内地也有那么一些市场万能论者，一说到“计划”就怕不“开放”，走“回头路”。零六年岁末，温家宝总理访问莫斯科归来会见香港记者，回顾一年经济的起伏，是有“调整力度不够”之说。对此，内地传媒基本不予报道。因为新闻也市场化了。一批误入GDP的迷信者，“炒”作文化市场之自由化的规模、气势，连海外搞那一“制”的也自叹不如，似乎GDP的数字，也能以其意识形态的作用以救市。却不想出版的书之“多”还可以“滥”，学校的“博导”多，还可以“假”，东北某校一次就刷下几十个“博导”的市场数字，当能“以此为证”。

三

目前，所以有信心将“金融海啸”的影响降低到最低限度，是能以“计划”集中力量办大事；是这些年发展经济茁壮了一定的经济实力有了底气才能气粗。而“经济实力”的增长，主要又是以出口贸易的增长所增加的外汇储备。然而，此种外汇储备的增长，虽然公民沉重付出的代价太大，也是对国家、民族所作的贡献，有怨也无悔。若以他们从资本原始积累所献出的方式，有时是很残酷、有违道德，还是资本道德的。它是千万民工，其中不乏童工，在沿海和发达地区的物价下，一月几百元，又无劳动和医疗保险，厂方也不予任何方式签订合同的民工之付出。他们，除租房和吃饭，一分钱也拿不到，许多人已沦为“包身工”。他们每天劳动十二个小时以上，过度疲劳，体力不支，和操作于设备的陈旧中死亡或致残者，年以万计，遇到重大事故，诸如传媒公开报道的，厂房火灾，由于厂主将窗门钉死反扣，工人逃不出去，活活窒息而死的悲剧，从公开曝光的，也不是个别的。这几年，经济高速发展，已无法完全排开此中的血泪组合。以他们身为《宪法》中的政权之阶级基础，又是社会生活中事实上的弱势群体时，政府出台《劳动合同法》对他们予以的生存保障，无论在哪种政体下，都天经地义。是对资本道德的制约。虽然有的官员不一定都是贪官和庸官，为了确保 GDP 的增长，睁只眼闭只眼，贯彻不力外，不仅外资、合资厂以迁厂要挟，要求暂缓执行《合同法》，就是以收购废品白手起家、又成了“人民代表”的大款，对于《合同》将其暴利限制到合法的程度也不罢休，还提议案要求立法为他减免百分之十五的税款。他等的这种“理”和弱势群体的理，于此无有和谐的“理”。目光看远一点，从改善民生问题入手而巩固经济健康、稳步发展的思路，不仅出于维持现有体制秩序的道义，更考虑到了包括这些大款现有利益在内的，现政权巩固的基础。否则，正如五年前《海岸线》创刊号上记述到一位外宾看到一个城市分散为多处向各家厂主讨还扣发的工资时之情景所说的一句话：“他们一群群的，都联合起来，不就得到整个世界了么?”此话，并非危言耸听。不说眼前外国的“拉美化”问题，想想这个共和国是怎样打下这个天下不就行了么？

《邓小平文选》三卷111页“如果我们的政策导致两极分化，我们就失败了”的最高指示，当信誓旦旦要恭奉“邓小平理论”时，还不见有谁胆敢宣称此话作废。为此，当传媒开始出现“两极分化”一词时，北京有文章以质问的口气说：“现在说有‘两极分化’，不就是说改革失败了？”此话是正话反说，还是反话正说，只有天知道。

这些年，国力增强，人民生活得到不小的改善，说一句“两极分化”就否定得了么？邓小平讲此话，还是在讲政治。世界“大同”之前，回避讲“阶级”，并不能消除“阶级”：深恶“阶级斗争”之害，抛开阶级分析，也非治国的上策。以此解读邓小平这句话，那就是说，两极分化必然导致两极对立，为此，当年依靠闹“革命”的族群，也会走向它的反面。世态演化的方式、过程，无论怎么相异于昔，但对立而对抗的目的和结果，则是变不了的。这也是此次“金融海啸”中《资本论》在西方许多书市脱销；据悉，内地也在加紧它新版的印制；胡锦涛江西过春节，内地传媒只道他与民同乐，香港网站则有“重上井冈山”之说，无论以何种态度对此，它都意味深长！

为此，我们不妨看看社会生活中的问题：本来杀人偿命是不必讲任何理由的，可是正像上期《海岸线》的《访长毛》所言：“在上海有个人杀了几个警察，也有一些上海平民表示对他的尊敬，这是什么社会现象？”而且民众对审判的不公开、透明，至今也议论不休。看来，杀了警察者还不是让他尝了命就可以了事的，这就不能就事论事了。人们显然是有情绪要借它发泄。北京的机关报刊是难以得见地方小报的社会新闻，不少杀人犯问他的犯罪动机时，答得干脆："对社会不满!"听来触目惊心。那有武装警察站岗的居所，有的同样发生治安问题，根究门卫的责任不难，深思问题中的问题，是够头痛的。电视播出一般贪腐分子的受审，大多的反映都是："打苍蝇不抓老虎!"大贪出场，据说此中也是顾及"人权问题"，西装革履，毫无所谓，毫无廉耻。近日报载：重庆"征地办"的一员贪官，提审时竟向检察官炫耀他穿用的名牌之昂贵，以及享受过程的欢悦。读来啼笑皆非。虽然贪官本性如此，也警示了意识形态工作的缺口。看得不仅怒火中烧，也不能不叹息世风日下。这次中国派出军舰往海盗猖狂的海峡执行国际任务护航，发言人并未随着西方背书，讲到航道治安问题的根本改善，还是有赖当地民生问题的解决，很有唯物精神的说服力。国内对某些家庭确实困难，情节还不恶劣，初次涉及经济问题的嫌犯，还是想到"饥寒起盗心"之理，人性化地予以教育不立案。一月廿七《今日美国报》有则经济衰退导致美国刑事案件增加的新闻，自然也是全球"一体化"的连锁效应。此时此情，再提邓小平那句话，既不能说这就是否定了改革，也确实警示了危机可能导致的"失败"。

四

值此"经济海啸"时，即便不言"为人民服务"的政权，化解危机，也需先从民生问题入手，何况“为民”的执政者？它不仅为化解燃眉的危机之急，也可以帮助化解过去因为诸多情况所积累下来的问题。台湾搞那一“制”，“振兴经济”也是与“关怀弱势”并提的。此时，想想上述那些真正用血汗、血泪积累了国家外汇储备又失业的民工，以及诸多同类的族群和他们的问题时，为了政权的巩固和社会的和谐，国家首先当考虑什么？不说为官，首先是为人者，不该有点道德之心么？此时，跟在西方的屁股后头，以变态的热情死死抱住那些不适于自己的某些一成不变的，守旧、陈腐的观念观察、判断我们有中国特色的经济现象能行么？此时，以房地产提升的 GDP 再“牛”，广大底层族群，需要住房又买不起它，包括钞票多得犯愁，要他“炒”房他都认为这不是投资又投机的时机而对此十分冷漠时，这个 GDP 的数字不论多大，不都是皇帝的新衣么？再“挺”它，只能吹泡沫，在经济危机中如此，是犯罪！如果仅仅靠这些空头数字解决有“中国”最陈腐、老朽的“特色”之面子问题，那就很可悲了。

五

面子问题的圆满，无助实际问题的解决，更不是全民同心同德的“信心”。隐性的割据，仅看上述“挺”房地产所加剧、恶化原来由它所曝出两极分化之一极的暴发户之“牛”的威猛；恰好是对此时民生工程的对抗和拆台。本来，说一句“割据”也就可以了，后果，时间会回答的；

本来，民众只望所“执”之“政”确能“为民”，他们必然与你同心同德。然而，这些能隐性割据者的地位、作用，在家长式的操作下，已视民众为阿斗；同样，百姓对他等所代表的“组织”，或敢怒不敢言，或不满遭封杀、报复，教那些已不愿为此说些什么的，完全将一腔闷气迁怒于他等所“代表”的组织之符号闷于内心。当年苏联解体时“沉默的大多数”，应该也是这样的多数，大人物可以不屑一顾，却是左右不了当时发展趋势的历史奔流。

此时回头想想现有体制有它能集中力量办大事而有一定抵制“金融海啸”之力量时，除了现有利益不同于“人民”者外，“执政为民”之“政”，不是空话、套话，不是被不该、不能代表此政的，往往也被封建式隐性割据的“代表”所“代表”去了，那么，此“政”若真能落在“民”心，是不愁没有“同心同德”的“信心”。

当社会生活存在不同阶层的利益，想完全“同心”，是空想，只能依靠你所谓的民之民，不论哪种社会，他们都是人类社会的大多数。“存在决定意识”，除了不利于“同心”的“存在”，需要颇费思量的审慎对待，也不可能以主观意志可以改变。然而，那些“导向”者与存在所互动的实效功能，有时又不能不让人关注与忧心。政府握有大量宣传、出版、演出等文化阵地的市场化，在大谈“核心价值观”时，现实中又常常处于市场万能论之下的尴尬。有海外朋友说这个时期的作品全是垃圾，自然偏颇，太情绪化，但垃圾也确实不少，有的诲淫诲盗，或是跟“核心价值观”唱反调的，在这大千世界，都不为怪；怪就怪在有的还受到鼓励，乃至颁大奖以示的样板作用，就真怪了；若说世无完人，错误难免，这也不怪，那么，遇有问题，提倡“百家争鸣”又不敢争论，这里，咱不议政治，那些黄色下流的东西，那些有违中国人基本的伦理道德观的东西，也怕批了会“越批越香”，是完全不相信民众，不相信以后可能成其“沉默的大多数”的他们能够明辨是非。他们有时确会勃发“越批越香”的逆反心理，它从何而来，又不该反思么?

当事者也不是没有发现问题，只会暗禁、暗堵，这样，越禁，越香，越堵，越旺，问题也越来越复杂。见于经济的隐性割据，同样见于思想，见于GPD迷信者以其经济数字做营私的政治阶梯；GPD、房地产、救市与救世的学问，同样渗入到意识形态作祟。历史的教训一再告诉我们：以行政的办法解决思想问题，只能事与愿违；反对思想的隐性割据，不是不要文化的民主；张扬百家争鸣，并非主张无为、无治、无政府。以市场万能的观念来解决意识形态中的问题，意识形态也必然市场化，钞票化，它也将你一厢情愿的核心观吞噬得体无完肤。

问题说来话长，应有另一专题。但是，市场万能论的所谓“医疗改革”，仿佛一经“市场”，患者随之进入天堂，然而挡不住的民怨终于逼得被动承认了它的失败。教育市场化的所谓“改革”，结果也是一样。因为它的负面效应，老百姓甚至称之的“报应”也来得很快。但意识形态潜移默化的效应，不易那么外化得立竿见影，却有它在当今社会生活中常常相互交叉感染的特点。学术腐败中的论文剽窃、学位交易、买卖版面“炒”作等等，真是弄得斯文扫地。对此有新民谣道：

教授摇唇鼓舌，四处赚钱，越来越像商人；
商人现身讲坛，著书立说，越来越像教授；
医生见死不救，草菅人命，越来越像杀手；
杀手出手麻利，不留后患，越来越像医生。

世态如此，怎么同心同德？前人有批判的武器，武器的批判；今日当有同德的武器，武器的同德。被称之“灵魂工程师”的，也是思想的医务人员吧。那潜移默化于人的意识，是能化作生命的血液、人生的信仰，是影响人一辈子的精神与物质的。否则，怎么会有理念、信仰所接近或一致的同心同德？假若文化，也像房地产，只要有了那些数字，哪怕是垃圾也好解决问题，那么，这些数字也是孩子玩的积木，它也可以垒尖 GDP 的尖顶，若是这些孩子随着 GDP 迷信而不知市场的物资之外还有什么在影响我们生存的所在，就不知道他等要等到什么时候才能长大？

原载《海岸线》15 期（2009. 2. 15）

救市与救世

一

陷于金融危机的西方，政府纷纷出面拨出巨款以“救市”，一个以“自由经济”为其政治体制标志的政府，由于此举，竟有“布什要搞社会主义”的笑话出台。在这“笑话”背后，倒是一部深刻的，本来就是政治、经济无法分家的《政治经济学》。同时，西方不少信奉基督的教徒，都盼他拯救世上犯罪的灵魂以“救世”，然而，不论基督还是政府，此时是“救”了“世”才能“救市”？还是“救”了“市”才能“救世”呢？

电视荧屏传来华尔街一般市民拉开的标语，质问“为什么用纳税人的钱去‘救’有钱人的‘市’？”如此的诉求，是他的人权，更是他的生存状况所定。这也为我们提出一个救什么市，为谁救市的问题？

中国政府虽然也说到不可低估此一“经济海啸”对中国的影响，但自信它不可能动摇中国经济根本的稳定。此时，更加需要深刻反思，意识到自己没有完全被海外的右翼经济学人牵着鼻子陷入“一体化”的泥沼之“不幸”，才能有此刻之幸。

当前，我们一般百姓所听、所见的“金融危机”，就是股市和房地产产业的下滑，然而，一般，也是大多数，尤其是广大农村的亿万村民，生活中还无有与股票和房地产打交道的纪录。除了听说有的地方裁员、降工资，韩国、法国甚至为此改吃两顿饭的新闻，使之不能为之所忧外，否则，股市和房地产管他什么事啊？无怪中国社会科学院有学者呼吁：莫将房地产与GDP挂钩；这正击中了社会生活中所出现的问题之要害。

因为，“公仆”们要提升“政绩”的思维取向，也全集中于看得见摸得着的GDP数字的上升。为此，这些年，它也实际上成了操盘时下经济与政治生活的“看不见的手”。所以才会有大量新盖的新楼闲置，又有大多还没“先富起来”需要住房又买不起房的人。然而，房地产业的兴旺又是可以在一夜之间崛起众多千万、亿万的富豪的奇闻怪事；股市在它最“牛”的年月，传媒公开的报道就说到，有的股票之市值与净资产值之比，有的高至七十多倍。本来百年股市的投机和冒险，从来都是几家欢乐几家愁的故事，此时却是只有欢乐没有愁的“繁荣”，还不皆大欢喜么？GDP如此的飙升，还不是多少人在仕途胀了口袋粗了腰杆的“牛”事？

为此，这些年在经济求其整体的平稳增长时，需要对这些年不健康的“发展”作些必要的调整和降温时，也只能在它的“繁荣”面前无奈。当然，此时的“经济海啸”，从整体上讲，自然不是好事，但是，坏事之中使那些不健康的“发展”有所降温，还不能完全看作坏事。当前，从某个层面看房地产、股市的“不景气”，恰恰缓解了它的“景气”躁动社会生活的浮躁之气。尤其通胀的压力成为当今不论哪一国、哪一“制”的忧心时，股票、房价的下降，反而教老百姓原来以股票、房价的升降看钞票是否“值钱”的天秤之心理，为原来预期通货膨胀的慌乱与恐怖也随同降温和消退。为此，物价，也确实没有令人恐怖的哄抬、飞涨。除去了浮躁之气的沉稳心态，大大沉稳了社会，对扼制浮华之气中的奢靡之风，有它不容低估的，良性的推动之力。这是无法忽视的，中国平民百姓的“中国特色”心态。

二

内地的房价，不一定都能像香港毗邻的深圳、广州降得那么猛，不像它旺市时那么波动得令亿万人无法安宁。此时，股市泡沫的破裂，应是规律的必然。不然，它高到七十多倍的泡沫不破裂，而“挺”得持续“牛”的泡沫，结果又会如何呢？如今，不仅股民，还有传媒呼应政府出来的“救市”，若政府投出大量纳税人的钱于此，处于“一国两制”的港人看它，这就既不是这一“制”，也不是那一“制”所该做的事。既是市场经济，将它交与市场就好了，何用你去“挺”？若坚持那一“制”，过去邓小平南行时有话：“证券、股市，这些东西究竟好不好，有没有危险，是不是资本主义独有的东西，社会主义能不能用？允许看，但要坚决的试。看对了，搞一两年，对了，放开，错了，纠正、关了就是了。”十六年过去了，它到底好不好，能不能用？这个话，今日就不知道该由谁来说了。目前，它发展得不健康，有目共睹，让它这样不健康地下去，绝非好事。

而且，中国已有数千万股民，有的甚至是辞去公职的职业股民。当《宪法》明文要尊重劳动和劳动者时，人们都想以此“创造价值”以圆发财之梦，偏偏如今又正在演出美梦破碎了的悲情时；若想“关”掉它，谈何容易；若不能“关”，则全被那一“制”操盘方式所缚。原想借鉴西方融资手段所造成的另一种影响，此时则成了破坏金融健康秩序的投机活动。以致一些西方金融“大鳄”在华进入大量游动资金“炒股”。玩他那捞了一把短线快速退出的把戏。叫你“牛”得疯狂之后一蹶不振。如此这般，“中国特色”何以能存？何以彰显？

有人说中国股市是个大大的就业市场，这大概不是最初开放股市者的初衷。当今，任何体制下的社会，若以它为就业市场，恐怕都很难说它是个正常的、健康的社会。何况，中国股市一开放，买任何股票都必赢，短短几年，每股增值百倍，乃至千倍的，已不稀奇，绝对是世界股市史上的奇观。为此，大量失业者、弱势者被诱入股市，想赚点小钱，以维持或改善生计之心，很好理解。股市处于给富豪提升暴利的畸形发展状态，一旦由“只升不降”反转为“熊”而不“牛”的“常态”后，被股票“套死”的，首先也是他们。它的泡沫正常破裂而受损，雪上加霜的，又是他们。目前，股市泡沫的破裂，看远点，早破裂比晚破裂好，但它对这些底层受害者的影响，更需要以“救市”之心对待。

但是，股市“关”不了又“牛”不成时，是依其畸形，还是正常发展好呢？这只能听那些从中受益和受害者为各自的利害作各自的表述吧！但以一种临于赌场的赌客之心态的投资、融资，以此视为投资意向、经济兴衰的气温和风向，那绝非发展此一“制”的经济之正常、健康的心态。这一“制”所需要的“开放”，亦非陷入那一“制”的那些不适于自己、或是一些观察经济现象的某些一成不变的，守旧、陈腐的眼光。

三

然而，为GDP，官员们对房地产的兴趣，比股市浓。这些年它的“发展”，仅以土地交易所揭露出来的贪腐案，难以计数，是当今贪腐的温床。农民的良田被征用、占用、吞没，造成粮食安全的威胁，农民与如此执政者的关系紧张；滥伐林木，破坏生态，天灾的报应，苦果谁吞？卖土地（且不说当中的贪腐）和上工程的钱，肯定比那要付出不少的工及农业产值所提升GDP而飙升的“政绩”来得快，它促使有的官员以变态的热情将它推至畸形发展的邪路。“以民为本”的政权，若以GDP的数字游戏视为造福于民的“伟业”，实际是借“民”之名为自己要的“花架子”。西方提升GDP的做法，不知其详，也非此处的议题，绝不是有“中国特色”的社会所繁荣经济的样板吧！

目前，许多国家都想以“减息”缓解燃眉之急，内地也有诸多放宽“房贷”的政策以扩大内需、刺激消费，都没达到预期的效果，反应平平。干部，有的工资、待遇确实偏低，但男方分了一套，女方又分了一套，分了“福利房”，还有“集资房”，有的机关，领导在不准乱发奖金时，要了地，盖了房，作为“福利”分给大家，他们给没有长大的儿女准备好房子后，还空着多少房呢；有钱人不是“茅屋为秋风所破”，除了自己的豪宅，还不知有多少房产，要他往里再加添置，他已经认定这不是以此发财的时机；“茅屋为秋风所破”者，还有比住房更紧的问题都没法解决，别说只是方便一点“房贷”，即便房价打个对折、三折，就是一折都买不起。那些办法，其象征意义大于实际效能。有时，病急乱用药的情况很好理解。但在贫富差距加剧拉大的现实面前，需要加强经济民主时，还需要为谁救市呢？再以房地产商的爆发挂钩 GDP 的飙升，那是“救”了“市”，还是“救”了“世”，仰或为谁升官加上助推器呢？

四

这些涉及经济学的问题，从专业的角度怎么看它，无此修养评述。平头百姓从切身的生活实际如此看它，算是平民经济学吧！不论是有学问的，还有有权的，他们若能用于治世，“全心全意为人民服务”的“执政为民”，无论干什么，最终还是要百姓认同才行，要百姓点头才算他们真有学问。

成都有座耗资十二亿的“政府办公中心”对外拍卖，拍卖所得，全部捐献地震灾区，然而，它之所以要拍卖也与该地区地震之灾有关，与舆论的压力有关；但，这事一“拍”就了事了么？韩国传媒偶尔拍摄到总统李明博穿的西服，是价值三千美元的意大利名牌，因此引起“激烈的反应”，一些民众由此认为“他也许永远都是无法了解老百姓的大富豪”。本来，穿甚么，完全是个人的自由，它再“名牌”，用的也不是赃款。对此，李明博若是一位普通人，谁也管不了。可是，正因为他是“总统”，国家经济又不景气，民众则以其主人翁的精神为此怒对他们的公仆了。以此三千美元的名牌西服，对照这十二亿的豪华办公区，它留给老百姓说的，该是什么呢？此类（是“类”是指“类似”，并非完全一样）之事，绝非成都独一，只是有的还未被“捅”出来罢了。有的官员，作威作福，且不说它，此类人上升的“政绩”，有的就是房地产商发了，自己也肥了的故事。即便自己很干净的官员，奉行“执政为民”的理念，实际上却挂钩房地产搞“GDP 万岁”，恐怕就不能真格的“为民”为到点子上。

“为民”不只是一个漂亮的口号，即便能以此为自己的宗教，也要在“中国特色”中科学地懂得中国的世态、人情及一般中国人的心结，否则，再有好心，也办不了好事；再怎么费口舌，都说不清，道不明，无神论者也只有跪读《圣经》，阿门！

原载《海岸线》14 期（2008. 11. 15）

《格瓦拉：一个无所不在的革命幽灵》编辑手记

香港深水埗的先施公司里，有间大铺面，出售的全是印有切·格瓦拉（Che Guevara 1928～1967）叼着雪茄或斜戴贝雷帽之头像的T恤衫和文化衫。毫无疑问，在一个讲到任何是非都厌烦“意识形态化”的社会，商家如此，绝非为了“意识形态”，而是看到商机。国际著名大商会之所以出现此种现象，即便像日本《产经新闻》说到年轻人所以“热追格拉瓦拉”是“赶时髦”。可是，当这一“时髦”在全球大面积扩展时，就不能简单地视为时尚问题。

若说格拉瓦是个无所不在的“幽灵”，那么，这一“幽灵”，则是当今时髦于政界之“全球化”的负面塑像；当今，那些认为杀死格拉瓦，必然为他的精神和诉求掘墓者绝不会想到，这样物极其反地倒成了当今一大时尚闹剧之加场。

经济的“全球化”，一直是新自由主义融合政治与市场自由的基本要义。它在刺激经济增长中改造体制结构、削减社会福利、公共企业私有化、工会花瓶化和抑制异己力量的阶级权力，使资本的积累倒退到它最初更具原生态的掠夺性。它的经济增长没有造福社会，资本主导财富的再分配，加剧了社会不公的矛盾。为此，“资本流向了世界，利润流向了西方”的“全球化”，形成了南北贫富巨大的差距，“资本滚雪球，暴富更流油”的现实，在每个地区拉大贫富差距所共生的贪腐，更是严重的社会问题。过去，西方以壮大中产阶级做他抵制、排斥非同类政制的法宝，也做得有模有样，煞有介事地热闹得那些早被视为另类的执政者也亦步亦趋。曾几何时，以中产为“中间大两头小”之样板的美国、瑞典、日本等，中产者也同样在今日“一体”的格局下向两头分流，是两头大中间小。一头是少数人占有财富之大，一头是缺少财富，乃至难保温饱者的人数之大。千年前诗圣的“朱门酒肉臭，路有冻死骨”，当代诗人“春城一席红楼宴，深山十载贫家粮”所言及的时代巨变中之不变，使原来以壮大中产阶级幸福其体制的梦碎了。

不少地区，随贫富差距的拉大，贪腐污染道德、世风深度溃疡的社会生活之病灶，以及为此牺牲生态的“生产”所付出的沉重代价，也和目前不少地区的通胀问题一样，也在“全球化”。物价的涨幅过大，执政者不加大宏观调控的力度，肯定要衍发出别的问题。然而，富人一听“宏观调控”就头痛，那样就失去不少新自由主义给他的财路。但海外专家也指出：宏观调控并非处理流动性过剩的根本手段，只有“解决分配不均，才能根治投资过快”之弊。事发至此，回首先贤们对“资本”的科学论述，以现实证明它不是过时却是宜时的严酷时，想想千年前孔老夫子都知道不患贫而患不均所忧的“贫而无怨难”的课题，想想中国早期民主革命先行者中山先生提出“节制资本”的主张，乃至当代不少明知在其体制下不可能实现，也为稳定社会秩序，策略性地提出“均富”口号的执政谋略，它为反思当今那些以为GDP上去了，钱揣进谁的口袋都一样的官吏而言，若非其中夹有私利，那只能是弱智和昏庸。当今，随着时髦于政界之“全球化”而格拉瓦之“革命幽灵”也“无所不在”，“贫而无怨难”的课题，已是“贫而无怒难”了。为此，我们看到俄罗斯《晨报》向读者提问：《为什么全世界都在罢工》；欧盟中的塞浦路斯新选出的总统是在格拉瓦头像前的赫里斯托菲亚斯；法国基层选举“左派”占优势；尼泊尔的“毛派”举足轻重地跨进内阁；英国《卫报》的民调，不少德国人竟有重建“柏林墙”之愿；美国《国际先驱论坛报》报道前南斯拉夫地区民众怀念被该报称之“独裁领导人铁托”时，三十三岁的特罗哈说“我怀念南斯拉夫，那时我们很穷，但我们拥有一切。”这对于日均约两万的，到铁托墓前悼念的，挣扎于饥寒与战争血腥中的人民来讲，此话太好理解。何况他们没有从美国“输出”的“民主”受益，即便有钱，人还要活得有尊严，有个他可信赖的生存环境。无怪拉丁美洲的委内瑞拉要建“21世纪社会主义”，厄瓜多尔摸索“有自身特色的社会主义”，玻利维亚和巴西也在推行自己的“社会主义”。凡此种种，已是当今世界的一大思潮。它和前些年中国学人在海外嚷叫“告别革命”的热闹，正是强烈的对比。认真想想，“革命”有那么可怕么？君不见当今的减肥广告，都宣传他的新药带来“减肥革命”么？当然，不容将它庸俗化。对其恐惧者，以及自以为改革开放派者都应当知道：真正的“改革”就是“革命”，“开放”也是“革命”，是冲破自身实用的短视、闭锁，吐故纳新，东瞰目尽，汇水合流的精神境界，并非只在胆大，甚至无耻。为饱私囊张开口袋的贪官，文坛的“肉体写作”、“下半身写作”以此招摇的无耻者，是一丘之貉。毫无疑问，不是革命的开放，必然被人革命。这里说的也必须是真正的“开放”，真正的“革命”。如今，真正的开放，首先是提高开放的质量，不是比胆大和无耻。

当今，无论何种社会制度，若失去起码的物质基础和经济的繁荣，空谈生活的幸福、社会制度的优越，也是皇帝的新衣。但区别其经济为其社会制度的标志，并非某种经济运作的程序，而在于执政的终极理想目标，无论何种经济手段，皆可利用。台湾的大贪陈水扁，岛内岛外，说他好的不会有几个。泰国被军事政变所推翻的前总理他信，倒是深受中下层，尤其是弱势群体所欢迎的政治家，但也可以肯定，这位虔诚的佛教徒绝不是要推行中国大陆的那一“制”，奉行中国《宪法》的政治终极理想的人物。但陈水扁临近下台之日要将台北标志性的建筑，公有资产的“圆山饭店”转为股份制时，民众、传媒立即大声喝住：“住手！”不准他以此掏空公有资产。那一“制”的人，同样也是为了维护那一“制”，却不能不制止它被股份制。这不是完全否定股份制在现有条件下的作用，但那种将属下的国有企业卖得光光的官员，将一个城市涉及全市公民看病抓药的医院也不留一个公有，学校也卖给私人为政府“集资”，往下的戏怎么唱呢。允许私人办学，确属一大进步，若（在其属下的）学校完全弃公而办，无论要搞哪一“制”，都属奇闻。如此这般以“公有制为主”的《宪法》，如同废纸。再讲“法治”，实属讽刺。以此看搞那一“制”的台北人如此，还不视其为“造反”、“变天”有搞“计划经济”之罪？然而，以政变推翻他信的军人，无论是诬陷，还是另有内情，他们要找到自己行为的法理支持时，就有控诉他信本人对外的投资有化公为私之罪。不论是否属实，即便属实，用某些人的某种“开放”的眼光看，这本是“与时俱进”的市场化之必然，何罪之有？同时，他信在位时，泰国百姓不论患什么病，花了多少医疗费，出院时也不会让他所付出的超过约六百人民币的负担，教育减免费用的比例也蛮大。这样，完全抛开了那些认为“市场”可救世者的法宝！医疗、教育这么上好的“肥肉”不市场化以肥肥自己，这世道还有“人性”可言么？有趣的是，他信本身就是泰国的大富豪，他还要打理自己的生意，绝非要去赔本，还是想赚钱。除了他自身出身贫寒，又是佛教徒，有份对下层生计的考虑，这一切主要还是为了政权的稳固。这方面，他也是泰国当代做得较好的一位领导。但，下层欢迎他，上层却反感他，军方也是得到上层支持而政变成功。人以类分，除了别有用心的，学究式的讨论 Class 该译成“阶层”或“阶级”，Class 终究还是 Class，译文换个字并不能偷换掉 Class 原有的概念。人们面对如此的现实而理论它时，又能抛开 Class 的基因空谈么？

百年前先哲预言“在欧洲游荡”的“幽灵”之“幽灵”，是人类寄以希望的文字符号，今日看格瓦拉是无所不在的“幽灵”，同样是视他为当代带来希望的英雄。他死于敌人之手的壮烈，人民敬仰，他惨死的悲剧，大有可汲取的教训。今日，即便如人所说，他是“赶时髦”的对象，也不是人为的现象，而是社会矛盾的必然。今日敬礼格瓦拉，并非只像某些不怀好意者所讲的，是张扬武装斗争、暴力革命。每个民族、每个地区的民众要改善、改变自己命运的方式，是诸多客观条件所形成的，除非入侵他人，否则是无法以主观意愿可成事的。正像握有霸权者要“输出民主”也“输出”不了一样。今日格瓦拉的旗帜，是不屈不挠，毫无保留地献出自己，为消除饥寒、压迫、任何形式的渗透、侵略，以及人世的一切不平之理想而奋斗的精神榜样。许多年轻人是怀着时代的苦闷，借它以抒发浪漫的情怀，还有年轻人就是欣赏他那身“帅”气，那种飘洒的风度。如前所述，更主要的，是由于“一体化”所拉大贫富差距。通货膨胀、物价上涨所演化为系列民生问题所必然导致的世事巨变。世上“三十年河东，三十年河西”所喻之的“变”，在特定条件下，对于具体的可变体而言，变好，变坏，河东，河西？那就看其执政的终极理想目标了。不是看说什么，而是看他做什么。这些年，“一体化”的世界，不论通过民主形式的政党轮替，或是军事政变、宫廷政变、乃至民众自觉的抗议和各种形式的斗争，矛头之所向，都是贪腐之中凸显的不公所爆出人世所求之变，是为此变好的大同境界，还是变不好所加剧的矛盾而动荡我们人世呢？此时，政坛许多平日忙于作“秀”的“明星”之光不再了，格瓦拉则星光熠熠，芒镖四射，历史的此一选择，纯属偶然么？它留下一个怎么令人苦思的课题呢？

原载《海岸线》13期（2008. 5. 15）

官 尊

北京“奥运”划出的三个游行示威区，并有“接受游行示威申请逾期不复，视为许可”之说。不想，内地报纸当即出现《希望“奥运”后继续保留“示威公园”》的呼吁。此一呼吁，自然可以予以不同的解读，是一个需要深入的课题。但，立即让人联想到四川汶川大地震后，香港大小报刊所刊出绵竹市委书记蒋国华跪求学生家长的照片。先贤说：“门则刖跪”。“刖”原为古代断腿的酷刑，在此作动词用，可见双膝着地所施之礼，是隆重的大礼。可为求恕、求饶之沉重，可为愧疚之伤痛，可为屈辱，蒙羞所遭的羞辱。不可等闲视之。

市委书记向学生家长跪求，是家长们的 127 名孩子不是死于地震的天灾，而是死于人祸的“豆腐渣工程”。他们手捧孩子遗像，试图沿公路向德阳市区进发，要求政府追查教学楼倒塌的实情。这也应该视为合情合理的诉求。但是，时下出现这种百人以上的“群体事件”，当地官员在这之前的“政绩”，可能为此随之“泡汤”。蒋国华怎么当官，无从知晓，不能妄加议论。从他对《南方周末》所言：“我从来没有下跪过，我以为我一个市委书记去给你们解决问题，至少会给个面子。”要在过去，见了他，“人家就说，蒋书记来了，找个地方，找两个代表来一谈，就好了。”这一套，“原来好像都很灵”，“只有这次”不灵了。“他们就是不听，警察去挡，也挡不住。”原来自信“很灵”的那一套，怎么此时就不灵了呢。原来过去想当然“很灵”的那一套，是否过去真的就“很灵”了呢。

这里需要声明的是，此处以蒋国华为由头的话题，往下所议，与他无关。

过去，一名县太爷就是“父母官”了，何况“市委书记”？近百年来，“公仆”之说不绝于耳，一旦贪渎之风一盛，则无人相信此类鬼话了。但小百姓，还得在他眼皮下过日子，不想听他的，也得听他的。

网友问道：那些曾在重要部门负责重要工作，现今冠以“‘原’××长”的，“你们这些令人尊敬的‘原’，‘原’，‘原’，我完全赞同你们的观点：可是在你们非‘原’的时候，怎么没听说你们讲这些话呢？还有，现在那么多在位的、还未到以‘原’来称呼的官员们，为什么说不出你们现在所说的这些话呢？”这对那些在位时说套话、空话、违心话、乃至假话和退下来能说些实话、心里话者的现象，人们早已见怪不怪了。此种官员在位与退下来所为人的强烈反差，有人说是体制问题，其实，任何体制也不会相信官员如此能有利和巩固他的体制。然而，官员在位，忽视，淡化，甚至背离、背叛他的公仆意识后，自视为“官”，则必然如此。“官”，有权，靠它，能办事，能解决问题，为此也有他的官尊。尊，本为古代酒器，用以祭祀、迎宾之礼；后有“尊严可惮，可以为师”，已泛于为之敬畏的庄重所威严者之“尊”。而有官尊者，首先是官，有“权”，自然可以“威”风。先哲的《论权威》的权威，则指获得胜利的政党维持自己的统治所需要推行自身的意志所必需的手段，该是危急于大海航行时能拯救众人的舵手似的人物，不是一般弄权的官吏可比。但在位的官吏一旦坐上这把交椅，还不能说他完全不能代表统治意志，若说做得对的则可以代表政党和上级，做错了的只该个人负责，可是谁干事不是想干得对而要犯错呢？当然，最后是看客观效果。然而，天下事哪有没有开始就知结果的呢。由此验证是否能代表统治意志，很复杂。可是，按世俗的眼光，坐在那个位置就是一道衙门。所以人家想当然的是：总得给市委书记面子。可是跪了四次都“不灵了”。则是由于人命关天。“公仆”以我来“给你们解决问题”，一副恩赐的架子，还要他们放弃护权，他们自然也无视你的官尊了。

被人尊者，首先，要尊民与自尊。它并非与乌纱帽俱在，而是人格力量的权威。“父母官”此时若不能为孩子冤死的家长同有此“父母”心，说别的，全是废话。尽管灾区此时千头万绪，有许多事要做，但也不能说他们这事不重要，甚至不算个事。何况，谁也没有要你立即交出嫌犯法办，只是要讨个“说法”呢？若办事“人性化”一点，不仅允许，且该帮助他们有个适当的方式宣泄此时的怨愤，上街就上街嘛。工作若做在前头，他们可能反而不上街了。既然民尊、官尊俱在，过多其他的考虑，也无必要，你下跪，百姓也不领情。

灾区来客讲，后来别处也有类似的情况，弄僵了，竟说其中有坏人挑拨，“抓阶级斗争新动向”的那一套又来了。若说前一套不灵了，这一套就更不灵了。当然也无需断然否定有“坏人”在其中“兴风作浪”。但一个“事件”的“集体”，是同样失去儿女的父母，绝非经过动员组织，只为有同样的痛，同样的怨愤，同样的要求所汇成的群体，绝非什么人纠集闹事的“团伙”，这正是让人头痛之处。若不能正视它，以民主精神尊重百姓的民主权利，具体问题具体解决。以为来个“抓坏头头”可以一了百了，那只能将问题搅得更复杂，制造更多冤案。用手上的权，抓几个人很方便，由此形成民众离心力的扩张，这些权还能有多威风，还能有多大的作用?

不过，离开天灾突降那段谁也无此应对的经验而慌乱无措的特定环境，那么，有权，就不会无奈，也不会有官不顾他的官尊而向你下跪。

不过，平民百姓看来，当官员失去百姓不给他面子而没有面子的求跪，恐怕比他自信“至少会给个面子”的官尊太强，不听他的也得听他的要好些。为此，那些《希望“奥运”后继续保留“示威公园”》的先生还是应该多想想，若不能提升全民的民主（不是无政府主义）意识，只是在乎这种形式，是解决不了问题的。否则，他还可以搞不在嘴上明说的，抓阶级斗争新动向的那一套，以护其官尊呢。

原载《海岸线》14 期（2008. 8. 15）

占便宜与吃豆腐

海峡两岸的形势与两岸对此的政策，甚是微妙，令人心忧。由于陈水扁执政，竟然能以“台独”做他撑持门面的卖点恶搞了八年，看到换上了马英九，一时之间，竟有一切问题似乎可以全赖马英九解决之风刮起，令人费解。

如今，小马哥民调的支持率一路下滑，但周末包机、开放大陆客到台旅游、两岸投资上线等松绑政策，又初见成效。虽然大陆到台旅游的人数，与原计划的每日三千，准备好每人每日两千人民币一间住房的消费标准还有距离，但对八年糟到底的经济总算有点起色的亮点。算是小马哥为自己执政掌权、经济解困，借助大陆之力的第一招。但他政治上失去“统的想象”的死硬立场，绝不松动半步。为此，海外人士称小马哥对大陆的这一手为“经济上占便宜，政治上吃豆腐”的花招。

但包机直航等等的大门已经打开，若非有诸如战争的爆发等大的政治环境的巨变，谁想再关起这道门来，已不可能。因此，有的认为：不论小马哥本人怎么打他的小算盘，这个“便宜”占上了，那么，经济的发展，最后也是无法不联动政治能独脚而行。所以这个“豆腐”最后也就“吃”不下去。因此，北京对其实力和政治智慧的自信，相信小马哥“占”了这个“便宜”，进了这道门，经济绝对是要“和平演变”其政治的。最后小马哥也只能受其机关算尽之苦。

此种说法，有一定的道理。是否天随人意，这就难说了。台湾这十几年的所谓“民主”——选举政治，和通常所说的西方民主，不是一回事，很有台湾特色。陈水扁的民进党选下来，选民并非全是反对他的两岸政策，是他败德乱政，一家贪腐所遭人唾弃；小马哥获胜，也非他有什么不同的两岸政策，实在是陈水扁人品太坏。两党的竞争，非此即彼，只能找小马试试。何况他个人清廉的形象，一直是获高分的。他当选之日，从夫人起，一家几口亲属都辞去现职归隐以避嫌，比起“一人得道鸡犬升天”的封建阴魂，这也确是他选战中的一大优势。

讲到台湾选战中两党“拼场”时，“被释放的恶魔”民进党拿出他的“入联公投”当杀手锏来拼时，不想，马英九则举“返联公投”之旗迎头而上，满是“UN for Taiwan”的标语。他俩不是难分彼此，而是本来就穿着连裆裤。所以台湾作家林深靖称之“共犯国民党”。为此，今日对民进党的败德乱政深恶痛绝者，在政治上的“统”、“独”问题，却难找差异；对岛上国民党惨绝人寰的白色恐怖记忆犹新者，本来就认定他永远都干不了好事的。这种情况下，谁要想以“国共合作”来解决两岸统一的问题，就多少有点天真。

现今，在台湾，不论相互拼杀得多么利害的政党，都只有抢权的利害，绝无党旨的冲突。在其所谓的“民主”中，夺权得夺选票，所以只有选票政治。今日，小马哥上台的民调，要他“拼经济”的，是百分之七十多，有望两岸问题改善的，百分比是很低的。臭不可闻的陈水扁，爆出他瑞士银行洗钱的丑闻前，竟然有人请他再“出山”的，“台湾十大政治人物”的评选，民进党新的主席蔡英文竟在榜首，马英九则列于第七位。两岸包机直航的议程提出时，民进党是骂娘的，可包机真的飞起来了，首先是民进党执政的几个县长，包括民进党中常委的高雄市长陈菊都争往上大陆抢商机……由此，是否应该多想一想：这些选民由此在想什么？

北京一再重申：两岸问题最终要依靠台湾人民解决。此为绝对真理！可是大家为此在瞎忙乎时，我们看到的人民在哪里？解决问题时，将他们放在哪里？台湾有识之士早已有言在先：若无第三种和多种声音，他搞两党制，你也被两党牵着鼻子走，是不可能有什么真“民主”的。两岸相隔一个海峡，从内战算起，双方阻隔的问题就更多了，许多问题，只有首先通过台湾的权利机构着手，这也是一般常规。但是，当这一机构之所为不能代表台湾人民时，通过何种方式才能与台湾人民直接沟通，用何种方式请他们负此重任呢？这也是两岸问题中的首要问题，否则，只有让他占了便宜，吃豆腐好了！

原载《海岸线》14 期（2008. 8. 15）

文化腐败的毒瘤[①]

自三月初始，本刊不断收到有关要将“骗取‘鲁迅文学奖’的于坚之桂冠摘下”的电子邮件和电话，而首先揭发“咒骂鲁迅的于坚”获“鲁迅奖”之奇闻的《华夏诗报》社，亦为“国际诗人笔会”在国内的常设机构，因而此事立即在海外华人诗坛一片哗然。首先自本港始，继而海内海外回馈到作为华人华侨文化论坛的《海岸线》的信、稿，雪片飞至。编辑部同仁深谢各方以此对我们的信任和支持。由于本刊为季刊，受每期相隔时间过长之限，许多来稿来信早已在内地，尤其在网上以其优势占先发表，我们为人手所限，又无力一一作复，只能以此综述，向诸位作此汇报。

来信中，诸如转发网上于坚过去的好友韩东提及的“我决定以当年在广东嫖娼的故事（包括在四川龙池）为题材写一个中篇，绝对入木三分，绝对成为经典，你可能很久没有照镜子了，不知道自己长的啥模样了。”这对于坚那些将新诗痞化的文字之解读，应是有力的辅助。他的老友可以在网上如此教训他，可惜我们无有途径去了解、查实此一问题。何况，对作者最好的说明，是他的作品本身，

① 此为作者以记者之名，为刊物写的综述。

他那些非“洁本”的分行文字，足以暴露他的人品与文品，多一实证固然好，缺了它，看文本也可以了。于坚也不是纽约市长，此类绯闻的前卫也是时尚。该管此事的，是他所在的机关和公安部门，不认同它的，到此为止。说多了，污染文化卫生。

同时，也有告之某人为此的某种表态，也可以看作对此的第一手材料。公众人物之言，无论说好说坏，都有名人效应。20 世纪八十年代新诗诗集评奖后，巴（金）老一句：“听说评委多评自己，这不好。”此话见报，若说它有名人效应，不如说是巴老于此赢得了公众。但他们之言未见公开前，我们也非专门暴“内幕”的市井传媒。更重要的，此事在海内海外的华人文化界的强烈反应，才是真正能指点江山的激扬文字。台湾作家讲到他们过去在白色恐怖下传抄、偷读鲁迅的作品所获得被欺压、凌辱下的生存力量，以至今日在“独”、“统”之争所能有的坚持之精神，对此，于坚所辱骂鲁迅“鸟导师”之词，在现代社会的民主讨论之中，这样对付对手（哪怕是敌手）所该有的起码人格尊重都没有的“鸟人”，是无法遏制的义愤。鲁迅的作品，此种哪怕翻翻，更不可能读懂的“鸟人”，在这大千世界有此“鸟”并不为怪，但在此中捧为诗坛明星，则无法不让人对评奖原本的期待而陷于深度的失望。本刊在人心如此之时一再谈“文化民主”，自然无法看重谁以旧儒学所倚重旧礼教式的裁判。

但我们也向出版五卷本《于坚文集》的出版社求证传媒“炒”它畅销、脱销、加印之说，回答是：它总共印了五千套，五年来总共发出（并非售出）了千来套，百分之八十一直压库，成为该社苦不堪言的包袱。同时，我们也向国外也能见证以《O 档案》在国外改编演出所“炒”作于坚“走向世界”之虚实。告之的也是：观众席上了无几人，全是操办此事的哥儿们，除了那些口头反对“意识形态”化又以它为其“意识形态”所用者外，别的，连过去艰难岁月进步人士所反对的“为艺术而艺术”者的“艺术”都没有。全是“意识形态”作怪。这对于老沉溺于度蜜月之情者，真该看看人家籍“藏独”之反华者所名为反“意识形态”所持的“意识形态”了。于坚的《O 档案》怎么“意识形态”且不说，他如此咬牙切齿地辱骂鲁迅，不论鲁迅可不可以骂，该不该骂，鲁迅奖授予如此切齿鲁迅者，总是太荒唐了。同时，以鲁迅之名设奖，总是政府为“核心价值观”的彰显，因此，这不会是西方所忌议的“意识形态”之时尚吧！如今，从于坚此事的前前后后、里里外外看一遍，怕不能说它与“意识形态”无关吧。

于坚的所谓“口语化”，不仅没有华人华侨所珍惜母语的纯洁，反被其“口语化”的“口水化”所奸污而伤害了他们对母语的赤子之情。某些称其为之新诗“口语化的代表”者，对新诗之历史可说一无所知。“五四”之“新诗革命”即以前人黄遵宪（1848～1905 年）的“我手写我口”以表现“古人未有之物，未辟之境”而口语始，自胡适起，刘大白、康白清等，都有过有益的探索性的实践，用得着今日的“权威”封谁为它的“代表”么？

内地文艺评奖，从报刊已公开暴出的怪事，早已教人见怪不怪。红包评好，花钱买奖，在消费时代，包括行政部门花钱，为其不仅有经济，并有文化的两手抓的“政绩”所买奖的名利交易，当是正常消费。但在政府一再强调其“核心价值观”时，另一些“价值观”于名利场所作的交易，该是这个忌谈“意识形态”时借它反“意识形态”而腐败于所需的“意识形态”之所为。虽然一切都热闹于开放的“多元”，常常叫人难以在那“多元”之中找定“核心”的坐标时，海外文化人对于他们今日所热议的这一于坚现象，还是有他们的“核心”观，看它无非是文化腐败所滋生的一个毒瘤罢了。这是符合这一规律的正常现象。

当今，事事反对“意识形态”之声不绝于耳，那些明显言行不一于此者，也是明显的虚伪，正像他们对于坚上述问题同样“意识形态”双重标准的虚伪。在此，除真诚感谢诸位来信来稿反诗文之痞化，反文化中的腐败，同时盼赐美诗、美文，以消毒那些所谓的“诗”、“文”之脏、丑的污染。

原载《华夏诗报》201期（2008.4.25）

《海岸线》14期（2008.5.15）

《色·戒》引出的话题

一

电影《色·戒》，首先是在美国定为“三级片”。“三级片”的含义，直接说，就是“黄色电影”。因而它在导演成名、活跃之地的美国，不仅少了许多热闹的空间，美国网站选出年度十佳影片的同时，它也列入“年度最令人失望的电影”。票房、口碑，都不好。为何如此？只为它是“三级片”？“三级片”就是“三级片”，如此臭它，也非一般。这与它在内地和港、台的十分火暴的状况相比，正相反，对此，当冷静深思。

内地的拷贝是经过删剪的。到底删剪了几十分钟，有关方面从未有过一个公开、明确的说法。这到成了不少地方的小报所“炒”作的热点，为影院的票房加温。那类关于“女博士要起诉政府主管部门，为（影片）剪去了故事的原创性”的说法，花边于小报，更可疑为“红包”新闻。何况，谁也无权对此起诉，因为此片完全是经导演李安之手亲自动剪的。因它是美国首先定其为“三级片”，“政府主管部门”只能以中国还未有影片分级制，公映的影片还无法拒绝未成年人进影院，故而无法欢迎所致。李安自然不能轻易放弃中国广大的市场，为此赶赴北京，剪刀动得对方在以开放的态度对此“洁本”可以接受才罢。说“起诉”，对“法”又无知，十分可笑。凡此种种，都是广告，只是还不清楚，谁是义务的，谁是有偿的。更可笑的，竟有附设于小报的《健康周报》为此也来凑热闹，将影片剪去部分做爱的“床戏”，谓之“瑜伽式的高难动作”，借性生活的健康问题，推出《可以学的〈色·戒〉?!》而大讲性的刺激。这比雄心壮志地打击网上黄色淫秽的内容还要糟。由此，也可以看出它的影响如何了。

在香港看足本《色·戒》，两个半小时内，首先是要播映定它为“三级片”的告示。现在少年早熟，从外表很难看出是否“成年”，影院防范“未成年”者贸然闯进，将可能发生的种种问题都是有言在先，在银幕上一一告诫，事后责任分明。这样，影院可以不负什么责任外，在香港如此，就不知是否还有别的什么作用和效果了。

看过足本《色·戒》的，若非专门有兴趣它的床戏，并专程而来的外，有此“雅兴”的，包括某些“学者”，还包括专门乘飞机从内地赶到香港来了此心愿者，林林总总，也是有那么一大帮人。但从中国人口，中国电影观众的比例看，还是一小群。从真正意义的大多数看，恐怕也不会有多少人以此视为看它的热点。从影片的整体情节看，“洁本”反而让人误读了编、导的思想和主题。误为那颗钻石戒指是串联故事的红线。既然现实生活拜金的空气又浓，男女跟原则的交易，同样司空见惯，那么，观众也极容易、极愿意以此人生体念来解读这一“洁本”。

影片故事很简单：抗日战争时候，一位年轻貌美的爱国志士（影片命名“王佳芝”），受命打入敌伪汪精卫名下的特工头子身边，积极以她的除奸计划而行。然而，汉奸却用他的床上功夫征服了这个原想杀他的女人。当汉奸已陷入包围圈的紧要时刻，这个女人却放走了他，自己反被汉奸枪杀。有文章标题问《色污了戒，还是成全了戒》，这个情节本身，已经非常准确地回答了这个问题。

剧本是根据张爱玲的同名小说改编的，小说虽非报告文学，剧中主角也是有原型的。当年轰动南北的郑苹如潜入大汉奸丁默邨身边，除奸未成，被贼出卖，壮烈牺牲。伟烈、悲壮，震天撼地。小说、史实，两回事。读者可以对作家已经公开发表的作品提出他所有的意见，却无权要求作家写什么，怎么写。可是，由小说讲到郑苹如，竟有人撰文说它“假、大、空”，对此可以毫不客气地怒斥“胡说八道”！若无无数先烈前赴后继，洒热血，抛头颅，有你这么胡说八道的空间？在沦陷区没有逃出来的同胞，当了亡国奴，哪怕关着门在自己家里，说话都不敢大声点，你知道吗？十二月上旬，香港有家电视台先后数次播放了该台邀请了几位了解《色·戒》历史背景的先生为之座谈的录像，其中竟有人由此说到“汪精卫那时那样也是不得已，日本当时的军力太强大了，他是怕中国这样毁在了鬼子手上，才出来组织南京政府的。”一部影片邀出这么多人以如此的姿态为之共舞，盛况空前。

这么一个短篇，张爱玲足足写了它三十年，这对那多研究、倾倒于她才华的专家所看，不可思议。由此，看作家对她笔下的这一题材的心理，也是不止一般的复杂。她男人胡兰成就是汪精卫手下的中央宣传部长，大汉奸。对他，有人呼吁不要“因人废言”，废不废言，他都不可能不是汉奸。何况，读者总想“文如其人”呢？但，张爱玲并不恨他是汉奸，却痛恨他是她征服不了的男人。张爱玲曾是倾其所有的要帮他跑关系，以逃脱他的汉奸罪责。香港老一代的文化人都知道，20世纪50年代初，胡兰成跟上海黑社会一个小头目的姨太太在尖沙咀开了一间小食铺以糊口。后来不知道找到什么关系，去了日本转到“台湾”地区去了。目前了解的资料，还不能很准确地将张爱玲与胡兰成在香港的时间找对清楚，若张爱玲就在香港，知道胡兰成跟那么一个女人在尖沙咀，自然更要将她所恨男人的情绪，病态的通统带进她后来所有的小说。小说改编为电影，不可能原模原样，若无需要夺得此一题材的话语权，也就无需改编它，这也是创作规律。有评论说，导演李安已从张爱玲对此事的女人立场转为男人立场。男女虽有性别之别，真、善、美，假、恶、丑，却不以性别而分。李安在《明报周刊》的一份《答问》中，说了选梁朝伟演易先生的顾虑：“梁朝伟来演一个汉奸还是有障碍的，因为观众看到他，就会喜欢他。”那就是说，李安在理性上，也不喜欢因为观众喜欢明星梁朝伟，也喜欢上他演的汉奸。角色的脸谱化，任何时候，任何场合，都是演员的艺术和人生的败笔。但从汉奸这一角色看，这一人物核心的本质，绝非什么好东西。梁朝伟作为一位成熟的中年男人，对什么人还有魅力，这不好说，说是“帅哥”，还有距离。他没有演成观众因为他是梁朝伟也喜欢他所演的汉奸之负面效果，还是忠于角色，不是表现自己。他的表演与影片的精细制作都是赢得票房价值很大的保证。他演汉奸职业性的阴沉、阴险，也是受威胁于全民抗战的烈火在他内心是永远的恐惧所来。正像王佳芝所说，他只有跟女人在床上才感到自己是活着的存在。他也以这种"活着的存在"，征服了一个负有民族大义之使命的女人。影片借此大讲"人性"，很有心计。孔老夫子都讲"食色性也"，在此也就称它为"人性"吧；在这个不讲"意识形态"为时尚的日子，从民族感情讲，对汉奸的爱憎若可以摆脱"意识形态"，也就不讲"意识形态"吧；但由此激发与《色·戒》共舞之热烈谓之"空前"，绝不为过。但它也激发许多没有忘记南京大屠杀中的死者之鲜血者的愤怒，斥之于此的"人性"实为汉奸情结，同样绝不为过；郑苹如的英魂，在《色·戒》的"人性"之前，若被斥之"假、大、空"，那么，影片中的王佳芝之所为，当称"人性英雄"，"超爱国"的楷模。然而，英烈郑苹如以生命所换取的价值取向又是任何力量、任何方式所抹不去的历史存在，是我们民族精神的存在；要求艺术作品弃之艺术虚构的手段是可笑的，有违艺术创作规律；但在艺术与历史相似的题材中，郑苹如的生命价值取向与《色·戒》已表现出来的"人性"情结，对于还没丧失理智，还能清醒于历史的道义，不忘现实的责任者对此作个比较，再做出自己的价值判断，也应该是别人剥夺不了的权利吧。若对此有不同看法，或有微词，乃有批评，则谓"左"，是"'文革'大批判"，那么，不论“左”或“右”，他对你在此说的“人性”，谓之“汉奸情结”，是否合适，都是“来而不往非礼也”的针锋相对，也属“人性”。在此，若讲了“意识形态”就“左”，那么，在入侵与抗战的历史前，又当以何种意识做出判断呢？若在全球“一体化”的进程中，认为民族感情有碍“一体”，那么，只好像网上讲到南京大屠杀，一个香港学生所说：“这是中国的事，关我们什么事？”事若如此，又当作出何种判断，称之何种“意识形态”？在此，尊重各位的“自由”！

思想的“活跃”和“混乱”不是同义语！

原载《海岸线》12期（2008. 2. 15）

二

《色·戒》在大陆与港、台的电影市场“火”了一阵后，相关人士祈望它入围“奥斯卡”等几项国际大奖，不想，祈望过高所遭受的冷遇，也是更难忍受的难堪。何况一经列入“三级片”，也就失去被评的资格。尽管现实之中少不了难以预料的偶然，但人世间能维持其正常秩序的，总得有一些人之所以为人，社会之所以构成为社会的民族的、伦理道德等共识的意识基础。

尽管地域、社会制度之不同所免不了的各种差异，也同样有个是非的底线。香港在一国之中可与大陆不是一“制”，但百年的殖民统治，也使那一“制”有被殖民者的意识基础。不久前的“艳照门”，也就是裸照事件引发人心的不安、义愤，是很能说明这一点的。这一年，人们从近年拍摄的一些影片意识到其中之内涵有所特指的，网民视为有“不可靠”的基因者，竟有二十多部之多。如：看了《色·戒》知道男人不可靠；看了《苹果》知道女人不可靠；看了《集结号》知道组织不可靠……通过手机，发出短信，这些说法的传布很广。若影片让观众从中所认知的，真是“组织不可靠”，那么，这个组织所组成的政权对民众还有诚信可言么？若是这样，就麻烦了！

这些批评，不一定都能击中要害，总是观众对它关注也多，意见也多，有关人士，不应无视问题不可忽视的存在。

《色·戒》的问题，本来就不是男女问题，不是男女之间谁的可信与不可信的问题，而是应该怎么对待民族败类的民族感情问题。美国定它为“三级片”，黄色电影，是以“床戏”画面的视觉冲击力所判，并未涉及内容。传媒以此大肆“炒”作，在市场经济中达到了绝佳的票房效应，也向市场迅速传出了极有经济价值的信息。《苹果》正是步其后尘而遭停映的。从故事的框架看，夫妻、父子关系在市场交易中都能以钞票出卖，是极其深刻的社会悲剧。步《色·戒》之后尘，想有个相似的票房效应，生硬地加进许多与上述主题无关的做爱之镜头，更是创作人员艺术道德的悲剧。然而，《色·戒》的“色”是构成影片的有机组成，它是汉奸用来征服人们的民族感情的武器。剪去此类的镜头，反而转换了作品的主题，由它的“色”转而成为社会关注的另一焦点，也成了它在文化市场的卖点。此中暴露的社会病态，该关注、自省。

每年，每月，各国、各地区、各个不同的编导所制作的影片，无以计数，不可能有个都得拿来放它一遍的市场容纳量，也没有不放它老百姓就得饿肚子的电影。尤其是外来的影片，投入市场必然经过选择。《色·戒》既已认定它是“黄片”，内地又没有影片分级制而无法接纳，那么，不放它也就结了。若是堵“黄”堵“暴”，都怕有损“开放”的形象，那就如此“开放”好了。往下就看怎么维持你的道德秩序和社会治安了。而《色·戒》所构成的整个故事，涉及民族大义，不是剪几个镜头，剪十几分钟的戏就可以了事的，剪得不伦不类，剪得与原创的主题风马牛不相及，观众看来自然也是不伦不类。所以如此，若非病态，无法理解。近来港片《神探》遭剪，又是哗然。不仅网上，内地公开出版的报纸，嘲讽它的标题就是“内地版，像恶搞!”有必要非得如此不可吗?既然定它“暴力片·三级片”，照章办事，不放它“暴力片·三级片”好了。要么，则宽容“开放”好了。若用剪刀就能改造到它脱胎换骨，原创人马就别吃这碗饭了。还好，观众理智了，不像对《色·戒》那么好奇地涌往影院。不过，听说《神探》出现了心像的神怪鬼影，影碟店由此又传出不准卖它的传言。所谓“神怪鬼影”之言，说得含混，难以领会，难以执行。不然，对当前为出版社大大赚钱的《哈利·波特》怎么对待?对古典名著《聊斋》怎么看?台上的白淑贞是蛇精呢，《乌盆计》中的蒙冤者自然更是鬼魂!其实，那无非都是作者借以表达善心的艺术符号罢了。而对《色·戒》

中所出现杀人不眨眼的，真正的魔鬼，那个大汉奸，不少自许以弘扬核心价值观为己任的传媒，对它同样多加爱心，在银幕上，更在舆论阵地大行其道，反而成了不正常中的正常事了。不是没有人对它“艺术创造”的“易先生”同历史上的原型丁默邨相比较提出质疑，也不是简单化地以历史批评艺术。某媒体准备发表一点不同意见，上级竟对主编说：“人家都说好，你唱什么反调?”不同意见，“百花齐放”，怎叫“反调”？他所讲的这个“人家”究竟代表谁？怕就是他自己吧！如今大概又有这类的上司发了另一样的话，却对该片的女主角，用传媒的语言是予以“封杀”，她拍的广告片全部从荧屏撤下，海外自然为此哗然。美国 The Hollywood Reporter（《好莱坞时讯》）大做文章。对事不对人嘛，没文化，搅文化，只能越搅越乱。无怪别处也有“人家”以“艺术创造”，以虚无历史，从根本混淆、否定影片的思想内容。

细心的观众，不难明白，编导原先之所想，倒反没有行家为其开脱的那多言辞。如影片结尾，“易先生”批示处决那批爱国学生时，批文签名的特写，正是“易默邨”三字。此处，其姓由“丁”改为“易”，这“易”，更改、改变也。是《汉书·贾谊传》“易服色制度”之“易”也。编导要改变“丁默邨”，正是要“易”换其为作者表达某种主观意愿的“丁默邨”，并非某些人对其“艺术虚构”完全视为毫无所谓的偶然。活跃于香港的华人学者李欧梵，对《色·戒》绝不可能有如某些人一提批评就认为是“文革”式的“大批判”那样，他也无任何恶意的先后有过多篇评论。一月号《城市文艺》，他的《历史的联想》，以影片、张爱玲的原著，对照真实的历史而说："张爱玲究竟是私下同情这些狐群狗党或是根本对之不屑一顾？抑或是超然在上，以文学家的'上帝'观点俯视这个'混世'间的悲欢离合？我不愿回答，也无从解答，然而还是禁不住在此要问一句：艺术何价？好的文学是否必须超越历史？超越得了吗？"以历史为背景的影片，想超越历史就超越得了吗？

为此，上期我们介绍了当年直面丁默邨"为国除奸，不料事机不密，被日军拘捕，终以身殉，为国牺牲"的郑苹如。这里，再以这篇《曾任"魔窟"头头的丁默邨》看看杀害郑苹如的刽子手。作者王火，当代小说名家，亲眼见过丁默邨，是历史的见证人。当今，不说绝无仅有，也不可能再有几个了。他父亲，是民国初年随孙中山国民革命的中坚，抗战期间，在上海因抗日遭绑架，汪伪胁迫他附逆不从，被软禁于这个大汉奸、老特务主持，上海人称之"魔窟"的极士斐尔路七十六号内，随后又将他兄弟关了进去作为人质。抗战胜利后，毕业于上海"复旦"新闻系的王火，身为记者采访南京大屠杀及审理汉奸时，又看到丁默邨，对此，他是很有发言权的。当然，他被押为人质时，仅是中学生，不可能知道太多内幕。他们父子仨，好不容易在地下工作者的接应下逃出"魔窟"，父亲却在逃往香港的海轮上"失踪"，不知是他杀还是自知难以逃出魔掌而投海。总之，都是为自身的清白，为自身的民族气节。这是能超越的历史吗？想超越就超越得了吗？此时，对老先生这身浩然正气，怎不肃然起敬？此时，再看眼前被“人性”化的恶魔“易默邨”，老先生不屈的脊梁，不正是对这段历史中的丁默邨和“艺术创造”的“易默邨”所该有认识的真理么？

这里，借此对予以其诚挚、热情回应我们对此质疑的朋友予以深切的谢意。有的朋友，希望我们抓好时机，广泛讨论，以明是非。其实，随着影片的公映，这种讨论就很“火”了，网上为此提供的空间、容量和畅所欲言无所禁忌的环境，不是一般期刊所能相比、所能胜任的。其实，影片中有易默邨、王佳芝，历史上有郑苹如、丁默邨，这两期我们借助马国亮、王火先生的见证，已将这个问题说得很清楚了。实在无需再啰嗦什么。虽然海外报刊至今仍然有人热情不减，长篇大论地以导演制作的“精致”回避议论中华民族处于危难之中对汉奸应有的是非界线；以赞赏编、导、演的“易先生”非脸谱化而大肆赞赏汉奸的“人性”；似乎“易先生”在那特务系统法西斯管制的相互钳制、监视的阴暗、压抑的心态也应予同情，这，则是一份更难理解的作者之“人性”了。他们若知，直至年前十一月韩国“亲日反民族行为人财产调查委员会”第三十次会议，做出再次清算、没收“韩奸”财产的决定；同一个月，台湾新一代接手老一辈遗留下的旧马克债券者，由于日方坚决否认当年强行推销旧债券之事，他们组成“台湾人对日索赔协会”。二十日下午，手持白布条，到立法院抗议；既然政府无心也无力向日本追讨债务，他们声明：只有求助“中共”当局，“要日本政府给一个交代！”对此，大陆“国台办”有了正面响应；还有，据英国《泰晤士报》二月四日报道：“政府出资以确保纳粹的种族灭绝的恶行不会被新一代遗忘的计划，英国各所小学都将派两名六年级学生参观奥斯威辛集中营，让他们了解当年的大屠杀事件。”凡此种种，对于那些将杀人如麻的汉奸一味和谐于“人性”的写家，看这些60年后还不忘清算的受害者之后人，怕也要清算他们的非“人性”了。写家撇开历史，只讲“艺术”。然而，人物“艺术创造”的最高境界当是人物的典型化，若“典型”人物有任何“脸谱”的痕迹都无法谓之“典型”和“艺术创造”，同样，“典型”人物若没有它所以构成“典型”的根本质素，像汉奸到底是个什么家伙都闹不明白，那么，“典型”从何而言？这种“艺术创造”又有何用？虽然艺术本身就是一种人生现象，可也有人撇开它与人生的关系，一概视为游戏。然而，游戏也得有个游戏规则，否则，也无相议的立足点。因此，对于缺少民族认同感的讲民族大义，对于以反艺术规律的讲“艺术创造”，有此必要么？是否多余？

原载《海岸线》13期（2008.5.15）

朝圣的路

本期左侧封二徐冶的图片《朝圣的路》，艰险、崎岖。喇嘛教徒在此路上祈求“解脱”，真格的文化，也需要从非文化因素的束缚之中解脱出来。

有人问《海岸线》的定位何在？它一开始就写于脑门（封面）上：“华人华侨的、民族的、思想的、文化的、团结的论坛”。有人感到它于“文化”和“政治”之间摇摆，看不明孰重孰轻？这里也重述创刊之日所言：“文化，是泛指人类在社会实践过程中所获得的物质、精神生产能力和创造的物质、精神财富的总和所称的‘文化’，是社会科学的一般常识之复述，无有任何别出心裁之言。”这一坚持，从无更改。政治以及人类在社会实践过程中所获得的成果，是民族之魂。对此，现实比理论说得更明白。

新年伊始，1 月 7 日德国《时代》周报刊出《我们必须更具进攻性》，副题是“新保守派思想家卡根：认为中美之间爆发战争是可能的，最好的手段是使北京民主化”。答问的，是美国卡内基基金会高级研究员罗伯持·卡根。他除了引出美国与日本、韩国、澳大利亚、印度以及台湾地区与中国周边地区“建立越来越紧密的战略和军事关系”，构成对华的“遏制战略”，更主要的，是“输出民主遏制中国”。本刊有言：“当民主将权利真正握在真正的人民之手，已是趋于大同的境界，自是治世之宝。”但是，“民主”一旦成为进攻、入侵的思想武器，问题就来了。20世纪中叶，劳工革命风起云涌，左翼人士则对“输出革命”明确地持反对态度。“革命”若不是该地区劳资关系、阶级对立成为形势之必然，靠“输出”，正像热带雨林移植到北极一样，是出荒唐的闹剧。同样，“民主”若靠“输出”以“救世”，也是新的《天方夜谭》。你将你的政治、经济利益，联同你的生活方式、价值观念强力“输出”予人，正是没有硝烟的战争，是输出后殖民主义的花招。近日欧洲议会议员朱里耶托·基耶扎的新著《微不足道》上市，不仅印刷的书本，连同它改编的纪录片的光盘，都是市场的抢手货。那是作者找到证据，以大量材料说明“9·11”事件是美国自导自演，雇佣恐怖分子制造恐怖活动的骗局所向欧洲议会提交的调查报告。美国以如此惨重的损失去换取什么呢？作者认为：“我的结论是：‘9·11’事件扭转了世界的形势与历史，从此开始了无休止的战争。美国需要利用战争以保持自己在世界上的主导地位。”

但是，称霸的霸主“输出民主”给你，你能得到真格的“民主”么？从眼前巴基斯坦大选中贝·布托遭枪杀、肯尼亚大选中的骚乱，到以有化学武器为借口所发动，最后又没查出化学武器的五年伊拉克战争，对于那里广大的人民来说，血腥和硝烟，是他们所祈之福么？对于这样的“民主”施主，从他们的言行，不论是好是坏，别人怎么解读挂在他口头的“民主”二字呢？

种种严酷的现实，致以香港有些过去嚷嚷“民主”唱出另一种调调的传媒，也在议论和反思眼前的种种“民主”。民主“普世价值”的“万花筒”，让人眼花缭乱。那些为中国“政改”出言献策的“老汉”们，他等所说的“民主无中西之分”，就是忘了艰苦岁月对问题要有调查研究才有发言权的科学态度。远的不说，眼前台湾党争之中“文革”式的武斗，也是他等认为可以赐民以福的瑞典式的“民主”么？对瑞典式的“民主”，自己又了解多少呢？若真是改革家，应当“不唯上，不唯书”，然而，这正是不做调查研究，“唯书”做学问的悲剧。事实上，无论中西，不仅是“民主”，而是任何事物，都是因时，因地，因文化，因民族背景而异。美国、日本，每个国家都是如此，以他们的特色搞他治国的主义，这是事物的必然。

中国的“中国特色”，要特别刻意扬在旗帜上，是否像善心的朋友所想：这一提法，乃缺乏自信，是委曲于强者之前以自卫的辩白和诉求？其中可能有个对汉语的解读问题，那得另题另议。但提不提，都只能有“中国特色”，这是必然，否则，道路不通。所以，不少读者感慨这些年的“开放”，介绍、翻译出版西方有关的书本可谓不少。但涉及西方所议“民主”的重要学者，有影响的论述，恰恰被那些带有太多个人（当然不是一般的“个人”）所需的偏好，在介绍中所遗忘。仅从这点来看，不讲“文化民主”，别的，也“民主”不了。当前，愁吃的人，自然不会是大款，但为缺粮、通货膨胀，先后已有三十多个国家动荡、骚乱，若不先讲“经济民主”，别的美梦，镜花水月。君不见前两年的“人代”会上，代表们指名道姓提出有的身为经济智囊的常委，既是“学者”，又是官员，更是商人。从报刊获知，他的家人经商，是十倍的利润，这能与他这种三位一体的身份无关？此种“学者”，除了做有利于他家发财的事，哪能为你借鉴西方推行“民主”之真实、复杂的实况，有助国人思考中国的“政改”。

在官本位者的眼中，除了“官”，可能都不算人，也就无“人权”之说。北京《法人》杂志社记者朱文娜，一月四日被辽宁省铁岭市西丰县警方上京拘传，是为她在当地采访的是“负面材料”。虽经媒体报道后拘传撤销，《法人》总编声明：“舆论监督报道遭遇诽谤立案，新闻记者遭遇警察拘传，这不仅是新闻媒体的悲哀，更是现代法治社会的耻辱。”无独有偶，北京通州区的《通州时讯》摄影记者王力利，守在会场拍了十一张区长邓乃平作报告的新闻图片，由报社领导选了一张于一月十日《通州时讯》二版以两栏大的版面刊出。不想，此照之中的邓区长“低着头”，记者说区长一直是低头念稿，抓不到他振奋的表情，报社领导则称：这容易让人想到“区长在低头认罪”。由此定性为：“图片新闻出现导向性偏差，政治影响极其不好，是一起政治事故。”随之，辞退王力利。这是什么年代？听来像中世纪的宗教法庭的裁判。要说“官”，温家宝总理不算小了吧！去冬他结束莫斯科的访问，单独接见香港传媒时略带歉疚地讲了“宏观调控力度不够”的话，不想，此“官”之言，依照海外传媒所说：“香港传媒反应审慎，大陆传媒低调或回避”。为什么对此官是这个态度？对彼官又是另一种态度？无非有个既得利益的族群，一听“宏观调控”四字就像砸了他的祖坟，制造“复旧”、“走回头路”、“恢复计划经济”的舆论搅乱视听。其实，市场经济并非只是利他的经济。西方搞市场经济的，说白点，资本主义国家，也要“宏观调控”。如房价走低，有关部门是大量收进，房价乱涨，他则大量抛出以稳定房价。这当然不是中国现时的房地产商所愿意接受的，他们需要“一体化”于新自由主义者的资本来“调控”市场。若是那样，这次全国大面积的冰灾，若无“宏观调控”，这个局面谁来控制？怎么控制？此时电煤的储量早已低于警戒线，国家若是无有煤矿主权，按“市场”买卖的办法来，供低于求，煤价还不带动物价飙升？那么，今日又是个怎样的局面？对于那多为社会救急解难的劳动者，若对他们没有应有的尊重，予以劳动的保障，一个社会能有他稳定和谐的基础么？也正因为有那些一听“宏观调控”就像砸了祖坟的富人，才有那多劳动者要在他们手下讨生活的现实。

国家“承认差别，包容多样”，也可以“包容”那一听“宏观调控”就像砸了祖坟者登上“人大”、“政协”的讲坛，他们当中，确实不乏诚信有为的企业家，也有不少心太黑的富人。你再有资本，要没劳工给你干活，你的资本能滚雪球似的给你滚上“富豪榜”么？可是，既要政府再给你减税百分之十五，而又责难政府在《劳动合同法》中对工人的工资、社保、福利待遇、住房公积金、加班工资、解除或中止合同补偿等对工人权益的维护，又有无尽的怨言，完全是要将她过去不依法经营所得到的甜头，以“利润侵蚀职工权益”的极不公正的现象维持下去并合法化，劳工又高兴么？至于提案发行高面额钞票的委员“一百面额钞票，用起来，数得太累”之说，仅以“数得太累”四个字，网上引来万众一心的愤怒。此时若印行五百、一千的钞票面市，还不推波民众对通货膨胀所预期的恐慌么？然而，有钱人却嫌票面小了“数得太累”！这个社会，要是这样，能和谐么？

经济“一体化”所拉大贫富的差距，同样也应该是先“富”者自身可持续发展之忧。可是，某些既得利益的族群是不顾国家整体利益与社会和政权筑固的。政府有令不行，正是受到这一族群封建割据式的抵制和抗衡。对此，不论中国的秀才将 Class 译为“阶级”或“阶层”，它都还是那个 Class，是 Class 的问题。内地传媒不时会传出“仇富”之言，不论是否符合实际，与中国发展情况极其相似的印度就听不到此说。因为那些富豪都是经营几代人的资本积累之家族，有的自身生活还颇俭朴，很少像外国朋友所说的，中国式的富人和暴发户。大多不会将钱用于慈善、公益和文化的捐献，很会享受，骄奢淫逸。这是因为：暴发户之暴发，不违法经营，偷税漏税，那就是利用改革发展中相关法规还不完善和执法不严的胡作非为。如一度的双轨制，以及贪腐之风中的官商勾结、权钱交易等，都是暴发户们暴发的土壤。若对如此“富”者无所义愤，一个社会还有道德、精神的脊梁么？因此，贫富差距拉大及通货膨胀，物价猛涨等更直接于“民生”问题才是考虑“民主”的首要问题。然而，“经济”还未“民主”的现实，又涉及社会生活的方方面面，此种状况，我们的“民主”

又该是一条怎样的路呢？是否一旦实施民选，这些问题也迎刃而解呢？不论瑞典还是美国，“投票时听你的，选上了听我的”，比之中国人“要我听你的，你也得听点我的”之所想的距离还蛮大，比之“将权利握在真正的人民之手”的距离，则更远。即便以“老汉”们眼中的“民主”样板来看，也不是那么回事。目前，还是要更务实地讲“经济民主”和“文化民主”吧！“经济民主”解决分配的不公，“文化民主”的思想自由之所向，如上述的《法人》、《通州时讯》记者之所遇，它好具体地讲，也讲得好具体。以此，就像这期封二照片上喇嘛教朝圣的路，它为求生的芸芸众生，包括像《海岸线》这样为文化的求生者，是极富寓意之路。从某个角度看，首先是朝圣者心里有那方圣地，他的出发，才是到达；若无虔诚于天国的叩拜，无圣可朝，那么，无论对谁，这条路都是多余的；还是路只能在脚下，要从没有路的地方走出路来！

原载《海岸线》13 期（2008. 5. 15）

也谈“新新人类”的语言

写过一篇谈“粉丝”的短文，只是说道一些每天看到的极为普遍的现象。其实，很长的一个时段，我都不明白“粉丝”二字的出处。年轻人虽然由此可以笑话老人怎么与现实有那么大的隔阂，也同样说不出此中的道理。还是一位老友从旁提醒：它是英文 Fans 的音译，这才恍然大悟，就像前些年从海外传进“作秀”之“秀”字，也是英文 show（表演）的音译。Fan 作个单词，它是扇子、风扇、风翼、扬谷机等英语的名词。同时，也就是当今常指的“film fan（影迷）”，以及对歌星、对球星之“狂热爱好者、狂慕者”的一个用词。可这 Fan，音译只有“粉丝”中的一个“粉”音，Fan 加个 s，成了 Fan 的复数 Fans，才能念“粉丝”。为此，回过头来看，如“杨丽娟是刘德华的粉丝”之说，以复数指个人，此种语言则陷入了可笑的语法混乱。若是避免如此用母语的尴尬，只能当它是汉语中新增的词语。语言，本是随着社会的产生而产生，随着社会的发展而发展，今日不论哪一种民族语言，无疑都必然要涌入许多新词汇，有的就是新的科技术语。我们上几代的老人，对这之前未曾见过、用过的舶来品，一概在前面加个“洋”字，如“洋油”、“洋碱”等，之后才叫“煤油”、“肥皂”。抗战胜利后，十里洋场满是红红绿绿的

“玻璃雨衣”、“玻璃皮鞋”等，那“玻璃”二字，完全是那“雨衣”、“皮鞋”给人透明发亮而恍如“玻璃”所予人的直感而予以名之的。待大家明白它是一项新型化学原料——塑料的制品，也就直接叫它“塑料雨衣”、“塑料鞋”了。语言如此的变异，都有它自然、合理的流变。而“粉丝”二字，无论从汉字的字形、字义、字声，都找不到它与“狂热爱好者、狂慕者”的相契处，而且在这之前的“歌迷”、“发烧友”却比它更明白、生动得多了。本来，语言的目的，是人类思维和表达思想的手段，是相互交流、交际的工具。它以语词为建筑材料，以语法为结构规律而构成符号体系，语音为其物质外壳。若语音完全与语言的建筑材料、符号体系毫无干系地“西化”，那么，作为民族一大特征的共同语言，此一民族特征必然随之淡化而殆尽。若能屹立于世界民族之林，为此是否可以称为一个独立的民族，则肯定是个问号了。这绝非危言耸听，也不可能“立竿见影”，必然是多少年，多少代人之演变的结果。尽管如此，也不允许这演变从我们自身开始。如到印刷厂，有的年轻徒工已不知印刷胶片叫“胶片”，只知它外语的音译“菲林”（film），有的城市的“公共汽车公司”挂牌就叫“巴士公司”，实在令人百思不得其解。“公共汽车”又不是汉语中过去没有的词汇，大家也熟悉它所表达的概念，并在日常生活之中熟悉地用它，为什么非得用洋文 bus 的音译？何况它还可用以称客机、公共马车呢？他国的语言有他们的特点，汉语表述的确切、明了，尤其成了大家习惯的用语了，却还要如此硬性地、行政办法地改用外语音译，实在让人难以理解。这些年，海外有些年轻人已腻味与周围的人群，乃至整个社会为伍，自称“新新人类”，此种语言，当是“新新人类”的语言吧！若只是个别人如此，人上一百，千奇百怪，全不为怪，可是，有的政府官员对着电视观众讲话，机关报的白纸黑字的大字标题，如APPC（亚太经合组织）、WTO（世界贸易组织）、WHO（世界卫生组织）等，连老百姓早晚都见的“中央电视台”，也叫CCTV，全是直印、直念英文字母，似乎汉语中找不到表达这些组织名称的方块字。既有方块字可以表达，炎黄子孙念它，应该不比念那些外文字母别扭才像话。可是，他们就是那么念着外文字母对着电视观众讲话，报纸上就是那么印着外文字母叫读者看，这对于不仅有领土主权，更有民族文化之主权的国家和民族，是否有损其尊严呢？他等当属“新新人类”，是否也要将他们的观众、读者统通拉进这个圈子，享受这种“新新人类”的语言之风光呢？

原载《海岸线》13期（2008.5.15）

出发·到达

《海岸线》以封面在海岸线上借潮汐放舟的摄影作品以刊标的形式以存，是艰难岁月，没有机械设备的放舟，也许很像我们目前简陋的办刊条件。面对潮汐的狂卷，又似我们心志的象征符号：永远的出发，永远的到达！

我们“民主办刊”之“民主”，首先是对“我们”，同时只以民主原本的含义“人民的权利”而言，不作任何与时俱进的现代解读。在这样的天地里，“人民的权利”，只能有读者、作者、编者之间的故事，绝无现代“民主”所恼的党争恶斗之悲剧；只可相助相敬、相依相存，除了祈望事业有所长进，是别无它求之所为。民主，正像本刊记者在香港采访时所言，在现有的生存秩序下，人民无非“要我听你的，你也得听点我的”。人们“只当它是大家能畅所欲言，言论自由的文字符号”。当“民主”将权力真正握在真正的人民之手，已是趋于大同的境界，自是治世之宝。

可是，民主少了的地方有少了它的问题，也有民主“多”得不安静的地方竟有“过剩”之说。现在常对经济民主、文化民主的“民主”甩开不谈，光围着选举讲“民主”。为它的无序、混乱乃至骚乱所说的民主之“异化”，绝非在它的发展过程之中的必然，而是被现实之中那些盗

用民主的形式，盗用“人民”为其“代表”者，利用许多为社会不公的受害者所渴求社会的公正时，煽情纠集他们为他等的党斗、选票去拼，为此中争名、争权、夺利、掠财的政治骗子、流氓、恶棍的恶行所利用。这正是以“民主”为时尚的时弊之悲剧。这种打着“民主”旗号反民主的恶势之猖狂，正是民主的受难。彼时彼地，迈出它苦难的一步还没开始，哪有分裂多方自由议政的发展过程？物欲膨胀，铜臭熏天之地，绝无民主的绿洲。

近年，多少以民选的“民主”所上台的人物，下台立即被起诉，包括还在台上，一家大小无人不贪的陈水扁的“第一家庭”，他们什么时候心里想过“民主”，无非是他裹住一肚子肮脏的遮羞布罢了。所以说，选举自然有尊重选民选择的民主，但它绝不是贿选、卖票，尤其是党争，乃至恶斗所煽动族群对立、分裂、仇恨、暴力的标志。若说那是民主的“异化”，不如直视它为民主的反动之实质。党争之两党的两极，恰恰无视了两极之间的大多数，失去多数的民主，只能是无可救药的政治癌变。台湾、香港的有识之士，呼吁民主应广开言路于两党两极之外的第三种、多种的声音，那么，体现“人民的权力”之民主也才能走出它的第一步。如今，有时在彼时彼地，往往这第一步都迈不出去啊。

说来似乎有些悲观，可也不知是否需要乐观。上期《旧话重提》讲到鲁迅先生九十年前的《阿 Q 正传》所警示“国民精神改造”的问题，今日重提，仍要长叹。经济上去了，什么都好说的论调，并不辩证。且不说扩大贫富

差距的“经济上去”之中，所甩在“贫”之一极的还是人民，他们是弱势，是受害者。此时，这种说法，在拜金的贪婪、自私的铜臭中，未必比阿Q的“精神胜利法”好到哪里去。当人所以为人的基本素质、道德观念全丧失于见利忘义之风，真正的民主也是奢侈品。它无非是那些政治骗子争名、争权、夺利、掠财所玩的杂耍；失去应有之权的真正的人民，反而只能在他们此中的种种贪腐之下受罪。

不过，我们与读者、作者之间，它却是联系、沟通、了解、互动、相依相存的精神通道，无它“异化”的土壤，我们也无此“雄心”，无此条件，无此需要，无此能耐，无此德行，要去同谁争名、争权、夺利、掠财。为此，在那乌烟瘴气之所，它可能是乌托邦的空幻，不过，在这小小的空间，尚有它的绿洲。此时此地，它对我们，还是多多益善；在华人华侨长长的文化海岸线，方有我们的出发、到达！

原载《海岸线》12期（2008. 2. 15）

“粉丝”的病态与病灶

“星”与宠儿

香港演艺界的刘德华，影歌两栖，传媒常常亲昵地称其“华仔”。粤语中，“仔”和“崽”同音同义，然而语言有时也难免随着社会生活的变化而变化，这些年“崽”写作“仔”，除了意在汉字的简化，不知是否还有别的意思。不然，“崽”就是指儿子，不过外地人叫“兔崽仔”、“龟儿子”，既可以用来骂人，也可以在嬉笑中叫得难以形容的亲密。由此看来，“华仔”的“仔”，应该是指他为这个社会的宠儿。

在这“消费社会”，虽无缘文艺，大街走走，公园憩憩，耳朵总免不了要灌进一些别处播放他唱的歌，打开电视，这些当红的演艺人士，你不找他，他也要闯到眼前来，可没留下多深的印象。说此话没有任何不敬之意，实话实说。可是，不久前，港九大大小小花花绿绿的报摊上，多份“娱乐”、“休闲”杂志上的封面都同时曝出一个我不可能知道她是何许人者，总是“娱乐”、“休闲”圈内也不简单的女人，说她跟华仔首次上床时，华仔没有戴“保险套”。曝出这么一条“消息”，作为绯闻，也欠卫生。却远比他的歌和戏，留下更深的印象，且后遗一个终生难忘的寒噤。本来，社会

的开放，从“保险套”科学地讲性的卫生，无需羞羞答答。可是，不论传媒以此作它的卖点，还是演艺人士以此作为自身的卖点，对社会，对自身，都一样可悲！

不想，这个华仔，竟然玩出人命来了。因为兰州那个叫杨丽娟的女子，从16岁等到30岁，就想能够零距离地见到华仔，连同父母，一家相依为命的三口，卖屋借债，多次来港，想了此愿。今年3月25日，她在香港参加了刘德华的“歌友会”，华仔一视同仁地跟她合影，并没另眼相看，跟她单独会面、谈话。她父亲杨勤冀于尖沙咀蹈海丧生，以死相谏，留下遗书要华仔再见他女儿，杨母则怒斥华仔为凶手。可杨丽娟痴心不改，回到兰州又办理加急赴港通行证，华仔为避开她，远走西双版纳，在傣族新年——泼水节玩泼水。这一来，八方风雨，不知是否又可作他的什么卖点？

“多情”的悲剧

对此，香港《星岛日报》3月28以华仔唱的歌词劝世人：“劝你别做痴心人，多情暂且留几分。”并以后一句作了社论标题；

香港《太阳报》29日的署名文章《病态追星不值得同情》，点题的话，已道出对此事的态度；

澳门《澳门日报》的署名文章《教子女如何欣赏偶像》，奉劝家长对子女应作正确引导，将子女对偶像外形的迷恋，转移至欣赏他的奋斗及努力的内在美；

香港《明报》4月2日的署名文章《如何医治超级粉

丝症》指出，父母对子女的“粉丝症”，切莫“投其所好”，“最佳办法不是禁止他们，是让他们建立自信，毋须再在偶像身上肯定自己”；

北京《光明日报》4 月 27 日分别刊发了两则读者来信：《“杨丽娟追星”进试卷很有必要》、《“杨丽娟追星”入考题弊大于利》。从它，我们才知道在 4 月 21 进行的第四届上海市时政大赛决赛上，此题早已出现在试卷上。此事是利是弊？仍然值得认真、细致探讨。不论它是否应该，它都进入试卷这一事实本身，足以说明不容我们忽视它的影响；

另处转引《北京青年报》的引文，说“娱乐应该是精神生活的花园，而不该成为弱小无依者的灵魂牢狱。”提出“学校教育失守”的问题。

从这些信息看，提出上述意见的诸位，对此事的关切、忧心和责任感，说得动情，说得在理。可是，这类“粉丝”绝非个别。从《北京青年报》所说：“在她（杨丽娟）个人的悲剧中，我们所有（的）人都充当了一次无聊的集体看客！”不然，怎么“没看到任何一个机构或公益性组织实行基本的干预，也没有什么社会力量阻止她沉溺，以至于酿成今日的悲剧。”

是啊，这都是为什么呢？若认为处世应该“多情暂且留几分”，不妨暂且将这悲剧视为不懂处世之道者的多情之悲剧好了。

谁有病？

这一悲剧固然留下太多的遗憾，却非偶然。

《星岛日报》说杨丽娟患了“单相思”，“歌友会”认为她想单独会见华仔的要求，“不合理，不健康”。由这“不健康”和“单相思”联在一起，只能是“男女关系”问题。男方若非大众宠儿，不论男追女，还女追男，哪家男女不是追得疯疯癫癫的？传媒将可以卖广告赚大钱的版面，用来压宝“炒”它，也是有立竿见影的大笔有形或无形资产入账。明显的对比是，同一时期，国际马拉松赛冠军艾冬梅，按说也是“体育明星”，她对国家的贡献，已有她捧奖杯时升的国旗奏的国歌为证，不是歌星唱两支歌可以比的。但她退役后，生活困难，竟出现以千元卖奖牌的下策。对此，传媒就没有多大的兴趣和热情了。前者相比，它不会有什么媚俗哗众广揽订户的后续经济效应，也就燃不起传媒的热情。“炒”作“单相思”华仔的女人，虽然“不值得同情”，但如此“炒”作的事实，是否要告诉读者：不“单相思”的男子，除了上床不用“保险套”，还有更大的魅力呢？不是说“爱情是永恒的主题”么？虽非圣言，具体到哪家的男女之事，又是那么好说得清楚的么？为此，倒为作家提供了说不完的话。一部《红楼梦》，曹雪芹不论是否写完了它，百年以来，读的，评的，都没有读完、评完它。正常情况下，杨丽娟的事，涉及个人隐私，出面干预，还得考虑人家的隐私权和人权吧！不是任何人，任何时候可以“实行基本的干预”。至于“没有什么社会力量阻止她沉溺”的“力量”，应该是道德的力量，是可以成为舆论威力的道德力量。可是，当舆论出面来说它时，也不可能事先“预言”，只能事后评议。这些评议，不论它水平、效果如何，也是铺天盖地，热闹非凡。事后“阻止她沉溺”，无济于事。

做一个人，还是要有人生的信仰和追求，即便不能达到奉献于人类和社会的很高标座，哪怕明白为人的基本是非准则，乃至一点宗教性的善恶观，也比信仰完全缺失的好。

对此，目前不是说少了，现状依然如此。两只耳朵可以听你的教育，两只眼睛接受的却是非常现实的，强烈的物质的、金钱的诱惑。顺手一抓，一张报纸竟然整版通栏以《让一部分人先奢侈起来》作标题，配以珠光宝气的帅哥靓妹的图片。疯狂地渲染住宅的豪华、用具的名牌、穿着之时尚、玩儿的花样等等，充满炫富的诱惑。它激发贪心、物欲、虚荣心的恶性膨胀，很可怕。先辈说“玩物丧志”，这些人，吃、喝、嫖、赌，红灯绿酒，玩人玩已的所谓“享乐人生”，早已不是人所不齿的堕落，而是活得风光的得意。

内地没有澳门似的博彩业，可买彩票、股票者的沉浮、悲喜，与在赌场不会两样。两者的行为方式，实质是一回事，尤其股票，它本身不创造任何价值，就是那些钱，不是这个口袋到那个口袋，就是那个口袋到这个口袋，一刻之间，既能腰缠亿万，也能亿万化为乌有。舍命冒险，家破人亡，骤升骤降，天上地下。大喜大悲的传奇，似乎世事无规律可言，只有凭运气听任命运摆布的偶然之无奈。

报载：沿海开放的样板深圳，修建法院，完全是请风水先生来选址定向，曝出内中贪腐的一丝花边。由此，唯物论者也无法相信那笃信风水的先生，能实事求是地按原则办案。对于无能支配自己命运的弱者，只有接受它种种裁决的无奈。既是法院，那些人还坐在审判席上，则既无法不让他们，也无法不让别人相信他们所假国家、法律的公正则能公正。法院当是公正的天平，为此相信在其位者必然公正，那只能制造现代迷信，相信梦幻中的乌托邦。

舆论呼吁在校学生千万莫卷进股市；教育不是万能，存在决定意识。年年都有“扫黄”，城市都有嫖客熟悉的，不用红灯标识的“红灯区”。不少被骗、被拐卖出来的女孩子逼她接客时，挣扎不从，维护尊严，破窗跳楼。也有于此中虚荣心滋长，经受不了金钱的诱惑，自甘堕落跳下火坑。比起种田、打工来，比卖力气挣点糊口钱，这钱来得容易，来得快，来得多。身处此种氛围，讲尊重劳动，讲劳动创造世界，讲应以劳动改变自身困境的真理，在市场现实的竞争之际，是否考虑过它于此中话语的竞争力呢？何况，有时想卖力气，还找不到地方啊！

世风“笑贫不笑娼”，演艺界“星”的风光，羡煞千千万万少经世事的男女。“星”出张专辑发行上百万，一部片酬也是百万千万，公共场所露个脸的“出场费”都是多少万。这倒不是指当中的每一个人而言，他们，也有不少为人谦恭、生活朴素。另一些身上凸显物化的财气所转化为心神的骄气和霸气，在信息的年代，已被传媒“炒”得不仅让不知其者也无法不知，即便对此不感兴趣，乃至厌烦它的，想要远避都躲不开。三十年前，有位比较宽裕的亲戚，买了张很贵的票，请我这穷书生同他上红磡体育场听场演唱会，也是身在香港该了解香港文化之必需。那时华仔虽已出道，当红程度，比当晚出场的“星”还差得远。

当这位“星”手持麦克风唱着绕场转时，座上的女生，旋起一阵彩色的旋风和香风猛扑过去。衣饰华丽的名门大小姐、豪富的大太太、小姨子，外加二奶、三奶等等红红绿绿地一拥而上，围住这号“星”亲他，掐他，撕他的衣裤，蹭了过去乱摸……我不知那位“星”此刻在这些女人的疯狂中，是感到自身“魅力”的骄傲，还是看到自己被她们当作玩物之可悲？

这类女人，比之杨丽娟型的“粉丝”有过之而无不及。从此之后，我再也没有勇气走进这种场合。三十年过去，从杨丽娟看香港此类“文化”，自然与时俱进。近二十年前，美国报刊就说过，中国的“夜总会”，比美国还美国。因为20世纪五六十年代中国有过“超英赶美”的口号，当时就被西方当作笑柄。这回是美国人这么说，应该假不了。而且，此时“赶超”的水平，不可小看，舆论跟得蛮紧。从上海社科院心理学教授张洁梅公开撰文于5月4日《广州日报》说的“章子怡的伟大被低估了一百倍”，就很明白了。我对香港这名演艺人士，也像对华仔的上述态度一样，没有任何不敬之意。香港的演员，各有所爱，但从专业人士广泛的评价和持久的声誉看，谁真“伟大”，大家有数。若对中国百年现代影、剧的状况稍有了解，更该懂得做学问的学者对学术的态度。如此这般，除了以“炒”章子怡也“炒”自己。仅从消费社会的消费看，丝毫无补于社会消费。“炒”作的效果，还未达到章子怡原有的风光。名为“学者”者，似旧时“捧角”一样捧港、台的“星”，是以另一形式满足虚荣心的拜金么？有此必要，值么？说声“病态”，实不为过。

病　灶

杨丽娟的“单相思”，不乏责其“病态”的，可病灶何在？男女之间，不论“单相思”“双相思”，过来人都疯过、“病态”过，无须多议。好在媒体也公开表明“杨丽娟”是个化名，也就不妨假设、推断她是看中华仔的钱包吧！那么，一个女人为女人者所求，要一个华仔那样健康、正常，出道二三十年了，不可能还是个小青年，是否还算个帅哥，是个尚可“迷恋”的“男人”？情人眼中出西施，无有一个固定的标准可言。若她得到的，既是男人，还是有钱的男人，不是一举两得，双喜临门么？何况，有的人，即便男女在一起“谈”了几年，急于婚嫁时，还不是房子、车子的讨价还价？几年的“恋情”，远不如“房子”、“车子”现实。比之那些你需要她的肉体，她看中你的钱袋之交易，这种“恋情”无非多了一张“结婚证”的遮羞纸罢了。这些变相的买卖婚姻，仍难走出中国几千年的封建幽灵之阴影，但它毕竟不再是“包办”的了，又凸显了它市场交易的现代色彩。

此种男女交易，无非“向钱看”之世风的世相一角。若看看那些名为“公仆”的，“反贪腐”反得急，他涉案的金额越来越大，涉案人员的职务越来越高，一个个胆大包天，在法庭的被告席上，对着镜头还是一副毫无所谓的样子。可以严斥其无耻，也该看到他那膨胀的物欲以冒险所得到部分满足之欲火还未熄灭的亡命之徒的神态。拜金的世道，罪恶的渊薮！何况在“一国两制”的这一“制”的香港！在这一“制”下，若不见红灯绿酒，纸醉金迷的风景，若不见世风浮华，人们虚荣心恶性膨胀，飞升都市繁荣的泡沫，那也不成其这一“制”了。

因此，当我们回过头再说杨丽娟时，她之所以“追”华仔这个“星”，若完全是男女问题，前面说过，无需议它。若完全出于虚荣心，羡慕“星”的名利、物质享受，那么，处于消费社会，处处炫富，大讲享受，从传统的人生、道德观念也许难以苟同，但在消费社会，无此消费，经济如何繁荣？包括演艺业之业，都是消费社会所消费的一项存在。虽然完全是投市场之所好，消费于娱乐之俗，从市井漫延城乡而为之主流时，社会的文化境界同样堪忧。但如此的现实存在，几乎没有你想改变它的空间。而有些问题，也不是不可避免。如歌星的“出场费”、唱的歌，也像银行行长的年薪，其酬不是反映，恰巧暴露了它大大有违其付出之所值。在街头，完全可以找到比他们唱得好的盲人歌手，可是街头卖唱，如同乞讨。而歌星成了“星”，只能说他命好，五音不全，狼嚎鬼叫，依然是“星”。依附社会消费所存的演艺业，本是疯狂消费所繁荣经济的商业手段，如多层纯金之金箔包封的月饼，包装值远远超过月饼值。“星”的商业包装，也一样。甚至五音不全，狼嚎鬼叫，也可用商品促销的方式以“名牌”包装成其品牌。这种状况，双向促出多少偶像和偶像崇拜者啊。“星”若年轻，靓，帅，在台上穿着打扮的时尚、怪异、前卫，还有

“性感”，以及他们原有的或为需要创作、加工的绯闻，通过媒体，沸沸扬扬，飙升名气，飙升商品附加值，尤其以此恶性疯胀的追星队伍也是恶性膨胀后，消费于商场的虚荣心，被市场双向、互动、沸腾各自失去理性的情绪化所增的商业附加值，比他的所唱是千万倍的增值。

有的地方，有的干部，甚至还未脱贫的县、镇，以迎歌星吹海风所树的“开放”形象，数以十万以上之计，请他们一场唱三四支歌还是飞来飞去的赶场；钱都计算得人累手酸，有时还是假唱。而这些干部竟一点都不会累的恭请、迎送。“星”儿们完全被如此人为地争请、哄抬高了价码。然而，干部们反以当地所能请到的“星”之高价等同自身和地区的身价，也像传媒所说的杨丽娟，是“在偶像身上肯定自己”。如此这般，不仅不能以此树其“开放”的形象，以此“肯定自己”，正是“掉”了自己的“份”！这些“粉丝”，并没有比杨丽娟更高雅处。若说杨丽娟病态，他们不仅无法称其健康，反而是传播此风之病菌的介体。更可怕的，是病灶，是此风存在的根源。如不像对付禽流感传染之源，能解决问题么？所以说，不论杨丽娟值不值得同情，都该看到她也是此风的受害者。包括周围多少男女追星族，虽然不是都有父亲死谏这样的情节招来传媒热“炒”，为此就可以说他们没有病，或病得无碍么？这才是该考虑的问题。对此，“我们所有（的）人”，总不能永远充当“无聊的集体看客！”

原载《海岸线》10期（2007. 8. 15）

贪腐于市的“自由”

一

从“自由经济”的时兴，当再思考“自由”二字。

《汉书·李广传》相对“吏士无人色”所说的“广意气自如”，它总该是指世上该有它原有的本色之事。古罗马的奴隶前仆后继所求的“自由”，是要从被束缚，被虐待中解脱出来。在不同历史、政治条件下，“自由”也扩展为更广阔，更复杂的内涵。但在哲学上，它则永远是相对于“必然”而言。否则，眼看台湾立法院本来就是政见对立于此“民主”的两党委员，政见对立，因此，戏才开场，三言两语，话不投机，便各自“自由”地运用“肢体语言”，拳腿相加，出演全武行。对此，无权多说，也不能不紧蹙眉头。想想此中的“自由”，以及它于哲学相对的“必然”，则难免忧于世事之无序。

平头百姓，虽有拳腿，无有进那立法院的身份，拳腿也就永远享受不到那种“自由”。

如今，看冰川消融、5 月南非下大雪，近日太湖的蓝藻使靠在水边的无锡人无水喝，学校被迫停课……往后大自然对于只知向它“自由”掠夺的报复将会怎样，后果不难想象。

对于失去监督的“自由”，对于背离科学之“自由”的种种大肆破坏生态环境、高耗自然资源、大量流失全民所有的国有资产，包括这一代人可留予子孙后代造福的大量土地使用权为代价的经济“增长”，从国家、民族的千秋大业看，恰恰是一种负增长，是有负民众的。它所反科学而“自由”无度的“繁荣”，必定孳生世风的浮华，贪腐的膨胀。

且不说那些已沦为罪犯的贪官污吏，也不说那些将百姓的地价压低强征，以高于原价百倍千倍的卖给地产商，虽饱了私囊还伪装得不错，没有曝光，立不了案办他的“贪官”，即便作为地方财政收入不往自己腰包塞，这样以严重伤害百姓根本利益乱来的“自由”做他政绩光环的混蛋，最终也只是破坏，乃至断送他政治身价的发展前途。

这大半年，政府为遏止房价，八部门三令五申地出台了多项措施，为什么没人听？真是“只能听，管不了吗?”这是鬼话。只要不是粗暴的行政干预，如同西方多少老牌的，以市场运转其经济的国家，不是以房价跌他就购进，房价涨他就抛出的方式以维持、平衡的房价的办法，不也是“听市场的”吗？难道只有一种往下要说到的“完全自由贸易”才有市场么?

说来说去，还是房地产的油水太大，都想从中捞一把。从土地到工程，哪一门不是上千万以至上亿的油水？“肥水不流外人田”，一条划开“外人”和“自己人”的分界线，一旦圈为“自己人”的入了那个圈圈，再被拎出来的，绝不可能干净！有拼命捣鼓地产商爆发、以房价飙升，同步增长财政收入，飙升他的政绩和GDP的那号人，这又是他为公“仆”的“自由”么？

对此，平头百姓也该有真正发言的自由！

二

世上不论何种社会制度下的何种政党，它的存在，都以取得政权为目的。历代的工农起义、武装斗争，乃至反对暴力革命的声浪后，其斗争之激烈、手段之卑劣，乃至政治阴谋之险恶，丝毫不亚于兵戎相见的议会斗争者，几乎无人不念“和平”、“民主”、“发展”的经时，多数也会自称“公仆”，为其政权的巩固、建设，也无不致力发展经济。可名为“公仆”者，他服务的对象，必然以构成、巩固其政权之基础力量的阶层为主，不是可能“自由”为之的事。政权的性质，全看它向何处倾斜权益的天平。

澳门回归后，经济发展的速度，是殖民统治时期无法相比的。博彩业的兴旺，说是空前，绝不为过。内地的开放，出入的方便，使一些内地官员也得享受一掷千金豪赌的痛快。虽然也有个别的被发现落马以贪官整治的，多数还是侥幸漏网，还可以继续在那儿玩钱。这几年有个澳门赌场的老板，在香港以天价为他得宠的第四房姨太太买了上亿元一幢高层大楼，传得香港沸沸扬扬，看澳门真是财神的金庙。可经济发展，GDP飙升的数字之钞票，也集中进了这些人的账户。他等愈有，与下层贫困户的贫富差距也拉开得愈大。此种“为极少数人不受约束地积累财富，退化社会”的“自由市场”之“自由”，它所出现的社会财富分配状况，必然凸显社会的不公所酿成的社会问题。“五一”澳门工人游行，警察哪怕只是对天鸣枪示警，矛盾的尖锐也激化了情绪的对立。世界南北，议论纷纷。印度近年的经济繁荣，世人瞩目，许多人都以他与中国比高低。但繁荣的成果，未能惠及贫困人口，尤其在劳动大军中占三分之二的农民。经济增长所带来亿万富翁的经济再增长，更增大了贫富的两极差距。为生计所迫，导致农民大量自杀。去年，仅中部的维德尔帕，农民自杀的数量已超过一千二百五十多，被称之“农民自杀之都”。此种只看整个数字的“繁荣”之财富分配，是百分之十几的人占去其中百分之八十，百分之八十的人却只占百分之十几的大金字塔的底盘。这种情况，在不少所谓“经济繁荣”地区，比比皆是。它到底是广大百姓之幸，还是为国家、民族、地区后遗下更多、更久之患呢？GDP 若以此为代价飙升，值么？是可以骄傲的政绩么？也是可以任其“自由”而为的“自由”么？

三

上述状况，绝非澳门、印度独有。不论想以“一体”称霸，还是自觉或不自觉地想与霸权共舞“一体”，这个世界都“一体”得差不多了。因此，以上种种，别处并不鲜见。那位为极少数的人鼓吹不受约束地积累财富，使社会退化倒退的“自由市场”教父弗里德曼（Friedman，Milton 1912～2004），是金融垄断资本自由扩张的特级吹鼓手。为金融垄断资本的全球扩张，他提供了意识形态的时装。对于欠发达和第三世界的百姓，只能是灾星。智利皮诺切特政权在他等帮助下所进行新自由主义经济的系统实践，虽然有过一闪而过的“繁荣”泡沫，一开始“休克疗法”，政府数以万计的裁员，立即招致全民强烈抗议，往下，是饥荒、失业和非法监禁、屠杀。苏联解体前的“休克疗法”对世人的冲击致以许多人更审慎地对它，没有时髦于一窝蜂，确实少了不少麻烦。但智利实行国有工业私有化，放开物价和工资控制的“完全自由贸易”之所谓“自由”而混乱无序的经济状态，后果是皮诺切特流亡国外，引渡回国受审。在别的地区所谓体制转型的混乱无序中，也同样给坏人使坏作恶留有更大空间。拎出来的贪官，哪个不是利用此时“转型”的政策不完善，执行不到位的空子，“自由”地大搞权钱交易，暴发或栽倒。按“完全自由贸易”之“自由”所“合法”的“法”，当它完全背叛大众利益的“理”时，执政者即便不为人民大众想，为巩固执政基础所想，怕也不能熟视无睹吧！那么，就不该让有背民众利益之理让它“合法”。如公开几位银行行长的年薪，招商银行的行长之年薪竟高达五百多万，这就是弗里德曼放开工资控制所“自由”的样板。它“合法”不合理。比一月百多元的“低保”户，已不知是多少万倍了，依“按劳取酬”的原则，他等同样是同一个制度下的国家工作人员，或曰“公仆”，真是独有他对国家有那么大的贡献？中国真要少了他地球都不转了？能干他这“长”的，中国人里头多的是，别人不过无此机缘或关系罢了。招商所以能引进那多外资，无非人家看中你劳力市场的廉价，劳动者除了为生活，为引资廉价出买劳力，也是为民族和国家的振兴，若以引资数额看政绩、定工资，将好处全给了你，那么，这五百多万的支票上，就浸透劳动者血汗的血腥了。“Class”不论所谓的专家争论它该译为“阶级”或“阶层”，“Class”就是“Class”，人为地以它斗争为纲和否认它的存在都是同样愚蠢，它不是无中而有的。近日《悉尼先驱晨报》讲“中国已经从世界上最讲究人人平等的国家之一变成了最不平等的国家。”老外讲话，有人还听。因此，你行长再有钱，再有能耐，没有农民种的粮食，再有钱也不能吃钞票吞黄金，再有能耐也得饿死狗日的。为什么农民生产了能为他保命的粮食之生产值，与之相比就那么不值钱呢？此类银行的行长，不仅有其“合法”的巨额年薪收入，加上政府一年被吃喝掉的公款是几千个亿，还有类似南非华人社团代表批评国内用公款在那儿游山玩水的“公务团”所花去纳税人的血汗钱，不是同样为这类“公仆”所花去的么？他等无需为犯罪冒险，比同样服务政府，却不在垄断、特殊行业的公务人员，其收入也是天上地下，太不公平。工资领域如此弗里德曼式的“自由”而无序所引起各方对此体制的质疑，老百姓不该失去发言的“自由”吧？

无怪有人千方百计去买官、弄肥缺，既然花了钱买官，自然得变本加厉地把钱捞回来。为了权、钱双赢的算盘，阳奉阴违，言行不一，上下勾结，如报载某“经济学家”的儿子和儿媳，企业六年获利十倍，传媒用它告诉我们什么呢？老子是这“代表”那“委员”，是有关部门、领导的“经济顾问”，他家血统的传承自然少不了老子握有的经济情报。是他的身份与社会的“自由贸易”氛围构成他特殊地位所享有的如此“自由”。要不，他们的算盘，怎么总是钱、权双赢，老百姓则是看到上头的好政策不是大打折扣，就是根本无法落到头上，呼天不应，入地无门。望老天下雨滴几点到头上，跑断了腿，说破了嘴，你说你的，我干我的，大圈圈套小圈圈，小山头后是大山头，关系网盘根错节，有法不依，有令不行，大肆张扬“完全自由贸易”式的“自由”，势若隐性割据，也为社会道义掘墓。

世风如此“自由”地恶性循环下去，也必然像历史上的王朝在衰败时那样“士不知耻”。在它面前，芸芸众生总不该完全失去说话的“自由”吧！

四

越南国家主席阮明哲接受《明镜》周刊专访时说：“腐败正成为越南发展的绊脚石，关乎越共和社会主义存亡”之言，其警示作用有它的普遍意义。如前所述：世上不论何种政党，它的存在都是以执政掌权为目的；除了不同的执政信仰，无论为民还是为己，繁荣经济都是必需的；它与握有和巩固政权是互动的，必须互进。有时还需以德为先，才可能像“全国国民幸福与快乐是经济社会发展根本目的学术研讨会”的5月《杭州宣言》所愿：经济社会发展、生活质量提升与国民幸福与快乐同步。否则，人在消费社会，虽然无钱一天也活不下去，但经济繁荣之“金”的诱惑，又坑了多少人以它为拜物的图腾时，它对社会的腐蚀，不容不正视。不然“不受约束地积累财富，退化社会”的爆富，即便查实有罪、判刑、坐牢，怎么还住卫生设备一应俱全的套间，宾客盈门，还在里面开理事会，监狱管理人员倒反是忠诚于他的“仆”人呢？且不说上海这样的大款，即便是一般百姓，他稍有几个钱的，一再“超生”，也无奈他何，罚款，小菜一碟，计划生育的法规，对他不过一纸空文，太脆弱了。

以钱为势之事，如今早已不是什么新闻。拨往灾区的救济金，我们乡下人认定谁动了它是会遭报应要雷打的，有人还不是照样往自己口袋塞？这类弊案，多是事后多年由于其他的问题所牵扯出来的，当时多被“捂”住，知情者有时也是同伙者，尤其对“一把手”的事，权衡利害，不敢开口。湖南郴州的曾锦春，偏偏以他当纪委书记之权，谁不孝敬他就整谁，竟“靠‘双规’（他人）敛财八千万”。百年前写《官场现形记》的李宝嘉先生，地下有知，定要大叹自己孤陋寡闻，古弗如今。

过去，对“有偿新闻”，只是听说。这回内地有位朋友迁进新置的新屋，竟然遇到一个小区同时有多家屋顶坍塌砸人之事。业主集体向开发商索赔，请传媒向公众曝光时，不想当地传媒一概回避。好在这位朋友是位资深文化人，内部一打听，原来开发商事先已给各家付了出资不菲的

“广告费”，封了传媒的嘴。百姓监督、揭发奸商偷工减料之罪的自由，最后竟被偷工的罪犯从传媒手上收买去了。全国“人大”代表说，房价不正常的狂涨，传媒立了“大功”，一点不假。此时舆论不仅不予监督，为拜金，反而推波助澜。英国广播公司近日发了条《中国虚假娱乐新闻泛滥》，说书商为原来估计看好却大量压库，并四处退货的书，想了很多招数，利用传媒恶“炒”，均“未见波澜”，“真是山穷水尽了”，竟在电视传出作者吸毒、嫖娼之经历才微有涟漪。业内人士称它：“是成本低见效快的手法。”过去靠记者挖新闻，现今的“新闻”是听钱摆布；过去，老外常说中国新闻太“意识形态化”，现在的这一切，谁想教他“意识形态化”也“意识形态”不了；市场只能听命、授命于资本。既有“有钱能使鬼推磨”的现实，再讲其他什么原则，已是不合时宜的说教，梦幻于乌托邦的浪漫。否则，为了应付，也只是让它夹在明星绯闻与教育男女如何“性福”的春药广告词之间。世风如此：存在决定意识；历史上被压被欺者前仆后继所求的“自由”，是要从被束缚，被虐待中解脱出来。然而，用钱才好说话的日子，国民有说上这么几句话的自由，也是社会的良知、道义泯灭不了，民众也需要免遭拜物教之拜金对自身奴役的自由！

原载《海岸线》10 期（2007. 8. 15）

台湾问题的一面镜子

百万台湾人民，怒不可遏地反对“第一家庭”涉入多项贪渎弊案，要求陈水扁下台的“倒扁”运动，……由开始的“倒扁”口号，响亮为“百万人民反贪腐”后，静坐、游行，对不义的权利中心作“围城”战的人数，猛增至百万（一度是一百五十万——作者），不分“蓝”、“绿”、“独”、“统”，不分族群，一拥而上的事实，人们于其中的感悟、启迪之丰富、之复杂，绝非一两句话可以说得明白的。

——《又一年》

一

既不是说不明白，还确实不是“一两句话可以说得明白”的。不说大陆、港、澳和海外的朋友，就是对“统派”的朋友，也是一个得好好、慢慢想的问题。

这些年，当西方鼓动不少地区的“颜色革命”也是“潮起潮落”后，对于有些政治生活缺少民主所延发政治弊端的地区和民族之中，“民主”的口号，确实是个点火的法宝。然而，“民主”到底是什么？不论理论、文字上怎么说，现实的“样板”，就是美国式的两党制和选民的直接投票选举。这一点，台湾并不落后，且有台湾特色。落实到最实际处，则是选票政治。要你投他的票，跪下来喊你爹，喊你祖宗都行。拉票、贿选，花样百出，丑闻不断。两派选战，闹得乌烟瘴气。一旦当选，对选民许下的诺言，早已抛到九霄云外。陈水扁是以“清廉”的形象上台的。然而，六年之中，这个“第一家庭”从一开始，就是合家大小，天理难容的处心积虑，无所不贪，其丑态，早该上迪斯尼纪录。对比他用“清廉”作他参选的资本之假面，真是绝妙的讽刺。如今，千夫所指，天怒人怨，齐声“倒扁”，咎由自取。

这些政党，从建党到掌权，都是以代表民众的利益，服务大众的口号步入政坛。他们说来真真假假，也是有真有假。当年，当中不乏热血青年，有志之士。随着两党在“民主”过程之中的对立，都是你拥护的我反对，我反对的你拥护，尽管各自还以代表“民意”作它的现代包装。其中的是非，若从争论的具体问题看，可能也有谁是谁非的问题，但从根本上看，他们之所争，不可能为公理，只能以各自小圈子的政治利益和利害为转移。

当这种“民主”游戏，每轮选战，反复重演，广大民众，也清醒地看透了它，厌恶它了。整个社会，被这样闹得鸡犬不宁，没法安心过日子。于是，不是个别，是相当多的人已无奈、绝望地说，等“中共”来收拾它好了！

因此，开始“倒扁”所动员的，包括预计可以进来的那一部分民众，并非歪头错看阿扁为好人，同意他“独”，同意他将纳税人的钱，贪进他家的保险箱，而是当“倒扁”

与“挺扁”完全是以两党之争的形式呈现时，在他们眼里，这两个党，一个半斤，一个八两，自己完全没有必要卷入进去。不喜欢“绿营”的民进党，也不等于该去挺“蓝营”的国民党。

二

从20世纪50年代起，蒋介石在台湾，一开始处理族群、权力问题所制造的白色恐怖，台湾人是八辈子也忘不掉的，是至今难愈的后遗症。为此，当年未曾介入此事的后任主席，虽然对受害者平反昭雪，放下身段向他们家人赔礼道歉，也算他们的党反思旧过，愿意“改造”的行动。可积怨难平。蒋介石的儿子蒋经国1988年1月逝世前，在现实的压力下解除了“戒严”与“党禁”，尤其开放了到大陆的探亲，这对他，民众无疑为他加了几分，但随后李登辉的接班及黑金问题，也是乌七八糟。连战卸任前，也像蒋经国一样，为自己挥笔出彩，访问大陆，力促“三通”，受到大陆高规格的接待。他俩，不论是离世或离职，都是摆脱开在职时考虑问题无法不考虑他们与各方的利害才显出此时的胆识。

国民党，从蒋介石起，就讲“统”，他父子坚持的“反共国策”，是念念不忘“光复大陆”，以“三民主义统一中国”。这与大陆谋求的“统”，并非同一回事。但它对阿扁的“独”，与国际上企图分裂中国的势力，又明显有它的民族意义。于是才有“九二共识”，允许有各自表述方式的"统"。它既是现实中对抗"扁"的"独"之矛与盾，也教两岸急盼"统"的百姓，明白"统"不是十年八年望得到的。当接任连战的国民党主席，还未上台时就放出大陆若不怎么怎么，两岸的问题则免谈的话来。当然，政治人物是只讲需要的。以后他也完全可能有识时务的变化。但他讲"统"，老百姓也不可能相信会有"三民主义统一中国"的神话，他反民进党，也未必能反"独"，只是不"独"地维持多数台湾人愿意维持的现状。何况，当年侍候于蒋经国左右的李登辉，谁也当他"忠心耿耿"，可权一到手，脸也变了。他不是背叛，本来就是一个藏在蒋家父子左右的内奸。从他洋洋得意地说自己"二十一岁前是日本人"的自供看，更是一个地道的汉奸。凶相一露，竟是"台独"的教父，陈水扁倒反是"台独之子"。这个蒋家父子身边的狗，恩将仇报，反目为仇，以他的汉奸血统，以所谓"台湾意识"对立"外省人"，罗织蒋介石在台湾的劣迹，将撑起他出道获权的国民党诬称外省人的党。为自己正名"独"的教父。

其实，蒋介石在大陆二十多年的统治，对广大人民大众的压榨、迫害、杀戮，绝不会次于他在台湾之所为。大陆民众对他的反抗是"冤有头，债有主"，乃至长期以武装斗争与之对抗。在当时社会结构中，各自的社会基础，是以贫富、尊卑、贵贱分界，不分行业、地域、民族、姓氏，是一支最广泛地团结一切可以团结的力量之"人以群分，物以类聚"的行列。这一历史状况，怎么能以蒋家代表所谓有"省籍情结"者的眼中之"外省人"和大陆同胞呢?

同时，蒋家父子在台湾搞了“土改”，老一代农民至今也不会忘记自己拥有土地之福，经济上去了，成了亚洲“四小龙”。广大民众，绝无一人将此作为“外来”者加以拒绝。比之今日陈水扁统治的台湾，经济下滑，人民生活水平下降，他等还不是随便能与蒋家好比好说的。

然而，从李登辉到陈水扁之流，却以此策动族裔、地域、省籍等情绪为顽固排外而恶性意识形态化之“独”，越演越烈。这次陈水扁陷于反贪腐的“围城”之战中，更是狗急跳墙，疯狂地叫嚣“去中国化”，“法理化”的促“独”，以此分散对他的义愤。并调动、刺激、激化他们基盘的族群之畸形、失态的地域、族裔的排外之情，逆反而野性地疯狂起来。从某个角度看，有它的效应，不可掉以轻心。可是，由此两党之间恶斗的升级，不糊涂的老百姓，只能看作他们争夺选票的“民主”政治游戏罢了。老百姓于其中，无法摆脱此中的政治，竭力“反贪腐”，正是搏浪于政治巨流，可他们对政治人物所“玩”的政治，则倍感恶心。在这种心态下，他们不愿卷入，不难理解。组织“倒扁”者原先预计可以包括进来的他们，却没进来，也很自然。

可是，运动的口号由“倒扁”响亮为“百万人民反贪腐”后，不仅他们进来了，而是不分族群，不分“蓝”、“绿”、“独”、“统”，同心一致地参加“围城”来了。由此，看到我们民族所以视人为之人的最后一块遮羞布，都被陈水扁一家撕得粉碎之后，任何一个稍有良知者，看到台湾被这种随主人游行，还会口衔写有“耻”字告示牌的狗都不如者所“治理”，确有自己被其领导所蒙受的耻辱，激起悲痛之愤恨，无法不走进奔放民不可欺的队伍。这是老百姓知礼自尊的必然，他们已由不愿卷入党派、族群之争的心态，跃升为一个知礼的民族对于不知耻者所张扬正义的义愤。浩然正气，震天撼地。

它是检验、校正我们过去对台海的问题所认识的一面镜子。当今，不同国家，不同地区，人民大众如此向政府表达他们意志的，此起彼伏，越来越多。锋芒所向，有贪渎份子，有独裁者，也有民主基础和该地同样欠发达的地区，民选的领导，没有掌握实权，尤其是军权，才遭野心家演出“逼宫”的把戏。野心家也可以纠合一些他们的追随者如此表演“民意”威逼好人的。无论什么人，遇到这种情况，无一不受逼“请辞”，或是这种过场戏都不演就仓皇出逃。这次“倒扁”过程，陈水扁大肆张扬他出访两个岛国之举。有人担心他借此“外逃”，这真是过高估价陈水扁了。如今，冷眼一旁的老百姓知道：“软的怕硬的；硬的怕不要命的；不要命的怕不要脸的。”陈水扁，正是这么一个鬼见了都会愁的大流氓。他不仅不会畏罪，反而以此宣扬他拓展了“国际空间”的“业绩”，利用他在现有体制居于掌权地位的各方利害关系之牵制力，以民进党所控的选票，致使弹劾他的提案未能获得所谓的“民主”程序通过。

三

对百万民众之诉求做出如此回答的“民主”，同民众道德、政治的是非之心，真是天上地下！

这到底是为什么呢？民进党内也不可能是一心一致的铁板一块。有人在媒体上表达他们对陈水扁的鄙视，同样有他们的热血、正义感。但“一人当道，鸡犬升天”之事，说它是封建的污垢，那么，现今所谓的“民主”国家也不例外，布什当选，有多少人跟着进入大小白宫。陈水扁“组阁”，即便不是可以随着“升天”，一跃龙门的，与他垂直共生的子弟兵难以计数。政权布满台湾的网，有那么多大小乌纱，还有多少只求温饱者的饭碗啊，它牵动多少人和他们家人的利害啊！上了这条船，身不由己，只能随它沉浮。民进党的立法委员，虽然各有各的想法，但此时所在的位置要他代表的党派立场必须公开摊牌之际，若无特别情况与党公开决裂，恼恨阿扁不成器者也说：不论他（陈水扁）有什么问题，目前首先还是要“一致对外！”这时教谁倒戈投票罢免陈水扁呢？

此时此地，这种“民主”，无法反映民意和公理，算什么“民主”？

为此，不免要骂几声娘，可是想到这次“百万人民反贪腐”最广泛地联合了不同党派、族群以排山倒海之势涤荡窒息台湾污浊的气势，不仅是对贪官污吏的示威，也让民众从中认识了自己，增强了行使民权的信心。尽管运动潮起潮落，但它对台湾往后政治形势与格局的影响是巨大的、深远的。

岛外关注台湾形势的朋友，以他们对此思维的惯性，看到岛上这般“蓝”、“绿”不分，反而感到迷惑，态度由原来对“倒扁”支持的坚决反而暧昧了，这也使该得到支持却没有得到支持者的心情黯然，甚至失望。

若说百万人的大联合更能体现台湾迈进人民真正行使民权的高素质“民主”，那么，其他想法，若说是问题更复杂了，这“复杂”则更不允许简单、粗暴地将其中的人事标签化，拿“以人划线”的那套来对待。

国家的统一，民族的大义，不反“独”，同样天理难容。这些年所以要不停地反“独”，不就是“独”是个现实的存在么？若靠呼口号能反掉它，它也早见阎王了。本来，“检查总长”一职自然得由刚正不阿者任，可这样的人，提了名却出局。偏偏，扁嫂为“公务机要费案”被传讯，“第一家庭”闹得臭不可闻之际，阿扁提名、运作的检查总长却顺利通过。而且，对第一家庭的贪渎案，不与上头“配合”，坚持上诉的检查总长谢文定，当他拒绝出席，也依然强行通过了对他的罢免令。台湾传媒借用大陆人所熟悉的用语，说不到秋后已经“秋后算账”。从这些问题看，反“独”是很艰巨的战斗，若这一“战斗”兵戎相见，问题倒反简单。正是力促“和平统一”，更需要将力气花在促“统”上。若陈水扁能为之相促，他就不叫陈水扁了；若陈水扁只是他独自一个，那他有比“独”更毒的花招也无需理他。“独”与“统”所以能形成对峙的力量，有它深层的缘由。如那名气不小的台商许文龙，在大陆生意做得很大，钱是挣得多多，他之所以如此获益，难道不应该考虑大陆政府是视其为两岸同胞之“同胞”关系么？可他赚的钱不是置产添业，而是送回台北支“独”，他完全不是一般意义上的商人，是顽固的意识形态在强撑他的

"独"。对此，既不可长他人的志气，同样，也不容忽视他们意识形态化的基盘。口诛笔伐陈水扁不难，但更需要有以诚相待的热情去对待那多从战略上可蔑视的"独"的整体却不能不具体、认真地对待那为数不少，陷入认识误区的个体成员。这不是"绿"营诅咒的中共之"统战"，也不是"蓝"、"绿"族群之间的谁"统"谁的行动，是本为兄弟的人群，是非观极其自然的合一。

四

从"统"的立场，可以斥"独"之谬，除了少数政治痞子，有那么多成员陷入这一认识误区，情况不会简单。台湾摆脱日本殖民统治的光复之日，完全是与中华意识合一的中国意识。现在说"独"始于"二·二八"，是无稽之谈。也无需为一时之所需去替国民党和蒋介石说话。历史也早已将"二·二八"定位于台湾人民反对暴政的"起义"。只能以历史唯物史观尊重确切的历史事实，而不是随人以省籍、族群而变。从近年掘出的史料也证明，当年有些问题，同那不甘于退出殖民统治的势力，利用台湾战后物资短缺的空子，涌入大量资金，致使通货恶性膨胀，政府完全无法控制由此带来一系列的社会混乱有关。近年一些跨国财团不是也以这种手法进入中国房地产市场么？不过，时间地点不同了，中国经济已不可能，也不允许任他们这样搞垮，但至今也未平息他们兴风作浪的后患。当年，不是个别日本财团仅仅出于经济利益的行为，才引出台湾深层的政治动荡。今日深入研究“二·二八”的前因后果，也就要求我们更深入地全面掌握各方的资料、档案，看到整个事件演化过程的复杂状态。即便如此，也不允许对当年制造白色恐怖者推卸责任。也不允许以此挑动省籍族群对立，作那混淆是非的借口。恰恰相反，它应该是应用为揭穿阴谋的武器。当前，绝非个别人士，他们绝对是厌恶陈水扁的德行，但他们的选票却投给了绿营。不为别的，就为当年积下的那腔消散不了的怨恨。有的已是受害者隔一两代的后人，情绪也依然。两岸往来后，我有一些时下看来，是“本土意识”很重的朋友。他们头脑里原来除了只有一个中国是当然的想法，两岸往来后，他等看到原先白色恐怖下的文化帮凶，转身之间又成了两岸交流的“明星”了，是无法不让他有想法的。你“爱国不分先后”绝对不错，他看你跟那些人是一伙，不可信任，也不是毫无来由。看来很可笑的推理，事实却演变为这样的后果。原先疏离之距离难以拉近，白色恐怖延续下来的怨恨反而积深。他非顽固的“独”，若不经过人生另一种剧烈变故的体验，也难从内心欣然认“统”。若非只求眼前你只要不针锋相对地嚷“独”而叫人难堪下不了台，你真“统”假“统”还难在意的话，那么，从“统”的大业计，绝对需要做更多，更细致的工作，化解、消除过去有些作法已经形成的负面影响，才好壮大“统”的队伍。

五

目前的台海问题，若只讲“蓝”，“绿”对立加剧，形势“复杂”，是正视现实不够。“蓝”、“绿”的“对立”本来就是这种“民主”的两党制所孳生的，不对立就失去各自生存的基础。政权是政党存在的目的，两党制的上上下下的政治游戏，要争胜，就必须与对立者作生死拼搏，至于大打出手，只能说它还具中国的台湾特色罢了。意识形态的底盘，还是原模原样。《圣经》上说：既然要他灭亡，上帝必先让他疯狂。因此，当选期日近，双方的对立必定加剧，绿营也必然加码煽动省籍、族群的民粹、沙文主义，以它物化、强化、暴烈化。它不仅是那些政治流氓玩政治游戏的强项，也是他夺权所需，是他转移执政无能、经济下滑、贪腐沸腾民怨之所需。剧烈省籍、族群的民粹、沙文主义的物化、强化、暴烈化，也能满足不少有此省籍、族群的民粹、沙文主义者之情的物化、强化、暴烈化的要求，才能形成此时他们的气候。这一点，有时是陈水扁绑架他们为其所用，有时是他们也需要绑架陈水扁，将他们失去理性，乃至愚昧化的情绪得到发泄。何况，其中的学生就有“国家社会主义学会”这样纳粹主义的组织，要像希特勒对待犹太人那样排外。如此这般，两厢如愿，真是天作之合。1999 年的选战期，一说大陆在台海布下了对准台湾的飞弹，“独”派正好以此“炒”作大陆“打压”台湾的舆论。以此刺激了“省籍情结”而来的票源，则成全了他们的如意算盘。

目前，口头的“反对”“抗议”，他等全不在意。他放大胆子这么闹，倒是要你看看他的脸色，不然，不闹白不闹。对此，不能不认真考虑，有效应对才行。

台湾问题，只能寄希望，依靠台湾人民。在现有的政权体制下，有时是无法不与一些政党的头面人物接触，利用他们在那一体制下的身份，并通过他们使之各项有利于改善两岸关系的活动能规范地运作于它的程序而起到可能起到的作用，这是必要的，并不与依靠人民的基本立足点相悖。若只热衷于此，将“统”的希望押宝押在哪个党哪个人头上，只能事与愿违。首先，这就将自身卷入双方对立之争，当各方以人划线的标签化，和这般标签化的站队划线时，必然将自身陷于再也无法超然于其中之许多无聊、无益的具体纷争，失去解决问题的主动权。从策略，瓦解了这次反贪腐为公理而不分族群、蓝、绿之大联合所提供为思考台海问题之理念，已不容我们退回到两党的“民主”政治游戏了。

当务之急，若是促“统”，可这些人谁是“统”谁是“独”呢？民进党顽固于“独”，是它存在的标志，它的“四大天王”中的苏贞昌，不久前却抛出媒体称之的“苏修路线”之“中间路线”。看似与“苏”对立的，国民党的马英九，在遭起诉、辞去国民党主席前，为参选造势，也抛出“马修路线”之“中间路线”。他们到底是闹“对立”，还是合计好殊途同归呢？“台独之父”李登辉从这次人民反贪腐的阵状，见陈水扁在台湾成了过街老鼠，也表示要分道了，这一对“台独”“父”、“子”，是真要断绝父子关系，还是在演戏呢？陈水扁为“去中国化”在四处“正名”时，马英九则说国民党“执政后可考虑改名”。为此，舆论明确指出：“‘马修’克隆李登辉路线”，似有挂牌“台湾国民党”的打算。政治游戏闹到此种状况，没有信仰，只有权欲；不讲原则，只求实用；无有诚信，见利忘义；若非走投无路，谁能在此中请他们帮你促“统”呢？

“统”，“独”之争，是再怎么讲和谐也无法和谐的，可“斗”又怎么“斗”呢？双方的成员（是成员，不是政客、党棍），再怎么“坚定”的表演，说文雅一点用“肢体语言”，说白了，是大打出手，又能怎样呢？

这次“反贪腐”中形成大联合的事实说明：原先只能是“你赞成的我反对”，无有任何缓冲余地的“蓝”、“绿”分明，为“反贪腐”却有求公理的共识，有维护、发扬民族传统的正气。也就是说，相斥的互相间被共同的民族文化所聚合。

这些年，“独”对“统”嚣张它的“独”，“统”对“独”以民族大义讲“统”，可是怎么才“统”得起来呢？除了中华文化，别无选择。讲“文化”，也不能只讲孔孟之道，经书的玄学，或学院派的哲理。在此，它应该是千年的历史、文化、伦理道德形于人们日常生活所默化的理念和判断是非的态度，是朴素于一般人为人观世的人生哲学。既然原来在“独”、“统”问题不一致的人，文化可以将他们取得“反贪腐”的共识，而且“独”还可以将民族文化、伦理道德中的人与人之地域，之亲情而意识形态化为他等的政治赌注，那么，我们为什么不可以，且有责任，为民族大义将它还原、回归于民族文化的原生态而成为我们民族统一大业的巨大财富呢？

“文化”所以是“文化”，它是流淌在人的血液，支配人行为的根。近日。台湾橙贱，伤农，三十几个小时，大陆签下收购的手续，充分发挥了互利互助，济困扶弱的民族美德。像它扎根的生命，枝发叶茂。因此，文化不是一现的昙花。就是不少“台湾意识”很重的人，他们的语言、文字、民俗民情，以及小到任何一点的生存方式看，都同样笼罩在同一的民族文化下生活。你“去中国化”可以说普通话是“华语”，闽南语为“台语”，可是，在“台语”的故乡福建闽南，他们的方言不正是“华语”么？你将闽南话称之“台语”为扩张野心于“台独”，那么，被你改名换姓的“台语”，还不是“华语”中的闽南话么？那么，你说的还不是“华语”么？“四大天王”之一的吕秀莲，为飞机“正名”时，讲到的《庄子·逍遥游》，若要说它是“台湾文化”，也正是中华文化中的台湾文化。国家、民族，统一、分裂，说到底，都有一个文化的结。对于那些被误导陷入认识误区者，在何时、何地、何种条件下，还能像“反贪腐”时这样，大家又找到对公理的共识呢？谁也不是算命先生，但它为我们提供了一面认识的镜子。

若往后的问题都能照此为公理而联成浩浩荡荡的大军，还有什么问题难得住大家？一切的一切，都会跃上一个很高很高的思想顶峰。

原载《海岸线》13期（2007.5.15）

一个所谓“伪问题”的真伪

一年的春节又到了，这两年，此时，沿海，尤以临近香港一带的地区，特受优惠的外资、合资企业，老板都要以分量不等的“红包”，或以年终双薪的方式与员工续约，送他们回家过年。当然，也有什么都不管的老板：中国有的是人，都得找饭吃，你不来他要来，谁来都一样！可是，遇到“打工仔”不是求上门来随他一把抓，他就抓瞎了。不久前，政府为创造一个公平竞争的机制，又出台了外资与私人企业所纳之税上调到与国有企业对等之政策，对此，他们也可能有新的反应和对应。虽然有人也会针对当地干部怕他们一走少了收入的心病而作“秀”的嚷嚷要“搬家”，可还是有人说实话：无论怎么说，在中国，制作（尤其是劳工）成本，都比他们本国和其他地区便宜。

他们遇到招工难，招工不足的问题，若说其中还有什么“秘密”，也是公开的“秘密”。传媒虽然不像报道某些鼓舞人心的消息那样大张旗鼓，可也没回避、遮掩。但缺工的数字，却大相径庭，西方报道的数字是两三百万，就像他们报道香港每次游行的人数，总是翻倍，甚至还要超出。其他的，则在五十到一百二十万之间。有的数字，不能排除其中也有出于某种倾向和需要的创作，但还是可以作参考的。当然，数字的多少，可作掂量问题轻重的依据，但在这里，只是以此为由头，考虑怎么面对、正视、认识它罢了。

不想，过了一阵，有份报纸竟然出现《“民工荒”是个伪问题》这样的标题，说“民工荒”是“媒体炒作出来”的。由此，作者想到：中国有一亿五千万农民，若是城市“民工荒”，那么，民工就业就有更大的选择空间，是他们的生存有所改善的信息。这个被斥之的“伪问题”，看它是真是伪，是好是坏，就看他替谁说话了。

首先，世上任何事情，对它有不同看法都很正常，但要否认上述情况的存在，是想否定就能否定得了的么？既然否定不了，又如此说，倒反只能看作不敢正视现实的自欺，是个地地道道的，真的谎言了。连起码的事实都不敢承认，又拉开架势对所谓的“谎言”进行怒斥，目的又何在呢？

很明显，从表述的这一观念和知识结构看，这位作者及其传媒，首先将“民工荒”的问题视为很糟糕，有失脸面，有损“改革”、“开放”形象，为“和谐”社会“抹黑”的事，他倒反而是为了维护目前形势之“大好”，出于“义愤”而“义不容辞”，才拟出这么一个似乎能惊世骇俗的标题。

可是，今天，若要维护“改革”、“开放”大好形势的形象，首先，就当维护社会经济转型的运行。“计划经济”、非私有企业，是否像有的所谓“经济学家”所诅咒的那样十恶不赦，不是这里的议题。但市场经济的市场，又能摆脱供需关系，而作其他非分之想么？劳务市场，也是如此。由于各种特殊的情况，买、卖双方的市场，出现单方的买、卖，绝非正常、健康的市场运行。因此，恰恰不是简单地从人道的观念，从同情弱势群体的民工出发，而是从完善市场经济的体制所言，那么，以上的这种是非观，应视为对市场经济观的反动；是打着“改革”、“开放”的，又“左”，又右的流毒。

我不知道那些不能尊重起码的事实而在说风凉话的人可知道，在这南方沿海一带的“打工仔”，在有《劳动法》的今天，每天都得劳动到十一个小时，西方传媒还有说他们每天要干十六个小时左右的，有时还要加班，双休日也只是在口头上允许星期日休息一天，一句“任务紧”，这一天也得“贡献”出来，却无一分钱加班费。过度疲劳，致使不少人在体力不支时，手指、手臂卷进机器，伤残终生的无以计数。传媒公开报道的，工厂连门窗都钉死，厂房失火，打工仔逃不出去，活活窒息、烧死在里面的惨相，骇人听闻，比解放前的“包身工”还“包身工”。去年今日，有三位安徽无地可种的农民，同行到广东打工。不想，其中一位在连续加班的劳累中，当场倒毙在野外工地的现场。同村同姓一同出来的另两位，无法再干了，再怎么说，也得对死者的家人有个交代。于是，他俩背尸而归，到火车站，用衣被裹尸当行李托运被发现，才有当时南方各报曝光的背尸事件。如此的“打工”，在当地的物价条件下，一个月才拿四五百元钱，除了租房住，加上一天三顿，超强劳动所需要的营养、食量的补充外，哪里还能剩下什么钱。这些打工仔，叫他们安于西方国家百多年前以初期资本积累时对劳工野蛮压榨的状态，就能靓丽“开放”的形象，有助于“稳定”么?

他们，有的实在不愿接受这样的生存条件，可是连回家的路费都没有，出门时借的路费，还等他回去还。彼时彼地，走投无路，一切不能接受的，也只能这样接受了。

因此，当他们回家之后，只要寻得到一丝生路，找得到一口饭吃，要他走回头路，谈何容易。无地可种而出外的民工，有时加点工钱，且不说有克扣、拖欠之事，就是全部兑现，也抵消在通胀之中了。但对大多有地的民工，政府给农民免了农业税，并受惠粮、油和物价的上调。加以政府对农村、农民实施了多项支持、补助的政策，使他们在家乡的生活能够有所改善地过下去，大可不必被“农村都市化”的梦呓蛊惑。那种理论和决策，忘了一个农业人口占绝大多数的人口大国，根本不可能抛开自己的农村建设，盲目依照西方城乡人口比例，鼓动农民拥往城市去当“城里人”所名之的“现代化”。照此，国家若按那人口“比例”硬性“现代化”，这个人口大国，似乎在一个早晨就可以圆他的“现代”美梦。

今日的民工，能反其道而行，又有什么不好呢？农民在这种状况下，它从一个侧面反映出农村，也是国家的大好形势。难道民工只有永无劳动、人权保障而如此才被视为正常，是所需要的“繁荣”、“和谐”之“大好形势”的形象么？作如此观者，只能看作知识结构和认识有问题，思想脱离实际出毛病，必然与民工的利益持对立的立场。

当前，有些老板将招工的工资开到七八百了，提高了一些招工率，也仍然招工不足。我听一位老板自嘲地说：现在是打工仔炒老板的“鱿鱼”了，这到底是好事，还是坏事呢？近视的看，它肯定要影响当地的税收和出口的增长，看远一点，从根本上讲，有它对市场健康的运行，对劳工利益根本的维护，才可能保持社会持续的稳定和发展。孰轻孰重，一目了然。一个以工农为主人翁地位，还明确写在《宪法》中的国家，正如《海岸线》有文章所说："过分以劳力廉价招徕、招摇，完全是失去尊严的自辱。"．这说得有理。发展经济，自然在首位，若以牺牲稳定为代价，那么，那种经济"成果"毁于稳定遭破坏之一旦，则是毫无疑义的必然，哪还有社会的"和谐"可言？如此处理经济与社会和谐的关系，正是本末倒置。

说来也可怜，有人为洋人视"中国是个大工厂"，目前还是玩具出口大国沾沾自喜。美国《纽约时报》记者戴维．巴尔沃萨去年 2 月 9 日发自深圳的消息就讲："20 世纪 90 年代，外国公司基本上都将生产转移到中国进行。但控制权以及这些生产带来的利润都牢牢掌握在外国公司手中。尽管中国从全球化中获得了工资上的好处，但它没有留下全球化带来的利润。"如此加工的全球畅销的"芭比娃娃"，市场售价 20 美元一个，中国仅能从中得 3 角 5 分，折合人民币不到 3 元。这两块多钱，可以肯定，不可能完全给民工。民工干得再多，也就是那点血汗钱，那 35 美分即便全给了民工，它也是 20 美元的市场价之外的剩余价值。它逼使"许多务工人员，开始另外选择工资较高地区。"《日本经济新闻》2 月 26 日报道："中国大城市展开'民工争夺战'"说："深圳市，月薪一千二的企业占百分之四十，全都大幅度超过了最低工资。另一方面，向沿海输出大量民工的内地重庆市，给企业附加了要给雇用工人提供劳动灾害保险义务。”这一来，正像他们所说：“天平开始向打工者倾斜。”

“美国劳工——产业工会联合会”（AFL—CIO）组织部主任艾可夫（STUART ACUF）认为：当前工会必须做的是，“我们应该提出一个可以改变人们生活的工作日程”。不同国度、地域，不同工会都在提出自己认为可行，和为自身作为“工会”所必须履行的责任之工作日程。有一种提法是：现在已经不是“二战”胜利后了，“资方”已不可能向“劳方”妥协、让步，只有无产者联合起来，争取自己的权益！从纯理论讲，这绝无什么不妥。但，它又是任何一个不论属于何种性质的政党在它执政时所愿看到的么，中国也不例外。为“工人阶级先锋队”的政党，整个国家不论在前进路上遇到什么新的问题，起码同样不该对工人的利益，像对国家现有的发展的现状一样不顾，这比过去“推翻一个旧世界”的单一、剧烈的行动要复杂多了。虽然这些年的劳资纠纷时有升温，最后能以市场规律取决劳工的去留而没有波动社会生活，这是首先该看到的好事。至于开工不足，资方少赚了钱的事，应该放在一个什么角度考虑，两者之间，权衡利害就明白了。《先锋报》还说：“问题并不十分严重，万不得已时，中国还可以在不丧失竞争力的条件下提高制造业产品价格来增加工人工资。对于购买廉价中国商品的美国和欧盟消费者来说，这仅仅是很小的利益损失。”这里所说“在不丧失竞争力的条件下提高”工人工资者，不能简单说是为了“中国”，而是在

"中国"开厂的外资，当然也有些"合资"或内地的私人企业，不能简单用一个"中国"作它统一的符号；由此说消费者损失"很小的利益"，实际上是资方不愿减少的利润，转嫁到消费者头上所致。AFL—CIO 所说到资方不会向劳方妥协、让步，应该说是不愿让一分利给那为他赚得巨额利润，自己却不能温饱的劳动者。《先锋报》所说的"剥削"二字，现在是很不时髦，极力回避用的字眼。而不愿"让"一分一毫之"利"，则是他们的本性。为什么说"二战"胜利后他们又是另一种态度呢？因为战后的苏联和东欧连成了一个强大的，以工人阶级为主的阵容，不论对这些国家后来解体的悲剧怎么评价，在当时，那是西方国家的工人争取自身权益的榜样和希望，这正是对统治者执政意识与道德基础的动摇。正是为了巩固那个阵营的根本利益，他们反而学习了"冷战"对方对工人工资、福利、权益保护等措施，使之能稳定他们的政治秩序再"冷战"。现在情况变了，他们不需要考虑这些，工厂由原来的所在地迁至中国后的两地工资之差距，已是老板长流水的暴利，他也不会让利。可是中国民工因为农村政策的变化和落实，不是只能吊在一棵树上等死。这就给他们的就业留下一些选择的空间，而且有关部门一再提醒，要与厂方签合同，以保障自身合法权益。虽然事实上的问题还少不了，在法理上却不容那么野蛮、无理以对了。在劳务市场供不应求时，按照市场竞争的原则，增加了工资仍招工不足，厂家有往江西、湖南迁的。当地也有愿在家门口打工，别的可以将就一点的民工，这种局面可以维持多久，很难说。《南方周末》有消息说，有厂家每天给打工仔补助十二元饭票，还得以改善待遇缓解这种关系。《先锋报》说到有的甚至迁往越南，“尽管那里工人的工资，社会保险等开销都高于中国。”这是出于何种考虑，也许是得够了近利反而想得更远吧。2月20日俄罗斯《专家》周刊说到民工上调了工资，“俄罗斯企业在中国加工服装鞋帽越来越无利可图”而将订单送往其他国家。说“无利可图”是太夸张，可少赚几文钱人家也有不干的自由。他们预计：中国企业可能会放弃订单生产模式，转而积极开发自己的贸易网络。其后还有另一个威胁，那就是购买品牌。尤其各地建设新农村的计划落实，农民可以在自己的乡镇企业打工，何消离井背乡。

这种状况，致使招工不足的问题，恐怕不是一时之间，用简单的一套，靠行政命令好解决的。矛盾的法则是永远的。此时所遇到的问题，已是解决了前一个矛盾而上升到一个新的层次之矛盾。这一局面，是出外务工人员，以其极为朴素的劳工自觉所自发斗争而赢得的。在中国特有的社会条件下，这种自发的斗争，本是难免的历史阵痛，并未激发社会动荡，安然于无痛分娩。这不能不看作中国和谐社会的历史奇迹。人们未必知晓艾可夫的所说，农工这样确实迈入了改变生活的日程，建康、成熟了劳务市场的市场运作，和谐了社会。以后的问题，正是在上述的市场运作所奠定的基础之上更上一层楼的问题，并未给谁留下“怒斥”的口实。

看来，胡说“民工荒”为“伪题”者，不是无知所推论的歪理，就是存心要欺天下人，放出的弥天大谎！

原载《海岸线》8期（2007.2.15）

《释诗》编辑手记

茅顶泥墙旧板床，面青肌瘦破衣裳。
春城一席红楼宴，深山十载贫家粮。
——《访贫有感》

实意诚心曾相劝，誓言岂料俱谎言。
黄粱枕梦成囚犯，冰雪聪明竟巨贪。
儿女不贤钱何用，子孙励志何用钱。
秦城泪尽空余悔，愧对人民愧对天。
——《闻李嘉廷查办有感》

作者是高干，这里请他《释诗》，当称他诗人令狐安。

他向《海岸线》的海外读者揭开了一层最为大家关注的，国内反贪、反腐的一桩大案的迷雾。五年前，（云南省的省长）李嘉廷的贪腐案，震惊全球华夏儿女。事过之后，虽然有关方面仍以此作“反贪”的战绩宣传，但是，一般百姓，对此既不惊，亦无语，凸显出深刻的社会悲剧：贪官的职务越来越上升，贪赃的数额越来越巨大，常是团伙犯罪，几十人共一案。然而，官职越来越大的贪官，数额越来越大的赃款，总是强劲政府反贪的力度与决心所抓了出来，才可能通报大家所知。它从此事的正、反两面，双向对行地深刻了它的形势与任务之严峻。

无视贪污腐败溃疡面的扩散，是自欺欺人。深恶腐败，过于情绪化的说“洪洞县内无有好人”之怨怒，既不难理解，也不可能实事求是；来得太不容易的任何一点成绩，往下走的道路再长再难，也是没有断绝希望的路。事过五年，“眼红、手痒，跟着干”的先后抓了出来，与贪官的严惩几乎是同步并进的。回头再看李案，其复杂性还不是非常非常的“典型”。若诗人与李某同流，也就无有诗人此处的诗文了。几年前，十几万买套高级的高干“福利房”，他都凑不齐钱来，传为奇闻。从这“一廉一贪，一清一浊”间的工作关系，也让我们从此案，看到“反贪”风雨于今的另一“典型”背景。

现今，已非战争年代，大伙生死相依，有事无法相瞒，亦无隐私可言；事务长是否做账，都无需查账，纯而又纯，真正的“同志”关系，要查同志，似乎得先查自己。而今，是人心隔肚皮，看到蛛丝马迹，也需尊重人权，无权调查，并要讲“团结”，“支持”对方工作。虽说也有明文相互监督的义务，依照上述情况，义务很难履行，只能各自好自为之。至于群众对“公仆”的监督，除了少数典型，更多的，还是纸上文章。编者有位笔上颇有功夫的熟人，原先在香港中资公司，后调回内地。久别巧遇，并逢“五一”“大假”，请他喝茶，他是一副哭笑不得的样子，说有“紧急任务”：他的上司已被上级勒令写出书面检查，在此“大假”之日，此位上司早已定好机票、客房，不负良辰地要去吃喝玩乐了，叫我这位熟人代他写好“检查”，他也不用看了，传去北京“交代”了就行。由此看，勒令下级写

"检查"者，总还是查出这位下级的问题，并不糊涂地予以"监督"。不想，这种干部已有为他代写"检查"的专业户，此时，这种"监督"作用何在呢？失去监督的权力，正是滋生腐败的温床。这是一个人人明白，个个思虑，或不解的问题：这种"监督"，它的意义实效何在呢？

此处这篇《释诗》，正是纯从个人之间的关系，展现"一廉一贪，一清一浊"，这种政治生活中的贪案真相。

生活中并非任何时候，任何地方都有那么多戏剧性和刺激性的，真实的生活有时难免有些"平平淡淡才是真"。在整个"不根除腐败，这个党和国家将无法生存下去"的大背景下，就是暴风骤雨，可能是吉雨，也可能有洪灾。目前，大讲"法治"，也不是我们没有反腐治贪的"法"，看那些知法犯法，执法犯法者，更应明白，释法、执法，还是靠人；讲"高薪养廉"，在拜金的社会空气中，给多少钱算"高薪"？对于"多多益善"的贪婪者，给多少才能"养"他的"廉"？不久前，香港新任命的卫生署长，公开他的年薪是港币四百万，大陆若如此为官员"养廉"，人为地，无限地拉大收入的两极之差，那么，更尖锐，更复杂的社会问题，肯定还在后头。这样说，不是提倡"平均主义"，但是，要不"平均"，能公平、公正，才能谈和谐、均富，"以人为本"的理念，才能实质展现。

物质的贫穷，绝非社会之幸，精神的贫穷，更非社会的光彩。已构成犯罪的腐败案，自然应当依法严惩，可要"防腐"，也当靠"法"。可是，目前的现实，若说是"法""有'余'而'行'不足"，或"情大于法"，司法判决不能符合社会主义预期的法律推理，那么，还是要筑构抵制它的文化长城，才能将“法”在实施中增加它的含金量。

然而，在社会转型的特定历史背景下，笑贫不笑娼所毒化的世风，人们已见怪不怪，反而从负面推波。但从信仰，首先从一个人所以是“人”的基本精神建设抓起，教人知荣、明耻，起码比在文化领域事事沦为交易更有意义。也许，不是人人都能成“大写的人”，但“人”总不能光剩下一堆金银财宝而不是“人”的一个符号吧！

原载《海岸线》6期（2006. 8. 15）

做人的成本

诗人邵燕祥记述上海淮海路的商橱中所见的一则广告词是：

上流社会的价值观

中产阶级的生活方式

无产阶级的想入非非

这是一则看得人心惊肉跳的文字。

二十多年来，大陆不少揭露过去人们于“左”的灾害之下，不正常的社会与政治生活之心态与情景的作品自然“百无禁忌”；当年，若出现如此的，漫说广告词，就是私下议论和个人的想法，也会以“阶级斗争新动向”来抓的。如今，“俱往矣”，不会那么简单、粗暴对待，也是当今世界之幸。可是，随着新自由主义加剧贫富差距的社会分化，不仅是哪个国家，哪个地区的问题时，对于这样明显于它阶级挑衅的广告词，见怪不怪，近于麻木，恐怕也不能看作社会之幸。

由此，我联想到海外广传的另外三句话：

纽约的垃圾箱上另外写上“请你的垃圾丢在这里”；

凡尔赛宫特别加贴的告示：“请保持安静”；

泰国的公厕特别加以告示："请便后冲水"。

总之，这三句话都是特别写给出外旅游的华人中的"大陆佬"看的。他们乱丢乱吐的恶习，早已恶名在外。到凡尔赛宫，喝五吆六，叫叫嚷嚷，他看不出"名堂"，或看到什么"稀奇"都是这样，像赶大集似的，越热闹越好，哪管别人需要静心地欣赏宫内宝藏的艺术品，以及观者对艺术珍品静赏时该有的钦敬之情的肃静。这自然是大煞风景，嗤之以鼻的事。说到便后冲水之事，海外报纸还有读者投书，说到一个来往于东南亚航班上的内地旅游团的观光客，弄得机上的洗手间四处是水，无法插足的尴尬事。内地的《参考消息》还转载过外刊请中国应对出国人员进行事先培训教育的署名文章，是桩很没面子的事，不容掉以轻心。不过，人的素质，以为靠行前念遍规章，打声招呼就能解决问题，也太天真。何况，有的，连这种过场也不走呢，还有，你说了，他就听吗？他们又是什么人呢。

这可以和上海淮海路商橱中的广告词联系上了。虽然"老外"著文，说大陆人在公共场所有几大"毛病"。但要上国外旅行，对大陆现时的无产阶级，确实是"想入非非"，但对"上流社会"，则是体现他等的"价值观念"的一个方面，一个机会。

所谓的"上流社会"，在中国大陆现有的体制下，已不可能是旧制下公、侯、伯、子、男，主流媒体也不会认同这与"社会主义"格格不入的称谓。但它又确实是这一体制未能完善下的一个现实。是一些人以"有钱能使鬼推磨"的钱，成了“上流社会”的请柬。然而，钱可以让他享受现代的物质文明，但他们身上严重缺失精神文明。看人家保存完好的民族建筑的民居和石板路，嫌没有他家的洋楼高和柏油路好；看人家为环保而用的旧电视，嫌没有他家五十寸的液晶显示“现代化”；看人家用手机要上税，大骂别人“不开放”……其实，这些帽子正该往他自己头上扣。按社会科学看，他正是处于蒙昧、野蛮状态的，另一历史范畴的动物。

拉丁语 CiViliS 的“文明”一词，是指社会成员特有的素质和修养，以及对公民有益的教育和影响。以此对照，他等不正是只俱人面而心未开化者么？20 世纪 80 年代，就有“不三不四万元户”之说，一指靠“大胆”、“不要脸”，二指有前科服刑释放后，钻经济转型交错的一些空子，乃至非法暴富之流。当然，不少“先富起来”的业者，还是守法经营，也推动了经济发展的公民。但前者却以它不小的影响变化着社会人员结构的格局。当时，报章上就有这些人比烧钞票斗富的报道。人为钱贵，不可一世，拜金、拜物教大兴，它既激起群愤，更污染、毒化世风。在此，不妨看一则新闻电讯：

新华社济南（2004）12 月 2 日电（记者丁锡国）12 月 2 日下午，山东省临沂市警方对参与扰乱公共场所秩序的王文涛等七人依法拘留。

11 月 27 日晚，十届全国人大代表、全国知名乡镇企业家王廷江乘坐山东航空公司 SC 672 次航班由广州抵达山东临沂机场，因查验机票问题和飞机乘务人员发生纠纷，被值班空警张强用手铐铐住。王廷江之子王文涛闻讯后，率领王义才、般云超、孙会明、黄勇、张金华、左洪涛人砸碎临沂机场候机大厅安检现场与隔离区之间的玻璃门，不顾保安人员的阻拦，冲入停机坪，并强行登机，将空警张强拖下舷梯，进行殴打。

据了解，此事发生后，当地警方立即开展全面深入调查。目前，案件调查工作已经基本结束。

《中华人民共和国民用航空安全保卫条例》规定，无机场控制区通行证进入机场控制区，强行登、占航空器等扰乱机场秩序的行为被列为禁止行为。

另有类似的人物，记不住，也不必记住他等的姓名。诸如一个女人开车出外撞倒人，反而下车怪人撞了他的车而大打出手，人家惹不起开跑，不想这些家伙竟开车追去把人压死。报纸说明，这也是个什么“代表”。本来，能够代表人民的，都可以当“代表”，但这些年，三令五申地讲到“买官卖官”，不想“代表”也有来得不干净的。将这种人扶上去，完全亵渎了“代表”之称，不能不让人感到，有的地区，如此所为，未免也太权宜一时之政治所需，得不偿失。这类人，在他需要作“秀”的场合，守法、爱国等等的语言巧克力，少不了车载斗量，转身对着弱势群体，则凶相毕露。不少还与黑社会勾结，在下面是恶霸型的人物，是旧的封建势力死灰复燃。他们登上了历史舞台，绝不会自动退出，当个“委员”、“代表”，满足不了他的胃口，不仅想以他的钱让你看他的轻重，还在盯着衙门升堂的交椅哩。

从烧钞票到打人，作威作福，飞扬跋扈，目空一切，不可一世，哪里还可能谈什么个人的素质和修养呢。公共场所没有公共道德，更是张扬自己无所顾忌，无所约束，手上有钱就是龙头老大的做派。激起公愤，天经地义。比起那个乘机查票都不耐烦而闹事的，他们在公共场所的德行，在有的人眼里只算“小节”，若不是在海外闹得影响国家形象，怕也无有传媒报道此事。因为过去对群众的相关议论，常常是以“红眼病”、“仇富”的一种社会病态予以舆论打点。其实，工业、科技的发达与物资的富裕，具体到个体，并不一定都能带来社会的文明进步。画家陈丹青，定居美国近二十年后，北京“清华”请他回国任教，工作中他无法忍受退步于社会进步的教育制度，写了《退步集》，并愤然辞退，公众哗然，声援相助。最突出的，就是过去说经济上去，文化、文明自然上去的论调，难成事实。当今，谁也无法说美国经济没上去，虽然也有亚瑟·米勒（A. Miller 1915～）这样的剧作大师活跃，可他也是成长于战前。杰克·伦敦（Jack London 1876～1916）、马克·吐温（Mark Twain 1835～1910）、华尔特·惠特曼（W. Whitman 1819～1892），包括二战前后享誉各国的斯坦培克（J. Steinbeck 1902～1968）这样有影响的作家也没出现。电脑的普及，使不少孩子懒于数学的计算，游戏机的泛滥，更使他们贪玩荒学，都好理解。可是，人的素质和修养，对公民有益的教育和影响，为什么也在相当大的层面后退呢？1947 年，一位在美国的中国诗人穆旦写道：

我们有机器和制度却没有文明
我们有复杂的感情却无处皈依
我们有很多的声音而没有真理
我们来自一个良心却各自藏起

诗人在这种特别讲“知性”的“现代”诗中之“知性”，自然是许多类似我们今日在生活中所遇的“有机器”“没有文明”的情景，对此有“良心”者，只能将“良心”“藏起”之感叹，那它的公德问题，还提它做什么呢?

诗人不是社会科学家，对此没有深究原因，我们普通百姓，也难说出什么道理，本着一点唯物论的基本知识，知道人是由猿进化而成的，可是，目前从那些为人的基本素质在急剧退化者来看，这一族群是否还得重新回归为猴子呢？也许以重罚来维护社会公德是个办法，香港乱丢垃圾、公共场所抽烟，逮到一次罚一千五，还是管用的。有人手上有权大讲“经济”时，却忘了“经济”除了鼓胀自己腰包之外，还有别的用处。

世界难以容忍单极霸权的格局，要求多极、多元，可每种制度的确立、巩固，都需要付出制度成本，有时，还是很沉重的代价。而人，所以为人，确立为人特有的素质、修养，和接受有益的教育和影响，也是为人的成本，它容易被铜臭腐蚀，不好笼而统之地说，但它绝非某些人腰缠的万贯所能替代，则是肯定的。

原载《海岸线》3期（2005.8.15）

恐怖的“喜讯”

有些日子了，没有听到电视台播放那些对一般平民百姓只能引起恐慌的“喜讯”。但愿这不是别的原因，而是操办这些事的先生，能从新自由主义指导理财的梦里醒来。

随着一度粮、油大幅度调价，社会没有引起大的波动，“专家”称赞中国人对“改革”的“承受力强了”。之后，几乎每月都得播发国民的消费指数，它的提高，也是群众生活水平的提高。可是，将商品涨价也同样当作“喜讯”报道，虽然表面也考验了大家的“承受力”，可过日子的人家，没有不犯嘀咕的。粮油调价，包括自己也困难的城市居民都明白，国家此举，是为了比他们更困难的农民兄弟。由此，没有“波动”，它与“改革”的“承受力强了”之说，风马牛不相及。若像20世纪80年代末，再兴抢购之风，粮、油、肥皂、手纸弄得再多，又能维持多少日子？弄些脸盆、痰盂回来，还能盘来开店专卖？国家要不拿出措施来，抢购只能是无奈时的妄动、愚蠢而已。

消费时代，以消费推动经济发展，按供需情况，物价有涨有落，很正常。可是，想以物价上涨能带动GDP的上升而当“喜报”，就太糟了。

咱不懂经济，可要过老百姓所要过的日子。关于物价，一生之中，有这么一些永世不忘的记忆：一，解放前，物价上涨与通胀恶性循环，民不聊生。诗人穆木天，曾写过一个人背袋钞票去换盘炒饭的故事，若非过来人，听到，都难相信。这也是那个旧政权倒台的一大直接原因；二，解放战争时期，解放区一个烧饼是“中州币”五百，折合新人民币才半分钱，一分钱正好买一对。它一点也不比后来五角、一元的烧饼分量少、味道差。是否要等它涨到五元、十元一个，才是一个提供我们经济发展的最佳数字根据呢：三，新的共和国开国不久，有次包括针头线脑在内的一千多种商品在全国同一天降价，同时，人人有份，普遍上调工资。全国上下，顿时感到自己驰骋于生活、时代向前猛进之幸福中。它也是巩固新生的共和国，以及后来国家遇到严重困难，群众同心同德的精神基础。那时，齐白石的小方张，十元一幅，位于东单、西四这些位置的一般四合院才卖几千元。如果以此价位来计算的 GDP，即使排在很后，也无损中国人的幸福指数。齐白石的小方张，现在卖多少万和当年十元一张的，都是同样的画，虽然也该有它的时间升值率，其价值，终究还在画的自身，而不是看标价。五十多年，由于各种各样的原因，半分钱一个的烧饼调升到今日这个价格，并不为怪，今日若是仍能卖半分钱，也不能看作什么坏事，更不能看作经济停滞不前的罪证。若以此种“理论”推论，那么，若再有一次千种商品统一降价，是否该算国民经济崩溃？事实恰恰相反。今日若是普通的四合院还是卖几千元，一般中国人，怕没有几个去羡慕那些洋大楼、花园别墅的，今日中国，也就不仅是“奔小康”了。

近年，内地商品价格时有上调，当中有诸多社会的、“经济”的因素，有的，也有合理之处，确如“专家”所言，并未引起什么波动。可国家调高利率，抑制房价，有些媒体却很不配合。老以“权威”架势评估房价走势，有的吹到可以“增值”两成，完全是房地产商的变相广告所弄来的有偿新闻。作为一种产业，它确实要有一定的空置房以利于市场流通。可是，明明供过于求，有豪宅，自身又不是房地产商的，不屑买它，生活困难，太需要房又买不起它的，只能望洋兴叹。为此，空置比例过大的空房，不能视为正常。房地产商不仅急于，还想以暴利脱手，自然以它超高“增值”的广告，诱使国民不仅将储蓄，也将自身卷入到他的骗局所不断扩大的人群，轰轰烈烈地导演他浮动人心、横流人欲所争购的闹剧。他不择手段，不以为怪。怪，则怪在贩卖“经济”的什么“主义”的所谓“学者”和传媒，以其怪论煽情老百姓将口袋里最后一分钱骗出来。乃至使不少地方的官员，不论是为“公”“创收”，为己“创绩”，或是中饱私囊，挂羊头治理城乡，卖狗肉经营土地。报上揭露，有的不是理论的错误，而是自己就有这种资本的背景，收了大款的钱而充“理论”枪手。对这种人，就不仅是押上道德法庭的问题。若靠这种“泡沫”提升 GDP，对现实就不知是讽刺，还是耻辱了。

眼下，新年伊始，媒体就爆出房价下跌的消息，世界各地的海滨别墅，过去只涨不跌，由于年前的海啸之灾，人们谈海色变，这些金价金屋的别墅卖价狂泻。寸土寸金的香港，元月六日，报上说："预约睇（看）楼量均下跌逾两成，当中奥运站、维港湾跌幅最高，达三成六。"那些口口声声要与世界"接轨"的人，是否有勇气看看他所说的这个"世界"呢？审计署公布查处的案例里，有的"贷款"一亿差一点，是九千多万在"炒"和"倒"房地产的，是与抑制房价的措施对着来的热闹。对于一般没少经过折腾的中国人，为此，他能仅为自己买不起房则可"高高挂起"，而不想房价同物价的连锁因素而心不"波动"么？

几十年间，"物价稳定"，一直是稳定民心的重要治国策略，且是向世界所骄傲这个政权与政治体制的亮点。古人说："岂臣枉弱，所当忝承？"既为"忝承"，就有负担的"被动"之处，是外边的人所说的"忍耐力"惊人。咱不懂经济。但，我知道，到时候，群众"忍"不了，就不仅"犯嘀咕"了。

中国的"改革"既要"中国特色"，若事事与人"接轨"，还谈什么"中国特色"？过去，现在"逞强"称霸的强国，谁不是以自我为中心，叫别人"接"他的"轨"？何曾有过各国互"接"的标准"轨"？近年，土耳其饱受通胀之苦的人们，搭出租车上街一趟，计价可达千万，跟20世纪40年代末中国的"金圆券"、"银元券"一个样，今年是以百万比一兑换新币。拉丁美洲各国，依照新自由主义的处方，进行经济"改革"的，有的是惨遭"经济政变"。西方的友好人士也担心中国跟着往下走，后果堪忧。类似情况，发生在任何地方都不是好事，若一味以商品涨价当作“喜讯”的思路理财，往后什么鬼事都可能爆发。目前，有的商品有所调价，百姓不是“承受力强了”，是“忍耐”下来了，若以此作为喜讯，成为运转经济发展，扩大下去的方针，则一定祸国殃民，对老百姓，只能是恐怖的“喜讯”。

原载《海岸线》创刊号（2005. 2. 15）

“摇号”的悲剧

一

仅仅说是东方人，甚至是为了其根深蒂固的封建恶习，才在这“全球化”的日子还“望子成龙”，那也绝对是对东方文化根深蒂固的偏见。不需作什么特别的调查研究，谁也不会相信西方人因无封建恶习而偏偏“望子成虫”。虽然这些年，一些文学家、史学家挖掘某些人物的“人性”，弄得忠奸不分，是非混淆，实难苟同。但我信，普天之下，父母之心，总有相似之处。然而，现实的现代化步伐带来的生存竞争日益严重时，不论是有大志者，或是想以一技之长混口饭吃的，都想多学点知识，或混张文凭为生存所需。对这，不仅可以理解，更是现实的必然。这也是一再叫给学生“减负”，往往却在增负：强调素质教育时，学生仍为应试整日昏天黑地之故。

这时，有一则新闻，披露江南沿海先进地区的某校，据说是征求了广大市民的意见后，是以“摇号”来录取新生。“摇号”也像“摸彩”中彩票，不论它是彩球，还是纸团，都以其中代表输赢的符号为准，看它落入谁手，以定胜负。“抽签”是你去摸签，“摇号”是他摇出号来。由此，录取和落榜，不以考分，全凭运气，凭它沉浮，自属荒唐。无独有偶，随之，又有报道冒出类似之事。这就不知是它有细菌传染，还是有在不同地区并发的基因。目前，自然可以为它“个别”不予理睬，或者像新华社记者从杭州发出的这则新闻所表明的导向之批评，认为它是村社的原始民主情结所使，是“众多自私个体对整体利益，整体决策尊严的践踏”。是反科学的“民主”、“公平”的游戏。

这一批评，义正词严，引人所思，则无法完全囿于这一导向的定式。20世纪40年代有幅大家熟悉的木刻，它描绘抗日民主根据地农民选举自己的领导班子时，大家以豆代选票，丢在候选人背后的一个大碗里的场景。这种方式，当然是选民文化低，甚至大多是文盲而如此。但也不能否认，不论它的民主形式怎么“原始”，也一定是在选民淳朴、世风清明的情况下才有如此的“原始”。抗战胜利后，国共谈判由僵持而陷于停顿时，有七位著名的民主人士欣然接受中共邀请到延安。黄炎培先生到延安，看到解放区与国统区乌瘴气所截然相反的政治清明时，惊喜十分。他与毛泽东叙谈时，除了盛赞延安各方面很有生气，也坦诚心中之远虑：

我生六十多年，耳闻的不说，所亲眼看到的，真所谓“其兴也勃焉”，“其亡也勿焉”。一人，一家，一团体，一地方，乃至一国，不少不少单位都没有能跳出这周期率的支配力。大凡初时精神聚会，没有一事不用心，没有一人不卖力。也许那时艰难困苦，只有从万死中觅取一生。既而环境渐渐好转了，精神也渐渐放下了，有的因为历史长久，自然惰性发作，由少数演为多数，到风气养成，虽有大力，无法扭转，并且无法补救。也有因为区域一步步扩大了，它的扩大，有的出于自然发展；有的为功业欲所驱使，强求发展，到干部人才渐见竭蹶，难于应付的时候，环境倒越加复杂起来了，控制力不免薄弱了。一部历史，“政怠宦成”的也有，“人亡政息”的也有，“求荣取辱”的也有。总之没有能跳出这个周期率。中共诸君从过去到现在，我略略了解的，就是希望找出一条新路，来跳出这个周期率的支配。

毛泽东胸有成竹地笑着回答，我们已经找到了新路，我们能跳出这周期率。这条新路，就是民主。只有让人民来监督政府，政府才不敢松懈；只有人人起来负责，才不会人亡政息。

黄炎培说：这话是对的。只有把大政方针决之于公众，个人功业欲才不会发生。只有把每个地方的事，公之于每个地方的人，才能使地地得人，人人得事。用民主来打破这周期率，怕是有效的。

一个有关一地、一国、一个民族、一个政党兴衰的深刻之理，说来却这么简明而深刻，正如以豆选举，不论形式怎么“原始”，它体现的，却是真正的人民民主，体现老百姓当家做主的人民政权之存在、发展的基础。否则，待他“进步”到拉票、贿选的地步，那么，农民以豆代票的那种当家做主的喜悦与认真之高尚，就不知是被它，还是被自身所讽刺了。

这样说，绝非认同在今日还搞那种“摇号”式的“民主”。虽然谁也无法否认目前活跃经济的彩票市场，是一时改变不了的方式，满街彩票的买卖，都是希望从“摇号”中摇出好运，摇出自己所要的“公平”。然而，它也是一种不可漫延的极端民主。但是，上述的学校，时至今日，何以还能在征得市民同意后，也就是代表了相当一部分人的要求才如此呢？

我也同有些家长交换过意见，一声长叹，感慨万千。堂堂学府，学术腐败、职称评审的腐败、办学赚钱的腐败等等，弄得斯文扫地，再也不能说它“个别”了。仅从这点讲，孩子们在考试、评卷上，即便完全是公平、透明的。可是，同样没考上，有钱的就可以易价上学，拿的是一样的文凭；父母想让孩子上“重点”学校，“择校费”的公开价码，我见它是登在一张晚报的头版头条；差几分，有钱的就可以用钱买分，也是明码实价，毫不隐讳；海外的报刊完全公开指责为“大陆的校园腐败”。中央台热播过一个电视剧，就有一个部队干部为孩子买分掏不出那多钱来而夫妇犯愁的情景。最后是上级跟地方上说了，才解决了问题。可又有多少孩子，家里既拿不出钱来买分，又没人替他说话，那他到哪里去讨这个公平？他们同意“摇号”，恰恰是对现实的无奈，恰恰是半个多世纪的社会主义教育的传统理念偏偏不让他淡化主人公的主体意识，是对公民的权利，平等的等等民主思想所面对这一事实而无奈，才以同意“摇号”当他民主意识的参与，虽不值得赞赏，也不为怪。

二

人民当家做主的体现，在社会主义国家，除了正确路线的领导和法治的保障外，就要看民主政治的实践。议会西化的吵吵闹闹，乃至搞“肢体动作”，大打出手，为民主而民主的热闹，是否能提升人民当家做主的地位，百年的历史足以说明。从这个角度讲，民主确实不是目的。

但，人民当家做主，民主政治若是镜花水月，不能与实践相依相存，那么，太自觉于它为“手段”而以它大耍手段，问题自然随之而来。

几年前，我记述过这么一件事：某市的副市长，也是原副书记调离时，“千万群众挥泪送别”，有的还跪在政府门前，希望能把他留下。干部在群众中能有这样的威信，是为公仆者是个真正的公仆。然而，所以调离他，却是他在那道衙门无法待下去，在代表会上落选了。“群众拥戴的好人落选，是有人操纵选举。”操纵选举者，自然是感到“群众拥戴的好人”对自己政治前途的威胁，并能从组织上“纯”到大多代表都是保皇派才能稳操胜券。这样，他必然要以手中所能利用的“民主”搞逆向淘汰，结果，自然逆人“民”之“主”意而行。

三

相比之下，“摇号”招生之事，就没有那么复杂了。同意如此的群众之“众”，虽然想法不可能那么统一，然而，各自很不相同的人生体验于此时此地的趋同，可能就是见过群众挥泪送别被操纵了的“民主”所选落的好人；看到好人当选反被抓走的怪事；看到有人以“民主”当“手段”而大耍的阴谋，或以“民主”作他封建家长制的花瓶：看到有的“头头”，生活、享受的观念是超前的“更新”，选举却要让人放弃不计名投票而要举手表决的“原始”：它不是那种以豆代选票，而是要你当面举手，谁要在他眼皮底下弃权或反对，若你没来头、背景，那就等他来收拾你好了。诸如此类的等等之事，哪一样看得人能心平啊。古人早说过，不怕穷，怕不均，美国“9·11”之后，《基督救科学箴言报》11月28日还有题为《不公正是滋生恐怖主义的沃土》的署名文章，问题就提得更尖锐了。不仅物质上是这样，精神上，缺乏民主的不平也如此。此一“均”，绝不能理解为绝对平均主义，而是“公平”。人们不论是遭受了不平事，还是看得心不平，由此产生的逆反心理，自然形成“对整体利益，整体决策庄严的践踏”。

针对这一具体事件，这一批评也许并不过分。任何时候，任何地方，也不可能有绝对的“公平”。可是，在一定的范围，又绝不能说它是“个别”、“极个别”。从社会学的角度看，生活中的“不公”之事，人们同意“摇号”的心态，恐怕就应多加思考。然而，对这一事件自身，它对民主，它对丢豆选举之内蕴的负面，却让人有份太浓的悲剧色彩之沉重……

原载台北《批判与再造》11期（2004.9.）

“花季”亮出的黄牌

十几年前，在台北看到一本书名有“花季”二字的书，并没多想这二字的深意。前几年，深圳特区一位中学生写他校园生活的《花季》，轰动一时，才将这两个字与校园青少年的年龄段联系起来。尤其自己年老日衰，想到那如花的年岁，想到未来、希望都属于他们那份足以使人陶醉的诗境，真感到语言文学化后的魅力。可是，垂垂老矣，个人几十年，乃至百年，虽为历史长河的一瞬，可过日子还得一天天过的人，几十年也不短啊。想到过去自己还能作点工作，眼看对社会将是一个多余的人时，就更感到人生苦短了。尤其今日严格要求“知识化”时，大学毕业，再硕士、博士的，再怎么说，都不可能青春年少，再加上还不丰富，只是稍有一点的实践经验，也定在三、四十之交了。简单地从生理年龄看，也近中年，但从一个人的事业的生命看，方才开始。专家研究，智力产出的高峰期在四十到七十之间。齐白石九十后画的画，老托尔斯泰八十之后写的书，贝聿铭年过花甲设计香山饭店的设计图，也同样是艺术的珍珠。我们长期老看国内电视台的主持人，已习惯，乃至麻木了他们那些做派，但海外观众对那些只讲年轻漂亮，有明星架势，缺乏属于自己个人的风格和气派，是什么节目都能主持的“万金油”，则不以为然。不少保持高收视率的节目主持人，有的有阳刚之气，也以这种“美”而广受妇女观众欢迎。但他同样有工作所需要的深厚的阅历，广博的视野、相当的文化素质所无法年轻的年龄。有的就是不苟言笑的老先生、老太太，观众喜欢他们气质之高雅，也表现了自己情趣的不俗。为此，有人担心加入“世贸”，外国电视台要在中国开业，那些现在难以演艺表演而搞笑所趋世的“老家伙”，肯定会被人家看上，请去为他们主持节目。

这一担心，不是多余。国内广州“形象大使”的选拔，就突破了单看脸蛋、身高、三围所谓之的花瓶似的“形象”。从语言表达，外语基础、思维敏捷、知识广博、智慧、机智的综合素质，选出人已古稀的老太太赵琳琳为城市代言。报载，美国有个工厂专用老人，在市场经济中，不是以个人感情专对老人以照顾，而是在那个厂的那个工序上，老人唱着歌干活还比年轻人更适应，更适合，更能提高工效。比之我们有些单位要“诚聘”年轻有学位的，没开始工作就给了职称、住房，开始工作又工作不了的“人才”，则要我们不能仅从形式、学历看“人才”。真有知识的读书人，即便按六十岁一刀切下来，也不能不为如此浪费智力资源而加以呼吁，再要提前内退的低龄化，问题就更加突出。普通劳动者也是一样，四十左右的青、壮年时期，是他最能使力气，最会使力气的年龄，何况，共和国几十年的工业化，再后进的企业，也能半自动化，还没有那么多只是扛大包、推大车，只要使傻力气的活。他们和脑力劳动者一样，这个年龄段，也是他们的“花季”。

扭曲的劳力市场标准，扭曲的生涯发展价值

可是，转型时期，绝非下岗职工为个人生计还需要谋求再就业，可是，有的地方招工条件，竟然可以低龄化到只要三十五岁以下者应招，如此这般，它为国家的稳定和发展所带来的问题，同样严峻。

全球都关注“人口爆炸”的问题，人口资源的浪费，虽然不等于人口数量剧增的“爆炸”，但它的连锁反应，又不亚于此。

发展中的地区，普遍为人口问题所累，国际舆论还对亚洲，具体到中国的人口形势作过不少悲观的结论时，我们倒没有出现那种人口急剧膨胀到那么不可收拾的状态。随着生活和观念的改变，所谓“丁克家庭”，即不要子女的年轻夫妇却在增多。它对眼前减少人口增长的负担有它直接的积极作用，但它与三十五岁正逢“花季”者的问题，又逆向交汇在同一焦点。这么一来，退休低龄化后遗的病症，也已浮现眼前。

如此正逢“花季”者，也遇到更多就业的竞争对手，是比他更年轻的，太多三十五岁以下的人可以任招工单位“择需”者。本质上同属“花季”的，三十五岁以上者却排挤在外，不能开花。再过二十年，随着今日“丁克家庭”增多，招工单位也就不是他们单方的买方市场了。说不定，还要像不少国家那样，六十五岁还要延缓退休时间，并向国外招收劳工。那时，我们无法不回头看看今日对“花季”

所亮出的黄牌，而且，是在人已古稀，还不老的年月和国度。

是的，清晨我们到公园，广场看到那么多鹤发童颜的老者练拳、跳舞、吊嗓、遛鸟、遛狗，或赏花，不能不说这是太平一景。是人们健康水准随着生活水准提高的标志，是国泰民安的喜报。但，亦喜，亦忧。随着人口老龄化，它所带来的社会问题，也无法不面对。

六旬以上的老人，已超过九千万，占世界老龄人口的百分之二十，若照目前增长率的百分之三点二计，二十年后，就是两亿左右。目前，再加上那些正当“花季”者，在有的地方，实际上也被再就业的门槛，拨拉在那些“颐养天年”者的行列，这个队伍也就无比地扩大了。国外的专家认为应“结束将农村老人与城市老人分离开来的现行退休制度”，以“新的养老制度”解决农村“老有所养”的问题。然而，他们还没有看到那多远远未老的，三十五岁以上的人也有个“有所养”的问题。在这种情况下，即使养老及一切社会保障制度俱已完善，而宝塔形的年龄结构，却使老年和三十五岁以上者的准老年的底座庞大。他们靠社会保障，是不纳税的，而“丁克家庭”增多所输给后备的人口又是很少的塔尖，那么，三十五岁以下的年轻人又能占人口比率的多大呢？离退休者的养老金和福利的支出，从1909年465.2亿到2000年猛增到3337.2亿元。小的、老的、准老的，要“有所养”的负担，则全加在那些纳税人身上，他们支撑得住吗？又公平吗？台湾退休年龄延至六十五，就是由此每年可为政府节省下以千亿计的新台币。算盘在不同的人手下，就看以什么样的想法拨它了。然而，今日为有受聘优势的三十五岁以下者，过两年长两岁，他还再有一个三十五岁之幸么？

三十五啊三十五，它到底是哪种象征意味的年龄门槛呢？

毫无疑问，未来是年轻人的，我们的队伍要求年轻化，也属必然。但，老与少的年龄分界线，该在三十五岁么？从生理、从社会学讲，都是开国际玩笑。以为退休的低龄化所多空出些名额就可以缓解就业压力，同样也是开玩笑。有的地方、部门，几乎是用赎买政策，叫人提前内退，工资升四级，副厅级，可调升至正厅级。这种以加钱、升官为内退的条件，本身就是加给自己的一大负担。有的十几岁参加工作，加三十年工龄，才四十几岁。他退下，别人上，这么一比一的上下，如此上岗，下岗，失业，就业，是否就算增加了一个就业率？它是老龄化、人口问题的不同表现形式，政策若无综合治理规划，以一时实用所需，简单地拉一个人下来，推一个人上去，是解决不了问题的。而且，盲目套用西方发展模式，盲目鼓励农民进城，解决所谓“剩余劳动力”问题，实在太天真。他们进城，确实可以揽到一些城里人不想干的粗话，实质上，还是膨胀了失业的队伍。何况，“包产到户”的万能论者，早已忘了农民分散单干后，原有的水利等设施，年久失修，无法抗灾，有的是生计艰难，荒芜了土地，更有被过度“开发”、征地而无地可种才进城的。本来，城市需要大量农产加工及无公害的绿色食品，它加工后的附加值可以富农。这样，虽然为平衡外贸的逆、顺差有些农产品进口，但原有的缺口，可以自供自足，不必依赖别人。那么，他们的劳力也就不“剩余”，也无需进城扩大失业队伍。

其实，他们有的在城里外资企业，如同“包身工”，忍无可忍，回乡下干了，出现“民工荒”时，有人提出，这是现代工业需要素质更高的工人。真是睁眼说黑话。此时，此地，别人就是要干粗活、笨活、脏活的包身工，别的，另有途径。

粗劣的市场崇拜带来不合理的就业压迫

何况，早在“入世”之前，不少外资公司就很喜欢选用机关减员提前内退的干部。五十左右，实际上正是工作上成熟、干练的最佳年龄。这，并非他们具有什么慧眼，这些人在机关不短的经历，特能弥补外资在发展中不断与中国各种部门打交道所需要的人才，能帮他们很好吃透各项政策的应对，有的，可以成其智囊。人家看准了“德才兼备”的干部政策，在有的地方已是“任人唯亲”的现实，不是别人所“亲”者，却是他所要的“贤”者。倒成全了他们发展、发财的一大条件。这些人，除原有的退休金，外加新的丰厚年薪，加以广开门路，很快就发了起来。使有些留机关又不是“亲”者，也不安心，想法“走穴”，个人钻营，乃至钻政策空子，非法牟利。这是极不利于自己队伍的建设。

然而，单位合理合法，却不能叫人心情愉快出去的人，他们空下的编制缺口，在就业形势如此严峻时，除了上面硬性分配下来的人外，接受一个上岗的，有关的人可有不少好处，即便不是直接数票子的腐败，也是大有人情的交易，皆大欢喜。可是，原先设想外资能扩大就业的机会，有的并没有给真正的失业者，也给那些人肥上加膘。

人口负担带来的就业压力，本来就是个难题，需要开拓更广的就业门路。所谓的“年轻化”，对同样年轻的人，这种一上一下的做法，并不能提高就业率，想为政绩添彩，实在愚蠢。

人的生命只有一次，虽然一个大国不乏天才、豪杰，芸芸众生，还是“平平常常才是真”地过他们的日子。但到世上一遭，也不甘心只要有碗饭吃，昏昏然地了此一生。不说做出多大贡献，总还想能干点自己力所能及的事。三十五岁刚学会点本事，就是普通工人，才熟练的技能又得换茬，让比他更年轻的人再重头学他已经熟练的技能。这样，对国家，对个人，都是无休止地浪费，浪费他们的青春，浪费他们的才能。何况，外资利用中国劳力的廉价，把加工的一些粗放型的作业放在中国，然而，我们一些三十五岁以下的壮劳力，偏偏就为企业改制，由“粗放”而“集约”所刷下岗的人，还得上人家那儿求那“粗放”之业。有的外资，用原始资本积累时的办法对付这些工人，很伤他们阶级的主人翁感情，这是所谓何来啊？美国西部码头工人“封港”后的劳资协定，为减少裁员的人数，资方就承诺今后引进先进技术不再采取“先斩后奏”的做法。对此该有可以借鉴之处。然而，放慢现代化的速度，不可取。但不再“粗放”而“集约”的企业，让人下岗又到外资去“粗放”之事，总该可以调整得和谐些。同时，叫个更年轻的学徒来代替、学习另一个也是年轻人所放弃的，同样的技艺，何不让那更年轻的，为适应企业的发展，提前去学更新的技艺呢？这样新旧技艺的接力，两个人都有活干。

如今，被学生讥之为农贸市场的“骡马大会”的招聘会，大学生人满为患，备受就业压力。才二十出头的“年轻化”并“知识化”者，那种一上一下的一比一，能解决他们什么问题呢？尤其想出招工只招三十五岁以下的歪点子者，更在乱中添乱。而且，我想，出此怪主意的，自己绝不会在三十五以下。他招“小秘”（又写作小蜜——miss）限于十八岁，别人都不好管，但对工人如此，也不妨先以此法试于此身，向他亮出他为“花季”者所亮出的黄牌，让他下台。

原载台北《批判与再造》11期（2004.9）

诗坛的太监太多

《诗刊》422 期（2003. 4. 1）有高平的《哭公刘》这么两句——

中国诗坛的太监太多
你是要同他们拉开距离

从某种意义讲，这是个具有某种敏感性的警句。对此，我问到高平，他说已经有很多人同他说到此诗，也由它引发了许多耐人寻味的问题。自然，诗人笔下的“太监”之意象的出现，绝不可能是凭空臆想的戏说，若要作者太具体地说出这一意象出于某一具体的原型，恐怕是会弄得各方都很尴尬的话题。无此必要。若完全采取索隐式地，以窥测诗坛某角的隐私来解读此诗，恐怕就趣味化得叫人难以苟同，有违原诗的原意。

诗句文字的表述是很明白的：“太监太多”，这“太多”二字就无法确定它是专指张三或李四，而是针对一种绝非“个别”、“少数”，是有其典型意义的现象。

近年，说“新诗的沉寂，已是不争的事实”，已是诗坛外普遍的反映，同样是“不争的事实”；但诗坛内的热闹非凡，也是空前的，虽然这种持续的“热闹”已使人疲倦，不仅圈外的人对它毫无兴趣，就是圈内也有不少人渐渐喷发不出当初的热情来了，这也同样是“不争的事实”。

这与“太监”有何干系呢？

《辞海》说：唐代设内侍省，其长官为监及少监，后来即作宦官之通称。明代在宦官所领的二十四衙门，各专设掌印太监等，专为在宫廷侍奉皇帝及其家族。中叶以后太监权力扩大，拥有出使、监军、镇守、侦察臣民等大权。清代相沿，太监成为宦官的专称，设总管太监等为首领，隶属于内务府，但权力减削。

20世纪50年代初，在京津，有些老人会指着某个明显不同于常人的、不男不女、阴阳怪气、衰老却臃肿、开口却像牙牙学语的幼婴之声的，呈现各种不同于常人之异状者说：“那是过去清宫里的太监！”看得人很不是滋味，不知该同情，还是鄙夷。那是他们的时代早已过去的年月，看到的，也不会是他还为之“太监”的形象。倒是舞台上《法门寺》赐座于他，他却是“奴才站惯了”的刘瑾，还有清宫戏里“老佛爷”慈禧太后跟前的总管李莲英却不陌生。虽说比之过去，清朝对太监是“权力减削”，但在清廷维新变革的风云变幻中，李莲英既是慈禧跟前唯唯诺诺，一味奉迎的忠实奴才，又是狐假虎威，八面威风，有权有势而虚伪、势利的小人。他假虎威，而威，虎有狐拥，才威得起来。

前人说，比喻是跛脚的，可人们，尤其是语言的运用于文学时，还不见谁摒弃比喻的运用而生动了语言的。无非是从它取其某一特征为己所用的一个文字符号。可在读到“中国诗坛的太监太多”时，不该忘记下句是“你是要同他们拉开距离”。若看作前为因，后为果，不如说是互为因果。著作等身，淡泊名利，特别受人敬重的前辈作家孙犁同志，一生都是照他所说的那么生活：心向文学，背向文坛。其“大道低回，大味必淡”之诗文，在新文学史上，味持浓酽。圈内圈外，大家就很看重他心向文学，淡泊名利而背靠文坛的人生态度，以此敬重、评价他文学的人与文，而他的人、文，也是互为因果的。

虽说比喻是跛脚的，但是诗坛的一些事之所以能闹成“问题”，还是有太多的“太监”闹腾一些与诗无关，乃至是有损、有害于诗的反诗之把戏。要起这些把戏来，少不了他们在其中兴风作浪、推波助澜，使问题更复杂，使诗的问题更加非诗化。

南京方政同志的“实话实说”之《诗坛四大问题》，一曰诗情失真；二曰标准失范；三曰批评的失语；四曰阵地的失守。这是来自群众的声音，不论它对诗坛太复杂的问题是否做到全面、准确的概括，但对诗坛的现状有它明确、强烈的针对性。我也难有异议。不过，“阵地的失守”仅指报纸、副刊的减少，多不发表新诗而言，是不够的。更多的，还是新诗远离了读者，失去读者过去对它的热情。《诗刊》创刊时，成为群众热点话题，王府井排长队买它，在当月一印再印的辉煌，以致发行超百万的历史，如今只能成为人们留在心头美好的记忆了。如今，读者失去他们所需要的诗，自然疏远了诗坛。不论理论家对诗可以说出什么样的理论，然而，任何一位读者，可以不懂任何理论，他都可以极为自然，几乎以他人的本性去感受生活和诗行间的诗情从而去认识他所以谓之的诗。

诗是什么？我真希望领导诗坛新潮流的各派旗手读读《参考消息》上关于“9·11”事件后，纽约“原金融枢纽区商橱、车站、广场，随处都是诗，罹难者的照片四周之诗页，如花圈上的白花”而《以诗疗伤》，以及“助你走出‘9·11’阴影”的话剧《面对新的正常生活》之上演盛况的报道。这样说，绝非视其为诗之存在的唯一方式，但人们自发地如此，又正是从诗之根本认识到诗，才能以它“疗伤”。

我们呢？记得有次所谓“诗”的“大展”，少不了一些以振兴新诗的英雄、拯救新诗的上帝的各种声音亮相。有一派宣言就是“我死都不怕，还怕什么”。这，与诗有什么关系。若从社会学，从政治上予以解读，就麻烦了。原本为诗而集群的诗坛，对诗的认识竟会闹成这样，从它，也可以看到那些名为“诗人”者对诗的真诚之丧失，不能不说是个悲剧。

在一味“现代”，又不懂“现代”，一味西化，又不懂包括西方的、民族的文学传统的思潮中，以对民族文化、美学资源弃如敝屣为时髦时，也否定新诗的历史过程所形成、发展诗之所以成为诗的根本因素和它的传统。在“研讨”诗的“标准”时，以“多元”为名而随心所欲，也就没有“标准”。没有“标准”的“标准”，其实也是一种“标准”。正如看到一个社会陷入无政府状态时，任意哄抢的混乱，总不能看作社会生活无序才能有的“民主”、“自由”。然而，当诗处于此种状态，自然是随怎么写就怎么写。诗思所应有的海阔天空，自由挥洒的才情丝毫不见，而诗作为一种文体的特征也被那种乱涂乱画所糟蹋了。著名学者周汝昌有言：《写诗的人，不见得就是诗人》；而这种将诗写得不是诗的人，此时却反而像过去的爷儿们捧坤角似的，一个碰彩就要她唱成个红角。文理、文句不通都是“创新”，同样说它是好诗。对于那帮叫嚷“通往诗歌本质的唯一道路”之“肉体”、“下半身写作”者，许多绝非伪道，是真正爱护新诗的同志批评他们那“男的亮出了自己的把柄，女的亮出了自己的漏洞。我们都这样了，还怕什么?”对《朋友妻》是“要是能把这个女人抱上床该多爽”等等，那种张扬兽性，糟蹋纸墨（更莫说“诗”了）的垃圾时，竟然会有为它出面，抛出美其名为“探索”的论调以护邪。

同志们的批评不论对不对，那也是以人先知耻方为人的伦理道德观所予以的批评，所以找诗界发言，无非是它以所谓的“诗观”，“诗”的形式在表现，其实与诗毫无关系。撇开世人从性与爱情、婚姻的道德规范对它的批评不理，却在一旁大叫“探索”，视写下半身为思想、道德的突破而喝彩，这种“批评家”，其实就可以送上道德法庭了。可以摆明叫响的说，主张“性解放”者可能也不愿自己老婆抱到别人床上去。要说这“探索”是指诗艺，那么，创新是艺术的生命，没有每次包准成功的创新，少不了应该支持的探索，但在这里它能够作为应对道德批评的借口吗?东拉西扯的阴阳怪气，倒不乏太监的神态。可这毕竟是要撑起他保护伞的架势。要是碰到洋人也插进来一腿，对语言艺术之语言、文学中的文学，并没有说出什么名堂，却用大堆陌生的西式新词，还是拐着弯地表述他的社会学，那么，对于那些一讲意识形态就认为亵渎了艺术者来说，这正是他等意识形态的广告。对于那以“现代”、“西化”为上者，这更是老佛爷的圣旨。又能以“走向”了“世界”的招摇，也是顶能唬人的。有些尖锐的批评，为触及痛处则以所谓“利用法律的武器保护自己”，将正常文艺批评作为“侵权”告上法庭。当然，这也没有什么。法院也不是谁家个人的，由他说了算。人民的司法人员还是会按法律办事，可谁要拖进这些官司里，总是烦心的事，若是遇到司法腐败，问题就更复杂了。如此一来，“书评”怎不像群众所说的那样“已变了味”呢，除了捧场、炒作，自然只能“失语”了。

尽管他们可以标榜以“美”为写诗的唯一追求，而美，并非完全没有客观标准，如他等为性宣泄写的《月经带》之类的东西，尽管作者可以在他自认的“美”中自我陶醉，可是，任何一位还不轻视我们民族为文，为人之道者，不盲目排斥、拒绝“现代”，有文化教养的炎黄子孙，同样不会仅凭谁如此炒作之“导向”，抛开自己直觉上为之恶心的情、物所在书面的景象、意象，去找自己的接受美学。

诗，真正的诗，不论谁持何种诗观，怎么“新潮”，若还承认它是语言的艺术，那么，那些乱写乱涂，如腹泻排泄在纸上，有时已经不是虽晦涩还可以作点猜测，而是乍看如天书，细看连文句都没写顺，文字比最蹩脚的翻译体都不如者，对于正常使用汉语的正常人，正如看到中国“象征派”的鼻祖李金发晚年内疚地讲到自己早年的“弱冠时的文字游戏”。同样也像看到李金发言及他后来的追随者之“辄不忍读下去，因为又是丈二和尚”的文字游戏。可是，任何一位读者，不论是为了什么想读诗，其中绝不可能有谁是为了专去找罪受的。因此，不论作者和他的哥儿们、姐儿们，还有教师爷、祖师爷为它达到他们的“高峰”欢呼，却必然远离广大读者。

方政所说的“阵地的失守”，此时到底该从正面还是负面去看呢？“阵地”也不仅是报刊版面，还有课堂、讲座、沙龙、俱乐部，以作散布他们话语霸权的强大阵地，才能支持这么一个荒诞的局面得以维持。

你要为此提出任何质疑，人家不仅“岿然不动”，而且马上可以制造出有声有色的舆论，有绅士风度地不屑理睬你的质疑，却针对你的质疑大肆张扬他等就在你所质疑之点上所推进、发展新诗之功。现在常提舆论导向的重要，可导向的实效，还是应该表现在报刊的版面。这半个多世纪，我是陆陆续续都在作专业的、业余的文学编辑。过去，不论是退稿或请改稿，编辑都得写信，有时可能是几千字的长信。然而，信上讲的道理，往往不如我们发出去的作品对他更有效用，追求写作的形象思维者，更容易从具体作品去琢磨出纸上的那些道理。当然，也有不少人从其中琢磨着怎么去迎合编者，虽不可取，这条路上总少不了这样的过客。尤其许多年轻热情的新诗爱好者、初学写作者，对某些风光于领导诗的新潮流之辈的名人、教授、权威的诗之言论，常被敬奉为新诗入门的《圣经》。他们年轻、少经世故，凡此种种，一时成为新诗主流现象时，以其对诗之憧憬的浪漫情怀接受了它，并不为怪，责任不在他们。

但他们当中有些人跟着这样玩诗，一旦走火入魔，有时也会顽固得摆出一副顺则昌的面孔，乃至对原来扶持，领着他“新潮”的教师爷翻脸不认而“拜拜”的。

但这些年，他们一茬又一茬，哥儿们的哥儿们，学生的学生，完全像落后地区人口爆炸似的繁衍，光搞人海战术，也很有阵容。他们虽然三五成群，抱团成伙，旗号林立，派系不同，但在轻视、乃至践踏我国原有的文化、美学资源、诗之所谓诗的一些基本规范，他们又是铁板一块。相互吹捧、“炒”作、推销、推荐、评价、评奖，最有意思的，本来文学的经典必然是经过时间、历史考验的作品，这一属于常识范围的事，这时，这些玩诗的先生也可以用心之极又随心所欲地封谁“经典”，这样近利互惠的合作、团结，恰恰与真正为文学者的“大道低回，大味必淡”相反，只能靠自己敲打起来而热闹，吹着飘浮起来还泛着阳光色彩的泡沫，一眼看来，还是制造了颇为壮观的、海市蜃楼似的幻景，但转瞬即碎的泡沫，毕竟只是泡沫。

玩诗，能玩出这多花样；玩诗，玩得所谓的诗人已不可能对诗还有一点真诚和责任。看大报怒斥戏说乱改历史者为“文学上的拆白党”，那么，闹腾出诗坛这种局面的，自然不能无视龙头老大及各派诸侯的作用，但在当中折腾得人受不了的，怕还是太多生理形态不一定相同，不甘寂寞、浮躁名利，心理状态却酷似“太监”者。

虽说“比喻是跛脚的”，诗人高平以他的诗之智慧所说的“太监”，还是能够让人深思许多问题。

原载《随笔》双月刊153期（2004.7.10）

怀旧与破旧

人们有时为之泛起淡淡忧愁，或怅然一时的怀旧情思，常是人性美丽的弱点。虽然过去也有亡国之君叹息“流水落花春去也”，痛心他破灭的帝王梦。而《诗经》的《邶风·泉水》“有怀于卫，靡日不思”，到杜甫《奉赠萧二十使君》的“结欢随过隙，怀旧益沾巾”的想故土，思故人，以及许多人生的美好回忆而引起与之相关的山川、人事之怀旧，几乎道尽了天下人常常无法摆脱的一份人性之情结。除了得意到忘形，乃至失去人情味者，它常是一般人的精神世界中的华彩乐段。

随着现代科技的发展而加速“现代化”所带来的巨大变化，也是今昔巨大反差时，短短几年，几十年，本是历史的一瞬，身历巨变于今昔，却恍如隔世。而那并不遥远的过去，在人们心理上都恍惚成了遥远、庄重、洒满历史风霜的过去。随之，它那人文景观的文化底蕴也必然迅速升值。许多重在发展旅游的地区，抓住这点，大量编印怀旧色彩浓浓的画册以展示其历史、文化的厚积而开展旅游，是有眼光的措施。否则，只为游山玩水之水光山色，固然可以怡然心情，总还缺少点什么吧。

鲁迅先生有篇《孔乙己》，他自己生前怎么也想不到，20 世纪初他写到的“咸亨酒店”本在光绪甲午前后经营了两三年就关门大吉，是个多为“短衣帮”光顾，“靠”着那“一个曲尺形大柜台”站着喝酒而早已倾塌无存的小酒店。然而，纪念鲁迅诞辰百年，又予重修。中外游客拥至它舍宾馆高档服务与豪华餐厅的各色的大菜，坐在硬木板的条凳上，品着自己从柜台取来桌上一碟碟价廉的豆腐干、百叶包、当然还会要当年“弄到将要讨饭”，“偶然做些偷窃”，却“从不拖欠”的孔乙己所喜欢的，也是他只买得起的茴香豆等，大大增长了游人在绍兴桥堍埠头的雅兴。据说这间酒店，客人一天竟能喝去五千斤黄酒。我不知是否也属“文化搭台，经济唱戏”的这一策略成功实施的“样板”。可在这里，唱的戏还是文化。人们不远千里、万里追踪而来所寻觅的，正是鲁迅先生创造的不朽艺术典型“孔乙己”所灿烂的文化氛围。百年前的建筑和人事虽已逝去，但鲁迅创造的这一艺术典型，却像窑藏的绍兴老酒，八十多年的窑藏使它更醇更香了。重修的“咸亨酒店”，正是有幸成为人们对那哺育了一代文化巨人的故土所寄托之情的载体。

然而，一个国家，一个民族，多少年才有一个鲁迅，不是任何人，任何地方“搭桥”、“唱戏”就可唱出来的。然而，以此可以“唱戏”的地方，虽然文化的含量不尽一致，总还是有的。就像一出《苏三起解》，唱得洪洞县也怪有名。但海内外许多朋友总想看看“西南联大”遗址，可那留下的一间很可珍贵的，不是后来仿造的教室与展览室，偶尔特地开放一下，四处的尘埃已让人找不到感觉了。本来，它完全可以像上海的“文化一条街”，将许多著名作家、“左联”成员在附近较集中的旧居与街头为他们新塑的雕像那样开放，从凤翥街、北门街、钱局街密集的“联大”所包括的“北大”、“清华”、“南开”各自仍在相对独立活动的校委员会，及翠湖的原市图书馆、学生主要看书活动的小茶馆，和周围数不清的名教授学者的旧居，联同地理位置也在其中的“讲武堂”，完全可以组为一个文化氛围浓浓的整体，风光地释放它历史的文化光彩。可惜，这只能是一厢情愿。也许地产商还担心“朱德故居”没推倒，又只能夹在他新盖的高楼夹缝里，而近在咫尺的“李公朴殉难处”的一块石碑，大概就不属于考虑影响之列而不见了。“闻一多故居”几个字只写在一个幼儿园的围墙上，其实保留没多少平方的旧屋，肯定比它还没派上用场的地皮要值价得多。而“讲武堂”连展出的李根源所写的《军歌》之词都不准确、完整，文化工作不是当文化来做，自然热不起来。

此时，读到几本画册，既感到它抓住了人们怀旧之情做文章之妙，又为那些图片所给人的直观印象之破破烂烂而长叹。若在新疆昌吉，看那被风沙淹没的古国古都之遗址，既会惊喜那残留的断墙、土台在这沙漠中的奇迹，又确实是在感受它于沙漠中所荒凉的历史沧桑。然而，介绍其他民族、地区的民俗风情，或民居、祠院等所统称的文化“传统”，若非化妆的俊男靓女一派表演的矫情让人不舒服，就是歪歪斜斜、破破烂烂得已看不到原有文化特征的建筑，同样像那华丽而失真的表演所带来的不愉快。也许一些年久失修的建筑确有一份衰败，可它是能使人为之怀旧的载体，是留在记忆中美的意象，是永不消逝的文化内蕴的辉煌。除非还有亡国之君就是要在它“山河破碎”中伤情，这肯定与画册策划者的愿望相违。当然，也绝非要粉饰得如同那些表演。西方对此，一直是“修旧如旧”，是既不修得光艳流俗，也非让它“如旧”而破旧，而是“旧”得丝毫不损它原来的特征，保持它原设计、工艺之古朴和精美的文化光彩；即便重建的“咸亨酒店”，一天能喝去千斤酒，自然不是过去的单开店面．却仍是乌瓦粉墙、古色古香，加上经营的方式、内容“如旧”，才能那么火暴。在此，人们不妨想到孔乙已那种读书人的没落，可古镇从它“如旧”的古老之文化所产生文化巨人的背景，仍使人流连忘返。这对那“越破旧越传统”的镜头之所向，它可能以为如此展示“传统”而有旅游的功利，可是，既以“文化搭台”，“搭”的也该还是文化的“台”吧．否则，是唱不成戏的。哪还有人对它“靡日不思”，“怀旧益沾巾”呢？

原载《高原周末》561期（2002.6.7）

小议高尔夫

有机会看了些媒体近来多予关注的高尔夫球场，为此，也有话想说。本来，看到明代（1568～1644年）《仕女图》中那时宫廷妇女所玩的“捶丸”，老外也为之惊讶：中国怎么那个年月就玩高尔夫球了？然而，中国当今高档人士所时髦、热衷的高尔夫，却不是从明代所传承下来，而是从当代欧美所引进来的。英文写作的GOLF（高尔夫），实际上是由Green（绿色）、Oxygen（氧气）、Leisure（休闲）、Fun（娱乐）四个英文单词的第一个字母所组成的一幅高尔夫球场之诗情画意的图景。中国人大可不必以一生只是吃苦劳累的命之心态来看它。然而，各方的专家、名人、更有广大群众反对在各地扩建高尔夫球场的呼声日高，义正词严，忧国忧民，哪能不闻不问。是啊，一方看不到边，能悠闲、潇洒挥杆的绿草地，要占去多少农田啊。从球场老板以他一年上交多少亿税金在人前的傲慢，也明白有关人士为它立项开绿灯，及至违纪之奥秘。若如外电所说，其中不乏回扣、权钱交易的勾当，则不乏腐败的黑洞。

民以食为天。人口日增，耕地减少，若闹粮荒，此时此地，一碗饭可救条人命，一捆钞票，则毫无所用。现在年轻、财大气粗的老板，或官儿不小的官员，都没尝过饿饭的滋味，若也跟着说“没有饭，可以多吃巧克力和猪肉嘛”，是干部，应开除出公务员队伍，组织、人事部门也应反省对这类人员的任用。当《焦点访谈》播出农民没了土地，生活无着，几年间还得不到赔偿的惨状，由高尔夫球场所演发的悲剧，已经不是高尔夫球的问题，它激起公愤，理所当然。

建个十八孔的球场，平均占地一千二百亩，加上所谓的“附加设施”，尤其是那实际是为房地产发财的“高尔夫别墅”，则成了无法计数的数字了。报载，国家先后只批过十个球场立项，可现在已是过百的数字还在往前突进。[①]这个数字，是多少无地而生活无着者的深重灾难啊！

然而，大亚湾核电厂在傍海的一块山凹地所自建的高尔夫练习场所，是一块无草无树的荒地，为环保生态建设，种上草，成了绿地，海边，全用山上淌下的淡水护草，人工服务，收费而不盈利，保证在不影响工作的原则下，除节假日晚七点半开始，员工开着自家的车的是一家老小都来了，人气兴旺。他们之间的学历、技术、级别、收入差距是有的，在此不分尊卑，同场挥杆。场上草地悦目而赏心的碧绿，夜间聚光灯明亮得高空深邃在莫测之中，置身其中，前后左右，更有份清静、辽阔的清幽。有位练球的工人说到这高尔夫的运动量并不大时，他说：“我们也不需要仅仅是为锻炼身体的运动，工人也要玩得有情调！”然而，它在这里绝对是项大众、普及的运动。真是大亚湾

---

① 这篇七年前写的短文，今人看它，上述的数字，是大大的落后。今日作者在西部一个尚欠发达的省份，中央只批建七个高尔夫球场，私下已建到九十多，近百个了。

一景。

这自然是特殊的员工素质与条件所形成的个例，并非都可照办的经验。然而，超万个高尔夫球场的美国，人口不到我们六分之一，土地面积与我们不相上下，它无需争农田，但大多球场，都在郊外，或像大亚湾，利用废弃的荒地，并种上了草，改善了景观。可是，这项运动，一"引进"来就变味，弄成可以大捞其项目，及贵族化高消费的游戏，真是一个太引人深思的问题。

不是么，在美国打场球，十元左右，若换算人民币，还算个不小的数字，但它与他们的收入、消费相比，如同买了点零食，用于休闲，绝不奢华。可国内一张俱乐部卡就是多少万。拥挤在城市的居民，想开开眼界，却严禁入内，是人与人之间的一堵墙。而且，一人打球，好多球僮伺候，不论是讲礼仪风范、服饰时尚的绅士派，或是虚荣心作祟，以此来攻关、结交新贵的人，这项游戏，都成了他们一种身份的象征，也形成某种身份的阶层标志。皇家马德里球队巡游出赛，对中国要价，远远超过对富国日本、美国的要价，各国有关舆论哗然，就为他们头次在中国吃到甜头，知道中国有那么些可以为他们狂花钱亮身份的阶层。这是否也是可以成为我们向富国亮身份的一张王牌呢？

本来，打球就是打球，除了必要的更衣、沐浴、餐饮外，哪来我们那么多球前球后细致周到的服务呢？大把大把钞票，玩一场下来，不是下岗、失业者所领取的那点钱，就是内地在职干部，也不知要苦多少日子。这种贵族化的消费与趋利而扩建高尔夫球场的疯狂，已成恶性循环。有钱、有闲的人，既需要离开尘嚣的 green、oxygen，也不会跑到大亚湾那样的山凹中的练习场去玩。他等 leisure 的，是都市的乡村，乡村的都市，必然是夺农田，伤天害理损害农民利益之所在。建成了，城市供水紧张，草地的水管却十分慷慨地自动喷水。而且，维护草皮也不用环保产品，毒害土壤的农药残留物也污染地下水，威胁城市居民的健康。有钱赚，有钱玩的，将这游戏贵族化之后的祸害加诸百姓，百姓只能忍受么？矛盾的形成、激化，又只是为高尔夫自身么？

从国家审批立项不多的几个球场看，有关方面是极重国情，极其谨慎的，又绝非拒绝发展它的姿态。但，对于一开始就以它摇钱、高消费、亮身份而热衷于此，并不惜以伤农为代价者，当然只该向他说“不”！此时此刻，我自然想起大亚湾的球场。它特异的自然条件，当属文学典型的“这一个”，但要在中国玩高尔夫，从大亚湾筹划、运作它的思路看，则是大可参考和学习的。

原载《核电人》月刊 58 期（2004.6）

人才·奴才·奸才

当前，“发展的关键在于人才”之说，不仅说得家喻户晓，许多地方干部，几乎是当顺口溜在念了；还有不大不小的，特别是嫉才的领导凑热闹的如此说，则是地地道道的武大郎开店了。

从一些国营企业毁于一个腐败分子或无能的庸人，和从一个廉洁律己，视工人为阶级兄弟，能按经济规律办事的能人手上起死回生的故事，确实不难说明“人才”之重要。但，话一说绝了，极易滑向“英雄造时势”之唯心史观的泥沼。不论多么伟大的精英能人、英雄豪杰，不受客观世界所制约的，绝非世上活着的，真的人。报载，某地办一高等学校，明令招聘一名“哈佛”的博士为其校长，作为该校的品牌标志。如前几年大学为争取博士来扩充教师队伍，事先就准备好了房子、职称及名目繁多的福利作为见面礼一样，给他签的年薪，在下岗工人眼里，也是天文数字。既是“招聘”而来，虽为校首长，还不能不受招聘他者的考察。他到任后不久，并未起到品牌效应，为此出去对他作了调查，说他是“假哈佛”的冒牌货，提出辞退。人家岂肯如此了事，拿出许多证明其学历的证件，经再调查，又说他是“真”“哈佛”。但要走人，论法治，得按合同办事。最后折中地付了一笔钱才将请来的“人才”打发了。

这则故事，叙述欠详。留下些空白容我们猜测、推理。此人学历不论真假，那名为“求才”者首先该考虑的是，现在那个位置是否真需要个“真哈佛”，“真哈佛”是否在那里才能真格展示他所为之的“人才”？只想放在那里当个花瓶，想当然地以为人们为见花瓶而趋之若鹜，否则，拿出雇主的架势，请你开牌。那么，再真的“人才”，对如此的“求才”者怕都得退避三舍。

何况，学历并不等于“人才”。同样是从媒体得知，有将“某国‘博士后’印在名片和简历上而不能彼邦语言者”，以及有些硕士、博士用母语写封信都写不通顺的，咱们都不少见。无怪家长们总担心教师的学历越来越高，教学水平并未随之上去，有时还下滑而忧心。那些用住房、职称的优惠而求才者，根本忘了求才的目的在于提高教学质量而不是用以作招牌。也不能因为“哈佛”“真”了，就该，就可以成为名牌标志。何况，不论他学历怎么“真”，本事怎么大，一个新办的学校，若随他的来到，立即招财进宝，成为“名牌”而产生立竿见影的效应，这想法，也太可笑了。学校能成“名牌”，本身就有个教学质量稳定、提升的不短过程，若没几茬优秀的学生出校后能大展宏图，就是从天上请到神仙下来坐镇也不行。现在把教学质量与名牌的关系因果颠倒，本末倒置，再好的人才、天才，也无奈他何。

然而，我看到一个自以为“名牌”的高等学府，以广大家长“望子成龙”，或以后就业有望之心切，在保证能顺利进入其大学而成才的许诺下，对本来属于接受义务教育的孩子，每人额外交两万元，似乎就为孩子平步青云铺好了路。对于如此实施“人才”计划者，自身自然也该是“人才”，但以他这样的措施来培养未来的“人才”，不需要什么伟大的预言家，是不难知其结果的。

为此，说发展的关键在人才，不如说关键在于伯乐和他的识才、用才之道。

我相信，许多尖端的科学技术人才，在他的岗位上，领导及各方面都在尽量设法让他的“才”能够充分展示出来，否则，机器不转，产品出不来，卫星不上天，说得天花乱坠，领导部门的业绩也出不来。但在更大范围的“人才”市场，如企业管理，行政领导部门，就很难完全如此了。这些年许多问题，也正出在这上面，还不够我们好好想想么？

如反腐倡廉中，将不少贪官污吏、管理、经济上的各种罪犯推上被告席，自然大快人心，但对他们曝光的材料中，总要算总账式地说他们在这之前就有什么什么问题。尽管“个别”难免，然而这么多人不是一步步按手续作了各种考察，以选才的方式选上去，并“用才”用得顺手，才让他们成了高干，有了更大的权，犯了更大的罪么？他们的平步青云，难道就在于他们本来就是个犯罪胚么？有人原来的“问题”，群众早有反映，也反对将他等重用，怎么充耳不闻，到了包不住了，又来算总账呢？在算总账前，哪个不是“边腐边升”？河南从1997年到2002年间的三任交通厅长，媒体是以“前腐后继”四字曝光他仨一个比一个黑，一个比一个更大胆地贪污受贿，把自己送进牢房的材料。细读之后，又不能不问，问题全在他们个人么？

这点，据上海《新民周刊》三十五期，广东《南方周末》去年8月22日报道，安徽被称之为“王三亿”的，为我们作了很好的回答。此人实为“王怀忠”，其绰号“三亿”是说他贪污的数字之大。他文化不高，并无什么特殊背景，却由一个生产队的记工员一级级作为“人才”选拔，平均两年升一级，一直选到副省长的宝座。机关何在？他有一段对他贴身人物的话，可作展示其“才”的秘诀：“只要你能搞出政绩，就算你能，能上，但不是让老百姓看到政绩。是要让我看到政绩。”身为“公仆”者，如此看待老百姓，不论他怎么“包装”，一切的一切，一目了然。那“政绩”二字的语言符号，实际的含义，不过是指奴才的奴心而已。

鲁迅的名篇《聪明人和傻子和奴才》中的奴才，该是封建社会卖身为奴的奴才，是被迫为奴。只能忍受命运对他的不公而遭受各种凌辱者，他为主人对巴儿狗比对他“好到几万倍”所不平，而向人诉苦。当有人为他住那“比猪窝不如”，“四面又没有一个窗子”的住处而大骂“混账”，并为他在泥墙上砸出个窗洞时，他反怕破坏了这原有的秩序而大喊“来人呀！强盗在毁咱们的屋子了”。想改变这种奴才的生存现状者，自然是“傻子”。那奴才却为吆来人赶“强盗”向主子邀功，主人一句“你不错”，他也就“大有希望似的高兴”，真是有他为奴之本性的奴才。但他又明明知道自己还不如主人的巴儿狗，这种奴性之深刻的悲剧性，是几千年根深蒂固的封建所遗传的基因。使这不如巴儿狗者，为自己“大有希望”的希望，也不过是只巴儿狗之所望。如果说，我们古典戏剧的戏文中，有不少如《一捧雪》那样宣传替主偿命之义仆的，几乎可以看作儒家“君君臣臣，父父子子……”的伦理纲常为封建秩序的理论基础之样板戏，那么“义仆”之“义”举，实乃为落后、野蛮的封建制度殉葬，是为“义仆”者的悲剧。但在舞台上，作为一位戏剧人物，其悲剧之感人，或促思，还有他为人之诚。

这种人物，在主子面前，是自称“奴才”的，在封建的等级之中，是不列级的下人、贱人。但“王三亿”以其高干之尊比之他等，就未必有那么可“高贵”的了。他不是封建制度下的等级、人身歧视之“贱”，而是自我作贱，是封建意识作祟，在下属面前，处处以自我感觉为奴才之主子，但在主子面前，若说他是“奴才”，就未必了。但他有副奴貌，也就是人民群众深恶痛绝的“吹牛拍马”之“马屁精”的功夫，对领导完全不是对同志应有的尊重，而以阿谀奉承为能事，不讲原则，不论是非，完全以主子的好恶，看主子的脸色行事。

许多身在领导位置的好人，有的难免也喜欢这个调调儿，喜欢这种人。被这些人所包围。王三亿在上级准备将他从亳州市升调到翠阳地委副专员，就有人反映了他的问题，强烈反对。然而，上头就有家长式的领导，有个人说了算的“一言堂”，群众的意见不仅没听进去，连考虑的余地都没有。反以“视察”为名，特地赶到阜阳，在一个会议上借机说了他不少好话，这一关也就保过去了。有意思的是，这位省里领导的儿子结婚，专署的三位领导都想

"表示表示"，这也很能说明"王三亿"的种种劣迹，是有其土壤的，不是什么孤立的行为。但那两位，一个送五万，一个送十万，他却送了二十万，自然"表示"了奴才的忠心有加啰。

但他绝不是鲁迅笔下的那种"奴才"，也非《一捧雪》中的"义仆"，乃是以奴貌作画皮而大肆售奸、耍奸，让他的领导视其为难得的"人才"而不断往上选拔，平步青云的奸才。如果对他也需要从过去的过去说起，以示对他清算的彻底，倒不如从他过去的过去说明这远非他个人的问题之所在。远在他于县上工作时，还没请客送礼之风，官员还相当廉洁，他就向领导送厚礼，勤走动，"频递秋波"，"可谓开风气之先"。再往下，还需要说什么呢？

中外古今，掌权者都会为巩固、发展自己的事业网罗人才，可什么是人才，要什么样的人才，只能因人而异。京剧《曹操与杨修》中曹操一句"求才难啊难求才"，不论确有史据，还是剧作家的艺术创造，都说明其"难"。因为，真正的人才并非奴才。这不是无原则地认同有些知识分子的所谓"清高"、"傲上"，而是真正的人才要施展其"才"，总得有他所以是"才"的独立、创造的空间，就无法趋向封建的人身依附。他们求真理、献身真理之志，也不等于做什么"驯服工具"。然而，为什么求才，包括真诚地渴才者，却往往那么容易，乃至喜欢被这种奸才所包围，乐在其中的，有的还难免被拉下水呢！封建遗传基因的消除，怕也不是仅靠拉出几个奸才了事。奸才，以及形形色色的坏人，大千世界，不论在何种制度下，都不可能没有他等而"精彩"而"古怪”的。他等所以能坏事，却更要靠乐于接受他，不论是有心还是无意的包庇、纵容了他等的，有的可能还是有“正人、君子”之尊者。

不少我们还熟悉的人，一个个原本是蛮好的，可一到了那个位置，自己若不能很好把握自己，一旦被那些人包围，就完全可能变成另外一个人。似乎一入仕途，就有封建社会之“仕”的自我感觉，行路都得有人开道，有前呼后拥之威。他等这样受到奸才之包围，也理所当然地接受了阿谀奉承的精神适意。平顶山那位从矿工而当上头头，又因贪污送上法庭的领导，开庭时看到四周全是旧日原来熟悉的工友惋惜、痛心地望着他，而那些整日拉着他吃吃喝喝，利用他，拖他下水，也拖得他早已疏远了这些工友的“铁哥儿们”，却早已甩开他走远了。此时他明白过来，已晚了。若不是他们总明白不过来，按照我们的法纪、机制，本是寸步难行的贪、贿之路，怎么有人将绿灯开得他们畅行无阻呢？虽然“个别”的难免，若发展到不是“个别”、“少数”，蔓延到泛滥时，那么，不论有人再怎么求才，实际上，真正的人才对他只可能是多余的奢侈品。“发展的关键”，也该由“求才”而改为“求医”治治身上的病了。

为此，如前所述，那么以“人才”招摇、赚钱所办的学，其中的学子是否能成才，每个人自身的状态，是很起作用的，但他等借培养“人才”之种种所为，则是很糟的腐败。在每项工作都喜欢以“工程”来说时，这已是人才工程上的毒瘤了。

原载《随笔》148 期（2003. 9. 10）

“学术”作“秀”之丑态

世事莫测，变化难料，恍惚真有“一天等于二十年”之变。不久前，起码是回避仿佛谁说了“阶级”二字，就有沾上了“政治”，有为人的不干净之嫌。不知怎么回事，突然之间，腻烦“政治”的年轻人，在他们的口语中，流行、新潮、使用频率很高的，竟是“小资”二字。它是“小资产阶级”的简缩。这是社会生活反映于他等的意识，还是玩世的游戏？咱们难以弄得清楚。用于贬抑，它是与“文痞”相搭配的一个词，用于自我陶醉，则是讲“小资情调”了，说得很温馨。

然而，我们这些不明内情的人，在这“阶级”二字上，简直被某些“名家”闹糊涂了。本来，学者之名，是为他的学术之卓见，著作之等身而来。20世纪三四十年代，一本《大众哲学》，对于哪怕是初识文字的，都不会陌生其作者艾思奇之名。而现在这些“名”家，则多是先从他们的头衔，什么教授、博导、会长、院长、校长等等而知其人的。但在一般人的眼里，他们头衔的金字招牌，足以招摇于世，习惯从政治看问题的，也自然把他们这些言论看作“有来头”的政治信息。为此，也就不需要他著作等身，也能琢磨他等言论的分量。

正因为如此，他们不是单个，而是一个一个分别在不同场合立说、演讲，都在一个英文单词“class”的翻译上大做文章，说它不应译为“阶级”，而该译成“阶层”。

我查了下英国《Longman》、《Oxfond》字典，全是作为“阶级”。如“Class distinction”（阶级界限）、“Ruling class”（统治阶级）、“The upper class”（上层阶级）、“Class differences（阶级区分）”，differences 还可作“不和”“对立”的意思，在此，它连缀 class，就更应译成“阶级”。其他如上学的年级，产品的等级，若译为“年层”、“等层”，那么，随着社会的产生、发展，本来就是人民长期交流之中所形成和表达某一概念而已经公众化的，是借助和保存基本信息的载体，是人类思维和表达思想之手段的语言，它的物质外壳一旦被如此混乱了，就全乱了，人们自然不知其所云了。何况，“阶级”、阶层，本来就不是完全相同的概念。没有阶级，何来阶层?

虽然社会不同的集群、阶级、阶层，因各自存在的差异也会影响到语言使用上的不同特点，但在“大同”之日未到之前，世上还没有任何一个极为重视阶级分析，其目的就在消除阶级和自身的马列主义政党。而且，痴长几岁，学了点马克思主义的经典著作才知道，恰恰是他认为语言是没有阶级性的。年少时，看到语言无阶级性之说，一时还怀疑是否有印、校之误。再痴长几岁，再读点书，才明白过来：可不是么，无论杀人犯还是再世观音，是文盲还是“博导”，“吃饭”、“睡觉”不同样都说“吃饭”、“睡觉”么? 若怕“阶级”二字会使人联想到“以阶级斗争为纲”的“阶级”二字，那么，说阶级“友爱”、阶级“调和”、阶级“投降”呢？虽然前者是个温馨的语汇，是“阶级斗争”的反面，后者搭配上“调和”、“投降”，则是“阶级”所以要“斗争”的因果。以此足以说明，这两个字，在语言中恰恰是没有阶级性的。何需闻之色变？二战后，西方总是骄傲他们壮大了“中产阶级”而提“阶级”，英国的“保守党”的“保守”二字作为他们的旗号，并不像我们从“革命”的意识而负面看它所赋予的贬义。原想一切事物无不打上阶级烙印之理，在此它并不能囊括在“语言”之内。若是倔犟在一头，反而反了马克思主义、反了科学；自以为坚守的立场，反而为此丧失立场。

然而，那些有来头的名人，何以喋喋不休地在“class”这一英文单词的翻译上大做文章呢？按他们的年纪，在这个年月，在那个位置上，都该是懂外语的。何以会如此，要如此呢？

像所有的语言一样，“阶级”这一语言在其中恰恰也是没有阶级性的，若用以表达某种理念，它自然也会成其表达它的阶级性之载体。若像那些“名家”所说，不用“阶级”二字，是为了“更好地协调各阶层之间利益关系，充分调动各种社会力量的各方的积极性，促进社会经济进一步稳定发展”。那么，也就是说，若讲了“阶级”，就会破坏各方的积极性和稳定和发展了。此话不仅有“阶级”性，还有阶级斗争的“战斗性”了。然而，不用讲什么“主义”，稍有唯物史观的人都不难明白，“阶级”的有无，不是以个人意志为转移的。《参考消息》译载《英国白领喜称自己无产阶级》，白领何以有此心态？对英国的社会生活毫无所知，但也可以看清，它也出于一种很强烈的阶级意识。2000年7月18日，俄国当局建议俄共改名为“俄国社会民主工党”，被拒绝，2002年十月革命节，他们还组织了50万人的游行，显示她的阶级基础和力量。号称“发达国家”的美国，西部万多码头工人使之遭受日以亿计的惨重经济损失，长达几十日，也是多年不见的，规模空前的罢工。这也暴露它现有“发达”的机制结构下的劳工，并非活得无忧无虑，无怨无悔，这正是他们的阶级所以要如此“斗争”的因果。

然而，我国的稳定、发展，是否功在遵照了这些“名家”的提法而行呢？请看最新公布的《中国共产党章程》：“中国共产党是中国工人阶级的先锋队伍。由于国内的因素和国际的影响，阶级斗争还在一定范围内长期存在，在某种条件下还有可能激化，但已经不是主要矛盾。”其他如“抵御资本主义和封建主义腐朽思想侵蚀”之纲领，恐怕不能说是没有“阶级”意识的。

面对《中国共产党章程》所言，那多绝不会全是外文盲的“名家”，是否会改变主意，认为class应译为“阶级”呢？但愿吧。但这样的可能性，几乎是零。因为真正做学问的人，可能有某些认识上的失误，绝不会借常识问题，自欺欺人的为其私心折腾。“此地无银三百两”，他自以为可以抢先作为一种政治信息公开传播，作他“先知”的“预言”。将现实中鼓励某些私营企业的发展，误为放弃国营经济为主的“私有化”，想当然地以为该易旗换口号，为改换门庭做他的舆论开路。所以，他等迫不及待地以这样颠覆立党立国原有的价值观，排斥以此为其信仰者的严重后果不顾。

我们许多问题，也常常坏在这些人身上。就是那个彻底背叛了孙中山先生，背“三民主义”而行的蒋介石，还照样念他“三民主义”的经，以取信那多对三民主义的忠诚者，还不像眼前这多绝非外文盲的“名家”，这点可能比蒋介石还好一点，是公开的，不像蒋介石，阴一套，阳一套，又像人，又是鬼。他们贩卖的怪论，我还不能断定完全是出于要同大的纲领对立的异己之情，更多的还是机会主义的心态，自信瞅准了时机，好做他的政治赌博。

过头的聪明还算他的“聪明”吧；判断的失误，还是为了促使他如此行动的信息之判断。他等待“全民的党”同步修宪、改名“社会民主党”时，可以抢先抢到主动配合的舆论之功，得到的好处自然多多。偏偏事情最后不是这样，其中的过程、是非、内情，我等百姓也无需清楚。但我却清楚地看到这些机会主义理论者，没抓到他想逮的机会，却暴露了他折腾其中作“秀”的丑态。而“作秀”的“秀”，也是从港、台直接时髦到大陆的口语。其实，这“秀”字，也是英语“show”的英译，是表演、卖弄、炫耀之意。在此，首先移用它者是否也可以学学那些先生，作番“学术”性的说明，将它译为装神弄鬼之神鬼呢？

原载台北《左翼》反帝特刊（2003.9）

“冷冰冰”的“人性”

《文汇读书周报》877期（2001.12.15）一则报道《〈钢铁是怎样炼成的〉是否文学经典》所引起的争议，引人注意，引人深思。这部影响了我们几代人的作品，是否算“经典”，是可以讨论的，也不是这里要断的是非。因为对它持否定态度的教授，理由是“《钢铁》中的保尔·柯察金炼成了冷冰冰的‘钢铁’。”这自然是则新的“人性论”的争议。文学作品的人物塑造，如没人情、人性的描写，其典型性是不可想象的。可是加个引号的“人性”二字，是将人作为“社会关系的总和”之社会性完全不顾，只讲人的生存、生理，加上一些旧伦理的亲情之一己私情，以如此的“人性”看保尔·柯察金，对他就无法理解了。作者并没有把他写成完人，有血有肉，不过，为了理想，大敌当前，处于各种矛盾、困难中，他一再克制自己“人性”的弱点，在战斗中炼成一名钢铁战士。若说他这种人生选择就是“冷冰冰的‘钢铁’”，这种评论就完全不知何谓国难当头，在神圣的人民解放战争之中，人人思义，人人忘利，志士仁人，舍身为民之典型环境中的典型性格了。曾经影响保尔性格的，英国女作家伏尼契 E. L. Voynich（1864~1960）的《牛虻》，就是位保尔式，或说保尔就是“牛虻”式的人。同样，今日也有人诋毁的苏联卫国战争中女英雄卓娅，人民却在纪念她，今日还自发地修复有关她的住地，而她，也是受过保尔影响的。然而，对于要“躲避崇高”、“告别革命”、“拒绝壮烈”者，这都是他等无法忍受的。

然而，从近代的“鉴湖女侠”，就义前仅以“秋风秋雨愁煞人”七字以对的秋瑾，到“砍头不要紧，只要主义真”的共产党人夏明翰，“钢铁”似的面对砍头时的“冷冰冰”，就无“人性”了么。像我们老一辈革命家周恩来等，正如《共产党宣言》中所说到“从理论上认识整个历史运动这一水平”而“转到无产阶级方面来”的“一部分资产阶级思想家”，他们出身名门，可在旧世界的黑暗与腐朽中，事实正如经典著作所说，他们与其的对立也更直接得简单化了，与旧的决裂，绝对是义无反顾地，如钢铁般的“冷冰冰”。可是，使他等所以“冷冰冰”的，不正是追求理想的一团火的热腾腾么。若无革命先行者这种“冷冰冰”，哪有你这样的教授从暖暖的口腔里，吐着你软软的舌头咬牙切齿地说三道四呢？对历史，对社会，对人的理解，这已经如同白痴，还作什么文学评论呢？对于那些创造了这太平景象而在艰苦岁月坚韧、持久战斗的人们，看那些陶醉在歌舞升平、红灯绿酒，声色犬马中，享受他的“人性”者，倒是完全看得不糊涂的而能“理解”啊。

无怪这一时期，一些对大多中国人不理解之事物却表示理解的文章也多起来。如一本写1901年在“屈辱和病痛中辞世的李鸿章”之《一九○一年》，为中日甲午海战投降求和，“被国人目为卖国者，只有全体军机大臣在上奏给皇帝的一份奏折中说过的‘中国之败全由不西化之故，非鸿章之过’，曾令李鸿章老泪纵横”的李鸿章，若地下有知，他更会为今日有人对他当年“面对残局”的“选择”之理解而含笑九泉。

《湘泉之友》旬报277期（2001.11.20）又有一则这样的引文：“不少人看到贪官吃香喝辣的，神气活现地坐在台上指手画脚，以为贪官过得很潇洒，活得很威风。”殊不知，“贪官有贪官的心事”，“他们心里最空虚，最脆弱，一遇到风吹草动，就胆战心惊，生怕哪一个环节出了纰漏给自己和家人带来灭顶之灾”的这种所对贪官之同情和理解，同前者对“被国人目为卖国者”的“理解”，真是不谋而合，异曲同工啊！

正因为有上述这两种“不理解”和“理解”，读报看到一辆出租车在冬夜人稀的街心见一老妇摔倒呼救时，司机将车停得远远的，请人来证明，人摔倒与他的车毫无关系，并要这不识字的妇人为他写字签名有个证据才抢送妇人进医院的报道，也特别为之深思。事后，救人者与被救者都大为不满，妇人家属责怪司机临危时的这种态度，司机也拒收送来的礼，为做好事没落个好，满腹怨气。去年9月10日《工人日报》对9月5日《一女跳楼未遂观众大叹失望》，记述了当日下午“兰州街头惊现痛心一幕”的场景——

当天下午三时左右，一郑州来兰妇女爬上了所住招待所六楼阳台护栏，声称其四万元钱在兰被骗，欲跳楼自杀。很快，楼下就围起了大量观众。兰州市公安局110指挥中心在街道办事处报警后，迅速派出巡警解救，兰州市消防队也赶到现场，在楼下撑起救生气垫等。经过两个多小时的劝说，警方采取“偷袭”的方式，从侧面窗户潜入阳台，成功将其抱下护栏。轻生妇女最终得救了，但记者在现场却惊奇地发现，大量围观者不仅没有表现出该有的庆幸，反而对轻生妇女的行为津津乐道；更有甚者，竟对她被人救下表示出“失望”。在巡警解救的过程中，有几位围观者居然说：“要跳就早跳嘛，干耗着干啥?”当巡警将轻生妇女成功救下，现场一片惊叹，许多人摇头叹气，表现出对“那一刻”未能发生的失望和遗憾。一围观者说：“早就可以跳了，都三个小时了，分明是不想跳嘛!”对此，一位高校从事社会学研究的教授认为，这种对生命漠视的现象，应该引起人们的警觉了。人类如果连生命都不珍惜，还能有什么可珍惜的呢?

此女和保尔，当然完全不是一回事，但看保尔投入到自身与人民的解放事业之火热为“冷冰冰”的“钢铁”者，恰恰是自己已“冷冰冰”的了。这点，倒和这些围观者的心态有它极其相似之处。既然有人对那些无私献身者的英雄之英雄主义不以为然，并视为“冷冰冰的‘钢铁’”而不屑一顾，那么，他们“人性”的热情自然热衷于自我无忌地张场。这一点，恐怕不像那位社会研究的教授所想，他等不仅对生命，对自己的什么都珍惜，可对别人，却想以人命取乐了。这可以看作反对保尔式的“冷冰冰”最直接的逆向对应之“冷冰冰”。如果精神的艾滋病不能及时治理，它就不是像艾滋病那样，只是失去免疫力而无法抗拒任何细菌的侵入所不治，而是它自身就是病菌，也不是传染、蔓延，而是进攻式的，无孔不入的扩张、侵入各个思想领域，若艾滋病是足以使人自毁的疾病，而它带来的后果又会比艾滋病好么？

原载《彩云之南》1540 期（2003. 5. 4）

“以诗疗伤”与诗的回归

长期被现代生活所忽视的诗歌，在“9·11”事件给美国社会带来巨大的、悲剧性的阴影时，却逐渐显现出它镇定人心的力量。原来金融枢纽区的商橱、车站、广场，此时满目皆诗，罹难者的照片和它四周之诗页，如花圈上的白花。民众认知到：“我们在诗里，目睹新闻。”此处的“新闻”二字，确切地说，怕还是同为受难者的心音。是德语诗人里尔克（R. M. Rilke 1875～1926）所说的“灵魂的自然祈祷”。如此之景象，用《以诗疗伤》的新闻报道出现，眼睛为之一亮。虽然报刊报道以音乐给病人抚慰、助孕妇顺产、为奶牛所增奶的消息不断，而且，也可以相信，艺术的功能就有许多相同和相似处，但这样说诗，还不多见。泱泱诗国，不论诗被有些人怎么“玩”，诗魂永在。可是，在那些宣称是为百年之后的新人所写的所谓“诗”，又“炒”成为事实上的主流现象时，广大的真正爱诗者被弄成“丈二和尚”，感到诗之失落时，由此倒看到诗的回归之路。

其实，从历史的角度讲，应该说是不久前，南斯拉夫的人民群众在广场上，望着已被飞机入侵的天空，对着炸得千疮百孔的城市朗诵他们愤怒的诗之情景，听他们作家协会前主席彼德罗夫讲到它的盛大、悲壮，催人泪下。这个留有社会主义影响很深的国家，这种情况，很像全民抗战时的中国。对此，虽有报道，相比今日的《以诗疗伤》，不是这么醒目。同时，情况已有根本变化，彼时炸人者，此时又遭炸。

古诗曾有“国家不幸诗家幸，写到沧桑句更工”的名句，对此，若理解得片面、绝对化，将诗家之幸完全对立于国家之不幸，那倒是诗家的不幸。但不幸的悲痛，是感情真挚的深沉。任何国家和民族，受侵遭难，个人与之相存相依的关系密切到超过一般日子时，相助相济，爱乡爱土的感情，人也随之圣洁、崇高而入诗境。老托尔斯泰（А. К. Толстой 1817～1875）说的好：幸福的家庭总是相似的；不幸的家庭才是各式各样的。因此，后者也容易艺术于个性的表达。诗萌生于心，又净穆于心，此时此刻，当然是“灵魂的自然祈祷”，是心灵与诗的合一。强大的金元帝国，平日，诗笺在金元面前，在有钱人眼里，其价值可能不如手纸。可在此时，能“疗伤”的不是钞票，而是诗时，诗终于在那里显出她非金元可取代的价值。

古人早已说过：“《诗》三百，一言以蔽之，曰：‘思无邪’。”这言“无邪”者之“邪”，自然是因人因时代而异，孔子在《论语》中这样提出，也是指符合他所要求的礼教规范。但它“无邪”所说的内容之纯正，不论任何时代，任何人对它再作何种规范，怕也不能成为“要思邪”吧。真，还有之善，之美，不同观点的人，具体所指，可能截然相反，但“美”总是要的，“邪”总不能奉为上帝，否则，不论写出怎样的分行文字，也只是魔鬼的游戏。

有些借“现代”之名而玩游戏的，大概没有想到“现代”的大师艾略特（T. S . Eliot 1888～1965）也说：“诗必须给予乐趣及人生影响；不能产生这两种效果的，就不是诗。”可以说，人所追求的“无邪”与“美”好的感情，本身就是诗的细胞。“国家不幸”时，正是与邪之矛盾尖锐，确实像戏剧冲突一样，容易迸出更耀眼的诗之火花。可是，任何时候，人的善心不减，诗便常青。然而，今天，文化会随着经济的发展而发展的理论，却受到严峻的挑战。非必然，是失误，是精神文明滞后经济膨胀物欲之误。西方早有调查研究《文艺衰落——全球文化现象》的，那市场化的文化快餐，已导致了艺术的退化与异化，抹杀了文艺与非文艺的界线；兴起的“主义”对文艺固有原则任意的颠覆与解构，早已挫伤了读者的接受热情。我们虽然经济还在“发展”中，但与“发达”地区还有不小距离，可在这一方面，有些“超前”的“名人”，早已忙于与之“接轨”，并成绩不菲，可谓“功臣”了。

其果，并非隐形的，是有目共睹的公害；对此，也非大家眼瞎了，早已激起公愤。我国远在奴隶、封建社会时候，就有称“郑卫之音”为靡靡之音而斥之的。这固然与儒家所提倡的雅乐相背，所以彼时被置于如此境地。当时一些“郑卫之音”的俗乐是否全是淫腔浪调，从今日的角度看，虽然有人为儒学大唱赞歌，誉为“国学”，也大可不必以儒家的眼光看它。对靡靡之音的界定虽然迥异，但真格的靡靡之音，总是于国于民的不祥之音。社会主义国家是否需要“社会主义文艺”，不是我能弄通的理论。但它的内容，不论怎么超前，总不能悖于这个民族既是固有的，也是现时多数认同的伦理道德之规范。从一处的引文中看到《一头公驴对人的偏见》"我的生殖器硕大/像北京车站那座巨钟的指针/为一声悠长有内感的鸣叫/我常常暗自得意。"如此之为诗，绝不符合真格的"现代"大师对诗之所言。若它能"予乐趣及人生影响"于人，也完全是负面的。再听那"今夜你为何不来与我同居"的呼唤，被应声而去者列入《经典》，并在如此"权威"地泛滥其影响的境况下，别人怎么去谈诗？还需要谈诗吗？某些不健康的现实再被以文字，以美其名的"诗"加以扩张、肯定的物欲、肉欲作它恶性的诱惑和膨胀，必然迟钝、麻木人们的诗之感觉，招致诗的退化。古人说的"诗可以兴，可以观，可以群，可以怨"的功能，恰恰是现实最需要的感情之抒发与奋发，需要它对生活的认识，需要它对人际间感情的沟通与交流，需要它对社会丑恶，尤其对官吏的腐败之愤怒、鞭挞，可是，麻木的感情，将我们最需要的都麻木了，为生殖器唱的赞歌，亵渎了诗，异化了诗，必然泛滥非诗、反诗的分行文字。当年为此举旗的旗手，是以我们过去的封闭而引进"现代"拯救新诗为自己招摇的。对此，别的不说，当美国报纸说：后来居上，中国的夜总会"比美国还美国"时，其实，诗的状况也如此，其"现代"比西方的"现代"还"现代"。但当对方重新找到诗的价值，以它"疗伤"时，虽不敢奢望"后来居上"，是否也可以考虑与之"接轨"，找到诗之源与之"接轨"的问题呢？

原载香港《大公报·文学》周报542期（2001.12.12）

《银河系》诗刊39期（2002.6）

《红岩》双月刊128期（2002.9.7）

包公与真假“职称”

一

有段“关公战秦琼”的相声，将三国蜀汉大将关羽（~220）与唐初将领秦叔宝（~638）这么两个相距四百多年的人，生拉死扯地捏在一起，以讽刺一些人的愚昧无知。可是，还不是糊涂到忘了宋代距今有多遥远，随着市场的“打假”，“职称评定”中也呼吁“打假”时，想到戏曲舞台上刚正不阿、秉公执法，已是观众公正的偶像包公时，真愿他能从台上跳下来，像他判定真假潘金莲那样明断眼前的是非。

在一个招待会上，听主人向外客介绍一位老先生时抬出他一个“头衔”“一级××”时，不想，老者顿时气形于色：“你直呼我姓名就行了，什么‘一级××’！”外宾还没外到国门之外，是在同一社会环境生息的来客，对老先生，早闻其名，这种介绍，全属多余。而老先生此语的余音，确有不愿与那些被人称之为“假冒伪劣”者为伍，而有“一级××”“算个什么东西”之气。这职称评定，自和各种腐败搅在一起，已从二十年前恢复职称评定时，各行学子视为人民对自己学识和工作肯定的最高荣誉所为之的欢呼雀跃之情已逆向而行了。此事落到今日这个地步，已被许多知情者既为之痛心，又有所不齿了。

若不分具体情况，笼而统之这样，自然太偏颇，但，弄到不是个别情况，而是到了老百姓说的“烂得提不起来”时，即便偏颇，也难怪人家偏颇。

近日，有某地组织部门将某些干部的假学历，和随之而来的假职称剔出来作相应处理的报道，也是有的地区领导看到问题的严重性，已是某种普遍性的职称癌症了。但，仅仅将买有假证件者划为此列，而那拿到所谓“真”证件，肚子里又没货色，被人戳着脊梁说“假冒伪劣”的，又可以为他们不是买的假证件因而就“真”得了么？

钱钟书先生生前，我知道就跟两位同他同住南沙沟大院的邻居，说到那么几位外文不识几个，却在四处大讲“现代派”的人物是“骗子”。作为语言艺术的诗，尤其是20世纪“现代派”中特别以语言的精美而使之成为诗的音乐和诗的绘画的那么几个支派，再好的译文也难完全传达它的某种精致和微妙。对于一般读者由于不能读原文而留下的遗憾，也只是遗憾。可是上大学讲坛去讲它，为此就不可能没有糊弄人之处，钱先生说是“骗子”，一点不假。可有人还偏偏就能靠这一手，吹自已都没弄明白的东西而成了“专家”、“博导”。满天桃李尽炮制些别人越看越不懂越显示其深奥的东西，为此，似乎也“博导”得越“权威”。再如，有位搞艺术的朋友，创作了一组用几首《诗经》古歌之意象而音诗画化的艺术小品，演出时，报幕的一开口，台下的观众，包括许多中小学生竟不约而同地与报幕者齐诵“关关雎鸠，在河之洲……”，还没开场，台下已弥漫浓浓的诗之文化气氛。在当前，演出日趋商品化时，剧场的这份情调，已是观众难得的陶醉文化之享受。不想，节目拿到全是高级职称者组织的“艺委会”讨论时，委员们竟没有一个知有《诗经》者。当然，想来他们对普通人也有许多越说越懂不了的深奥。类似的事；若非自己听到当事人讲，别人定要误为编造的故事。再说，有位“一级××”而红得发紫的教授，怕是该为“大师级”的人物，有读者公开著文指出，此位的“文化散文”写到王国维（1877－1927）“实在无法把自己为之而死的文化与清廷分开。在他的书架里，《古今图书集成》、《康熙字典》、《四库全书》、《红楼梦》、《桃花扇》、《长生殿》、乾嘉学派、纳兰性德等等都把两者连在一起”时提出质疑：“《四库全书》，那是一部卷帙浩大的丛书，任何个人都是绝对不可能收藏的。”何况，遭八国联军焚掠后，仅存四部，全归国家收藏，“王国维何能得以收藏哉”。无怪读者大呼“堂堂大教授，不知《四库全书》”了。对于如此的“文化散文”，真是“文化”的悲哀！本来，任何人都不可能无所不晓，哪怕是名教授，也无权对他提出如此要求。可是人家跟那讲“现代派”的教授一样，就是在这上头作显示自己博学的文章而偏偏在这上头露了底，读者此时这样说，就不能说有任何过分之处了。可这教授手上出了一大把“一级××”，自然有他的“大师”基因，但这些“一级××”，还到“高复班”复习了四个月，然后考政治、语文、历史等课，成绩最差的，平均每门课仅考了七分，这些从老师获得“一级”基因者的考分之差，若不是老师将自己也不明了为何等样的《四库全书》，也像他写文章那样讲给学生，那么，学生考分之差，又仅仅能怪学生本人么？

二

《中国教育报》上，有人呼吁“高校教师能否砸掉职称的铁饭碗”，也只是从“许多博导三年来一篇论文也没有发表”而提出的意见。然而，有的“博导”如此误人子弟，是否该是“博导”就是个大问题。而“职称评定”这一政策，已涉及各行各业知识分子具体的不同情况，问题就更复杂了。

如一开始实施作家职称评定时，就有人提出：“一级作家若写出三级作品来怎么办？”实际上，谁也无法担保自己所有的作品都能永远保持在最高水平线上。少作恰恰是高峰之作的作家比比皆是。更重要的，在大讲“多元”时又以什么标准来评定“一二”呢？如有的思想、艺术都荒诞到离谱的“前卫”，不健康，乃至有明显的思想倾向的东西，必然受到跟你讲的那是另一回事的那一“元”的喝彩。尤其是从海外、港台传来这种评价时，有人竟然视若圣旨，要是照着这一“元”的标准评定的职称，又要看你那意识形态所讲的这一“元”的价值光环并为之服务，只能是自找没趣，一厢情愿。

若说职称评定也是当前改革的内容，要“同世界接轨”，那么，西方恰恰不同于我们现在，将文化事业，尤其是严肃文艺笼统推向市场，而专业作家也是前苏联模式中的产物，是今日唯一于我国的特色。依照五十年代一度试行的“作家自给”的政策，这倒是大倒退的步伐。可当年一本二三十万字的书，头版拿的版税就可买个四合院，可是，现在，一般特殊情况也是有的，但，除了写拳头、枕头，还有因文学之外的原因而畅销者外，否则，写一百本也白搭。有的自费出书，光买个书号就是一大笔钱。有的干了这么多年，作过不少工作的，也不可能改行或下岗，讨个说法，给个出路，就是评个职称了。它联系到个人吃饭、住房、医疗等等生存景况，除了不食人间烟火者，都不可能甩开它不问。人们在现实中“务实”得很懂“讲实际”时，每年职称评定的争夺，无怪成了不叫搞“运动”的“运动”了。

若完全是公开、公平的竞争，绝对是件好事，职称评定也就不可能成为当前许多同志所焦虑的问题。本来它也像竞技一样，谁跑在前头谁就得奖，或像数理笔试一样，谁答对题，谁满分，可以有十个，几十个百分，无前后、高下之分。然而，目前从政策上就是配给制。有的单位，具备评职条件的不多，甚至没有一个达到标准的，但人事部门配下的“指标”还不少，那么，你不是的也就是了，你不够的也就够了。轮上几轮，个个都是“一级”、“高职”，用流行的话语说，个个都“一级”就没“一级”，全是“高职”就无“高职”，无差别境地是绝不可能的，既无差别又搞什么“一、二、三”，不是没事找事干么？反之，僧多粥少，百名百分，也只给两个“指标”，正门给他关了，那时，不仅自己没条件上也挤着要上的，就是考了满分的，为抢到一个指标，有时都难怪人家走旁门想歪点子。我见单位上有两个比“高职”更高的“特殊贡献”待遇的“指标”，有名领导说怕不好“分配”，竟悄然无声地私下送给不知与他是什么关系的人了。十几年，在机关早是公开的秘密，却从未公开宣布。底下大家说那位没得到好处绝不会给别人办事的先生，到底拿了多少，这不可能凭猜，横竖世上无有无缘无故的爱，但不透明，不公开，偷偷摸摸作的这些事，一分钱没拿也是同样腐败、黑暗。而要办事，拉关系、送礼，已成当今入世者的办事需知了。也是负面的“时代特色”。为争职称，如此这般，照此例行，也很自然。评选科学院士时，公开宣布“不得收礼”的庄严背后，若说这是“此地无银三百两”，那是绝对错误，但它不能不由此引起人们许多联想。当僧多粥少，多少人在盯着几个指标时，凭着考分等着福星高照的书生，和那能跑关系走门子的相比，就不是对手。当然，也需要过硬的条件，如考外语，曾把许多在部门专业上有成就的骨干卡在“高职”门外，挡住了出路，他等没赶上学外语的年代，有的学过，工作几十年又用不上，也早忘干净了。在类似的情况下，是否有必要用它对这些同志作道关卡，大可商榷。可它能卡的，也只是几个老实人，如，有“译著”的可免考外文，就有 ABC 都认不得几个，找人捉刀代笔的，也可以有“译著”“出版”。有关人士出于对自己干部的关爱所弄的“考前辅导学习”，基本是漏题。弄几段“供练习、参考”，对照原文的译文，请这些中年人也是像小学生那样反复背诵。等到在考场查字典把头句的意思找到能与自己所背诵的译文中的一段"对号入座"，写下来还是满分呢。其他，要论文，要出书，讲定条件后，各种专为满足有此而求的《增刊》、《专号》，应市场所需，应有尽有，服务周到。卖（曰"管理费"）书号（曰"合作"等等）给这些人，是一万个放心，书的内容绝对不可能有违"四项基本原则"的，绝出不了问题。除此，还有什么可难住人呢？遇到有位教师，他到一个党委宣传部申请"高职"，仅申请费交的就是四位数，名之"专家审读费"，请的所谓"专家"，名不见经传。每天来申报"高职"的，不会是五个，十个，我说这钱也收得太多。不想，这位老师说，他也很困难，钱掏得也心疼，但，这是"见面礼"，掏少了，心里反而不踏实。呜呼，党委宣传部门都会如此"创收"，无怪媒体上已有人大声疾呼："职称评定，走到尽头了！"

三

电视剧《光荣之旅》中有为"高职"打擂台，胜者反而需要败者帮助走上手术台的故事。这在现实中已屡见不鲜。不过，就不一定像剧中人那样去帮教他，而是请领导："不是有现成'高职'在嘛，不请高明的找我做什么？"不是调动了大家的积极性，反而搞得工作更难做。类似的故事，说不胜说。许多早已平息的风波，只要一重提，谁都窝着一肚子火。有时还不完全是为自己的得失，而是针对由此而来的许多不公的现象。无怪有人大、政协代表提议立《职称法》，要以“法”来对职称评定中的问题实施大手术。可惜的是，不见媒体透露当中的具体措施，只说职称不能终身制，应定期复查、浮动。这对一时侥幸，乃至疏通、骗来的职称，经多次复查，迟早是要暴露出来的。比那仅仅查查证件的真假的，自然要管用得多了，叫那以假混上“真”证件的，也属“查”之列。但，其中很多很多问题，还是要靠对腐败的综合治理才能解决。不然，再好的事，操作一经腐败化，什么好事都变样了。同时它自身也成了许多腐败问题的互动链，严重毒化我们道德、政治空气。在这种情况下，对喜于以干部中有职称人员的数字来说明队伍的素质者，它所说明的，恐怕恰恰和他想说明的相反。

在“科技兴国”的大潮中，人才的作用，都很看重，职称评定，无疑是为稳定队伍，调动积极性的一大组织措施。然而，目前四处争人才时，不禁想问一声：你所看准的，哪一点能准确无误地证明你要的就是人才呢？

目前，正如有关部门总是以得有学位、职称的人数来说明队伍素质一样，对此，主要也是看学位与职称的。有时完全是以此提升自身形象为目的，几乎是副饥不择食的姿态。因此，一旦由此被视为“人才”者，还没干活，户口、住房、工资等待遇就到手了，看到这，后来者挤破头去钻营于此的，自然就比下工夫做学问的兴致高了。有的，也是以真功夫考出学位、职称的，可应试成绩有时根本不能代表素质状况。如前面说到那电视剧中以英语辩论打擂台而得到职称的医生，手术台前却只能作败在他手下者的学生的故事，再如《焦点访谈》报道西北某农研所，百分之百的科技人员不愿吃皇粮，由事业单位转为企业单位后的科研与个人待遇大为改观的事绩中，有个很值得注意的问题，就是他们改企要面对新的形势时，已由没职称的来领导有职称的人了。这一事实，正好反证了职称评定中的问题。如今，诺贝尔科学评审委员会都接受批评，对过去某些得奖的研究项目晦涩难解，对促进科学发展没有多大贡献等状况而酝酿重大变革。由此，一个社会主义国家的职称评定，除了排斥评定过程中的不正之风，那封闭的封建科举式的应试选才办法，也不应提倡、发展。

当然，组织、人事干部总感到凭学位、职称便于人事安排的操作，但，本为做人的工作之工作，要撇开活生生的具体的人，在文牍主义中为职称而职称，那么，不论他操作的难、易、好、坏，都是毫无意义的。记得，公开介绍过几位外资大公司中的“女强人”，以学位、职称要求她们，都是一无所有的赤贫，是外地到北京做杂工、当保姆的打工妹，完全靠自修、苦斗，从面对怀疑、歧视性的目光闯入面试，到实际工作中取得认同、赞赏而取代了原来只给外国人干的主管职位之闪光者，若落在文牍主义的手上，完全可以摆出副公事公办的严正面孔，以她没称职，不合条条框框，就不让进门槛了。人家用个打字员就找个职业中学的，不消以他们学位、职称的平均线以标明队伍的档次，也就不会将招来的“人才”在他实在无法胜任工作的无奈之中而节节下放到传达室。今天，若生硬地套用战争时期的经验，是很可笑的。但当年选拔多少“德才兼备”的干部用以打天下而没这文牍、官僚方式的经验是绝对不会过时。现在，有人以为“现代化”就是“洋化”，可从上述洋人选出为他们财团的利益工作的“女强人”的经历看，我们一些自称“公仆”者若这样去发现、培养、重用人才，难道比前者还更难么？

四

“实践是检验真理的唯一标准”，由此回过头来再看职称评定，首先从它职称“指标”配给制，就有违有就有，无就无，多就多，少就少，实事求是之基本原则。不论僧多粥少，瞎猫碰老鼠式的偶然，或操作不当，或私下交易的腐败而不公正，而众怒，以及许多时候以应试成绩当作唯一的真本事，而有人又不能转化它为素质状况的真才实学时，他等职称属前，工作靠后所暴露的矛盾、不公所引发对职称评定的质疑、情绪，确实太自然了。而职称又是知识分子个人往前走的唯一通行证，由此，许多不必要，本应可以避免的问题反而不可避免地出现了。

职称评定，要说在过去起过应起的作用，在情况发生巨大变化时，完全固守那套老办法，问题也多了。综合治理也不简单。前面说到的农研所，谁能谁孬，现场看高低，有高职的被没职称的管着，人家还对着观众坦然地表示心服，认为这样有利于农研所的发展。组织人事部门由此顺民心地作出的组织决定，比折腾得不叫运动的运动，挤，争那个“指标”的明争暗斗，更能体现它的公开、透明和公正，有什么不好呢？再如，目前已在普通推广的病人选医生的制度，病人是不管你职称的高低，只从直觉认你的医术、医德，病人选得多，并拥有大量患者回头求治的医生，其收入也与之挂钩而大增，否则，职称再高，也得考虑调换工作与“分流”的问题。

人的才学，假不得半点，鉴别人才的工作，也容不得半点浮假之风。若想老天会随着自己手上玩的数字游戏而“不具一格降人才”，办些钱不能少交，但可请人代考的，保证“有真学历”的“研究生班”的秀才，在得了“头衔”出来就可增加数字游戏的实力而玩得更起劲，那么，那飞飘还可以闪出彩虹的数字，却是泡沫，为它的真假，此时，我就不知是否要击响堂鼓，请包公出场。

原载《云南政协报》1033 期（2000. 12）

也谈文学的政治标准

这几年，探讨我国作家怎么没有获得诺贝尔文学奖的话题，热得早已过了沸点。有一篇名家的文章，嘲笑那准备好上斯德哥尔摩的行装和上台领奖的演说辞者，听到此奖落在东洋几乎晕倒的描述，看来实有所指，并非艺术虚构的内幕。这回，该奖又颁给了为许多作家作过翻译，我们并不陌生的法籍华人高行健，并传出在一段时间（还有具体到二十年之说）内不准备再颁给华人时，有的地方是有名有姓地数着几位作家的名字，说住院急救了。此话一听，就知道它是经过不搞艺术的群众所“艺术加工”而来的，“玩”一把那些作家想此奖想疯了，已到病态的一则政治笑话。

其实，只要精神还正常，就不至于此。有些获奖的作家，如罗曼·罗兰（Romai Rolland 1866～1941）、泰戈尔（R. Tagore 1861～1941）、聂鲁达（P. Neruda 1904～1973）等的作品，自己好跟人家比吗？可是，不管你心在、还是人在社会主义国家，这奖，就不是那么好拿了。当年各方看好，呼声很高的阿·托尔斯泰（A. H. Toacroñ 1882～1945）〔一般为区别列夫·（老）托尔斯泰所惯称的“小托尔斯泰”〕，他虽是苏联作家，考虑他写了沙皇的《彼德大帝》，写知识分子适应苏维埃的政治生活的《阴暗的早晨》还是适合“走向世界”的，可是人家并不理你的呼声。帕斯地纳克的（Борис Леонидович Пастернак 1890 ~1960）《齐瓦戈医生》，是书中表现了对十月革命的怀疑而受到青睐，作者由于在苏联受到批评而拒绝领奖。肖洛霍夫（M. A. LLlолохоB 1905 ~ 1984）也不是以《静静的顿河》，而是有了后来的《一个人的遭遇》列为“解冻文学”才给了奖的。至于索尔仁尼琴（Александр Исаевич Солженицын 1918 ~ ），他后来流亡在外时思想有了变化是一回事，当年得奖则全为他是反对苏联的“持不同政见者”。从一个普通读者的一般阅读看，我国不少“大墙文学”，不仅思想倾向与之有别，艺术水平也绝不在其下，但人家有兴趣于你吗？说高行健获奖是泼向圈内有“诺贝尔情结”者的一盆凉水，固然不错，但我还听人讲，国内有几位比高行健写得好些的，要是前几年也跑到国外去了，高行健就没戏唱了的说法，这不知是否又会引起某些人的怨悔呢？很难说啊。

谁该得奖，都该看作品，不论谁写出《约翰·克里斯多夫》，《诗歌总汇》那样的作品，这奖给谁，都会受到读者的认同和拥护。高行健获奖的作品，我一个字也没看过。都是他在国外用法文写的，国内没有译本，不能以自己直接阅读的印象来论是非。目前，只见有种公开的说法，认为：“此举不是从文学角度评选，而是其政治标准，这标明，诺贝尔文学奖实质上已被用于政治目的，失去了权威性。”

鲁迅先生早在《文艺与革命》中告诉过我们：我们以为一切文艺固是宣传，而一切宣传却并非全是文艺，这正和一切花皆有色（我将白也算作色），而凡颜色未必都是花一样。革命之所以于口号、标语、布告，电报、教科书……之外，要用文艺者，就因为它是文艺。

对于受过庸俗社会学之害的文化人，这一理论的深刻性，是铭记于心的。那图解、配合式的东西，有需要它的，同样也无法绝迹，甚至可受表扬、得奖。美国的辛克莱《拜金艺术（艺术的经济学之研究的研究）》一书部曾说过："一切的艺术是宣传"。这自然是在"一切宣传却并非全是文艺"的前提下而说的。因此，它的宣传也就不可能离开政治。前些年有的同志以为"淡化政治"能扫扫对待文艺创作的庸俗社会学，自然是天真加糊涂。所谓政治的"淡化"，本身就是一种政治。为此，看人家对待文学"有其政治标准"，若不是以"为艺术而艺术"的唯美态度来非议它，那么，丝毫也不违我们目前对文学的态度。

可是，两家都在讲"政治"，又为什么讲不到一块呢？

不该忘记，有的受过极"左"那套简单粗暴的伤害，之后谈到"政治"都头痛；也要注意美国作家凯特·米利特的畅销书，"剖析文学和政治哲学如何精心地合谋着反对性的平等"的《性的政治》，其泛"政治"的政治虽然还是严肃的，可绝不可以无所不"政治"。

早在《孟子，梁惠王上》"观邻国之政，无如寡人之用心者"，也是一种政治。近代的人，从世事的变迁，更懂得它产生于一定的经济基础，又是为它服务于经济之集中表现。当忌讳讲“阶级”有“阶级斗争为纲”之嫌，谁也无法否认现实中，尤其在世界各地都同样在拉大贫富差距的时候，仍然存在代表不同利益的群体和阶层。各自维护自身利益的活动，乃至为此的斗争，不可避免。政治，正是处理包括它，以及国家生活，乃至国际关系的活动。夺得政权的阶级，大力发展生产力，更是自己的政治。不管由于各种需要会有多少“理论”对它作出各种不同的说明，它在现实中总不可能没有阶级内容。

无怪我们自己正在“三讲”中大讲政治，却泛泛批评2000年的诺贝尔文学奖“有其政治标准”，这无疑将自己置于很尴尬的境地。若照此说，以后对文艺家远离或脱离政治，就不知怎么开口，说什么话了。

然而，当今谁都讲政治，只是看你讲的是哪家的政治罢了。

事实上，政治是在不同的体制下有它不同的理念、内涵，代表不同人群的利益，是有阶级内容的，若不能理直气壮的以此区别顺潮流、逆潮流、顺民心、逆民心的政治，指出那以背离民心之偏见的政治所对作品荒谬的褒贬，那么，你在“三讲”中大“讲政治”，却反对别人“有其政治标准”，这是所谓何来呢？正因为政治是有阶级内容的，所以我们自己认为“中国有许多举世瞩目的优秀文学作品和文学家”，人家却漠然视之。以我们“政治标准”所认为的“优秀”，不仅不符合，可能还相背人家的“政治标准”，这么一来，你说好的，他就要反对，这时，有求同存异的好心，不仅枉然，也很无趣。

社会主义自成为科学以来，就要求人们科学的对待，以灵感式的冲动，以实用的态度实用，这样的“理论”，总是要出洋相的。

听台湾的朋友讲，高行健在台湾被当局吹得肉麻的风光，正是他对大陆的态度很合岛上嚷“独立”者的政治需要。在各家都讲“政治”时，不论由于什么原因，你没讲，或不讲，说不清，或回避了它的阶级内容，你又能讲清自己的，还是模糊了自己的“政治”么？

二月十八日　翠湖

原载台北《人间丛刊·那些年我们在台湾……》人间出版社 2001 年 8 月版

“人性”的悲剧

《三国演义》第三十回写到官渡之战时，就有田丰、沮授、许攸先后向袁绍献策，从敌我双方利弊之处找出对付，乃至活擒曹操的方案时，不想，袁绍不是以“漫我军心”，就是怀疑“受他财贿，为他作奸细”而险遭杀害。已见曹军袭来之异象，沮授再请“加提备”“免为曹操所算”，也被认为“妄言惑众”而斩。许攸仰天长叹：“忠言逆耳，竖子不足以谋!”书中也有“逆耳忠言反为仇”的诗句：忠言出于忠心，落得如此下场，后人想来，为之心寒。无怪曹操由此反而转胜为败。虽然历史已过千年，但它所揭示的内涵，对现实，对未来，永远都是深刻的人生。

“忠言逆耳”的另一面，自然该是“谗言蜜语”，它可害了多少好人，也圆了多少小人、坏人的梦啊。

记得，有次聚迎海外同胞的饭桌上，不想被安排在当地一位退下来的一把手之侧，他知道我的职业后，问我对当地一部正受批评的长篇有何看法时，我如实相告：因视力太坏，无法看长篇。但知道持批评态度的几位作者是很严肃、有水平的作家，看书中转述那些反人民战争的场景与话语，也无法不生气。但也听有另一种意见，说当地一位被称为“学者型干部”的，对发表它的刊物就很支持。话未了，就听这位退下的一把手气呼呼地声震四座：“这个人本身就是个小人!”

后来得知，此小人当年就是靠说他“代表了当地马列最高水平”而被他提上来的。他一退，人家也不要他那“最高水平”的“马列”了。早被群众看清的小人，总算也被他明白过来了。此时，他说话的心情，也就不难理解。接他手的同志一来，那人又对上面的来人说：“解放四十多年，此地都无什么变化，是××同志来了，工作才起步而巨变……”肉麻的话也无需往下记了，有修养的首长也不宜有轻薄之举，但那个小人又往上提了，则是有目共睹的事实。后位首长是否也会有前任那种痛心疾首之言，则不得而知。而那种小人，由此登龙有术，青云直上，不论爬得多高，除了搞些泡沫式的花架子，也不可能为人民干什么实事好事。但这种人物在现实之中越来越吃得开的形势，却不能不让人为此风所忧。跳梁小丑，什么时候都有，说不说他，都是那么回事。而我们许多好同志，有的经过战场生死考验，怎么就抵不住谗言蜜语的袭击呢？这倒值得深思。

人说，甜言听得顺耳是人性的弱点，有这“弱点”二字，总算没把它作为不可更改的人性。记得，少年时就是从“人之初”是否“性本善”的辩论而开始学革命理论。而“人”之“性”，也是随生活环境、文化教养、心理特征而表现、变化的。我看外资公司的打工仔，若不带有处罚的条件，有人给他提出缺点，尤其是技术上的，他会十分感激你，他为此一改正，就多了一份在公司站稳脚跟的生存条件。我自己少年参军时，首先自己总想怎么能适应、投入到一种全新的生活中来。生活检讨会上，只要讲的是事实，虽然有时也会碍于面子脸红，可总是为能投入新的生活而着手具体改造而高兴，并无“忠言逆耳”问题。可同样是好人的人，因地位不同就不一样了。不然，讲解放后四十多年都无什么变化之地，你一来就变了，这可能吗？尽管全国的发展有差距，若它几十年不变，那这个政权还算人民政权吗？身为“公仆”者听闻此言，应该很自然地警惕到此人将自己置于那个位置的用心。若为此飘飘然，正是不能正确对待自己，是有王侯之尊，才会接受这种毫不高明的马屁精。这样的同志不跌破头是不会回头的。正如前面说到的袁绍败于曹操，夜宿荒山，才有“吾不听田丰之言，兵败将亡；今回去，有何面目见之耶！”但，后又听谗言，说田丰在狱中笑他兵败，则又翻脸：“竖儒怎敢笑我，我必杀之！”传令狱吏欲取田丰首级时，田丰说：“大丈夫生于天地间，不识其主而事之，是无智也！今日受死，夫何足惜！”乃自刎而去。真是何其悲壮！

今天，毕竟是另一个世界，个人滥用权力报复之事，虽然不能完全避免，也不至于此。但使袁绍翻脸的那种心态，倒是许多听忠言便觉逆耳者所共有。以权为尊，在自己权力范围内唯我正确，听到不同意见，良药苦口，自然认为犯尊而逆耳。要他等跟打工仔那样听意见，自然太难。然而，打工仔是否听得进意见，都是他个人的事，不像有地位，肩上责任重大的人，个人的品德，涉及面广，影响巨大，乃至像袁绍那样，涉及全军的胜败。但要都得像袁绍夜宿荒山时才知思过，代价也太大！不是对他个人，而是为此带给工作的损失！要说“人性”，《史记》中“苦身焦思，置胆于坐，坐卧即仰胆，欲食亦尝胆”的越王勾践，所以如此，也是他不愿屈服于强敌而发奋自强的“人性”。对听不得不同意见，爱听谗言蜜语者，常为他们自以为是的能耐而具公众人物的影响，这些毛病随之也易错觉为人之共性的话，那它也是“人性”的悲剧！

2000.11.8 翠湖

原载《光明日报》(2000.11.16)[①]

① 此文发表时，编者曾以《甜言顺耳不中用》为题。

“费厄”与纵恶

一

从电视上，看到地方长官以令人满意的回答，讲了当地的干部很好地解决了理想与信念问题时，上级领导一脸的笑容，同样是令观众欣慰的。然而，目前所以提出理想与信念问题来，起码是其中还有不尽如人意之处，乃至为许多问题的症结。价值观念，是信念的载体。对于我们社会主义国家的普通公民，影响了，乃至改变了人的观念的一些奇谈怪论，恰恰是在经济大潮之中，需要大家“更新观念”“转化价值观念”之时，不少腐朽的，剥削阶级的观念，以旧冒新，正面从讲坛，从报刊，毫无阻隔，大张旗鼓而来。伴随这些观念之“新”的行为方式，我们语言都多了一些新创的词汇，如“泡妞”等等。当今，看得，听得，恨得咬牙切齿的，首先是腐败问题，然而，腐败是改革的“润滑剂”这样类似邪教的巫语，竟然著书立说，公开出版张扬。何况，20 世纪 80 年代中，电视上就公开报道过湖北几个贪污分子，说原判没有看到他们“坚持改革大方向”的主流，“文革”中那套将罪行名之为“生活小节”而包庇坏人的借口，这时又派上用场了。听司法人员懊丧地说，那些家伙释放时反要他们赔礼道歉，这对上述的邪教巫语，无疑是强大的支持。而群众明眼看着那些贪官、浊富花天酒地，掠财置产的义愤，反嗤之为“红眼病”，以夺去他们对此的发言权。

事实证明，对改革开放，没有什么比这样肆无忌惮的破坏更严重了，但这些家伙偏偏将自己之所为与改革生拉活扯地缠在一起，对不同意见反而抡起大棒，如同暴力封住正直者的嘴巴。无怪有人说到开国后“路不拾遗夜不闭户”的新气象，也有人站出来写文章，说那时是大家穷得没什么可抢可偷的，有什么好讲的？同时也有“捡拾物品是否应该有偿归还”，以“支付实践美德的社会成本”之说。大行其道，似乎一切都只能搞成交易。“有权不用，过时作废”的权钱交易，你盯住我的口袋，我需要你的肉体而红灯绿酒下及时行乐的“享受生活”，就同样符合人家“现代经济法”这个理了。电视剧《钢铁是怎样炼成的》掀起“保尔热”的宣传时，那批判原著为极“左”文艺政策产物的大棒并未收起，为《收租院》的地主对农民残酷迫害所作的翻案文章同样墨迹未干。可对抗战时附敌的文化汉奸，从周作人算起，不是说不要历史唯物、阶段性的分开来看他各个时期的不同表现，可一个个抬出来，涂脂抹粉，却把他们的劣迹一笔抹去。当中今日还活着的，似乎新社会给他等生活出路；宽大为怀还不够，反将他当年设计汉奸亡国奴的理论也视为“文化”，而以“文化老人”粉墨登场，炒作为银屏明星，这就不知是何用意了。一到这时，他等就特别摆出一副菩萨心肠的样子。仿佛真像满街的喇叭所唱的："只要人人献出一点爱，世界将变成美好的人间"。可一篇《故事新解》将《白毛女》中的佃农杨白劳对抢走他女儿的恶霸之反抗，反斥之为"头脑发热，产生破坏性的冲动"。要是照到他们"新的看问题的方法"，那么，工厂起火，打工仔为"企业家"把他们关在封死门窗的车间而无法逃生，活活烧死就不会有"破坏性的冲动"而死得活该了。凡此种种，加以宣传腐朽糜烂生活方式和封建迷信的文化垃圾泛滥，乃至某些党报下的小报之社会新闻，也毫不示弱地以其媚俗、低级趣味的"刺激性"在求得卖身市场的哗众取宠。

以利己、拜金、享乐、个人主义等等，以貌似泛爱而纵恶，以对劳动人民精神贵族式的宣传，乃至可以接过你的诸如反"左"的口号以反社会主义之所为，具体到个人，不论是否有他理论和政治的自觉，都是你宣扬的爱国、集体、社会主义所对立的意识。这样的舆论空气，为混乱思想，涣散组织，为人的腐化、堕落早已备好思想的温床。事实上，人家也是明目张胆地向一切拒绝与之同流的思想力量挑战。真要镇住这股气焰，从理论到实际，都只有发动、组织、依靠广大人民群众与之抗衡。然而，群众发出不同的声音，倒怕引起"争论"，失去自己想当然的"祥和"。如早早自发抵制、揭发邪教的群众，人家不教你说，你说早了还不行呢，乃至科学院士受围攻，反而得不到有关方面可以和应该对他的保护和支持。这样一来，其后果是可想而知的。

这几年，反腐倡廉所做的工作有目共睹，惩治腐败分子的人数和涉及的高干之级别，都比过去高，但腐败没能得到有效的遏制，也是事实。可开国初期对刘青山、张子善的处理，对于促进干部廉洁自律的自觉程度，是其他制度的社会无法可比的，是我们国家之社会主义的骄傲。那时若非公用，大家连公家的信纸信封都不会用一张。然而，今日杀个某某某，人们当年为那种是非分明，惩腐不软，为大长了正气而大快人心的兴奋，已大大淡化下去了。有时人们还要反问："比他贪得更多的杀了没有?"或说："这人肯定是没有后台!"对具体问题而言，这种情绪的发泄，肯定不是事事都有实际的调查，充分的根据，但，这种情绪，也非毫无来由，需要我们认真深思。

本来，最关注、有力量抗腐反腐的，还是人民群众。可是，不论理论，乃至宪法怎么说的，人民群众的主人地位在上述的空气下，不仅不能得到尊重，甚至被忽视，有时还被看作有碍人家花天酒地的眼中钉，已不是个别的情况了。80年代，媒体对老区的报道，就说到当地群众讲干部进了城也把他们早忘了，怕只有再遭挫折回山里打游击时，才会想到他们，回来找他们。这番话，对目前反腐的问题和状况，也是说到点子上的。如今，国家的总理，此生的愿望也是最后希望，是人民看他是个清官而不是贪官就行了，由此想象，做清官之不易。有时，还不是由个人的品质所定；有着太多太多其他复杂状况和因素。有种说法，浑水才好摸鱼。有个案例，某单位主管，非要分几份赃款给几个副手，有位不要，就是逼他非要不可，他也不敢再坚持。于是，他把那包钱，没有数，没有拆，更不敢告诉家人，原封未动地锁在办公室。后来事发，他原原本本地交代了事情经过；又把这包钱原封未动地交出，才免予处分。在价值观念大颠倒的舆论和现实下，干群之间的关系，早已主仆错位。当官做老爷，占地为王者，不仅不可能发动群众，接受群众的监督，真是谁要自作多情，行使“主人”之权予以监督、揭发，要是自己也没什么“背景”，肯定是吃不了要兜着走。于是，人家胡作非为；反而肆无忌惮。偶尔路过一个国家级的特困县，几位复员军人告之，这穷地方，前个时候，一夜之间，街头巷尾，爆出特别刺激的绯闻；说县长嫖娼做爱咂奶时咬断娼妇奶头，用了数万元“私了”，请女方勿上诉、声张。但父母官夫人打上人家门上去，个个看得眼睛都亮了。下文是“没抓到什么”，说“这是政治风波”。小城有如此的“政治风波”，县里的班子还是蛮有戏唱的。可能就为没被起诉而造成某种特指的“影响”，反而上调去当什么局长了。可第二个县长是真给“抓住”了，在外地嫖娼被当地公安抓回，至今还不知怎么发落。其实，早有明文规定：开除党籍，开除公职。迟迟不办，似乎还想把他往上调动一下似的。这里，就该借用鲁迅先生的话大喊一声：“‘费厄泼赖’应该缓行”！对于外国绅士自以为可以显示他竞技风度的漂亮口号：Fair Play，正如先生所说：“他对你不‘费厄’，你却对他去‘费厄’，结果总是自己吃亏”，“甚至于可以变成弱点，反给恶势力占便宜。”正如目前常讲的“宽容”、“关爱”并非不好，可要不讲原则，不分对象，一味地“宽容”、“关爱”到这些家伙身上，实际就是纵恶。善良的人，真怕有权的乱整好人；不像当年对刘青山之流的整法，叫全国上下，绝对大快人心。

二

社会主义社会大讲“社会主义法治”时，我们不该忘记；过去封建时代要“以佐王刑邦国”时，儒家讲“刑德”要“宽猛相济”，法家就主张“以刹刑之返于德”。为此，面对眼前的现实，又只能沮丧，失望。继这两个嫖娼的父母官之后，我看了当地百姓明含贬义所称的“政府街”，是一溜独门两进的三层洋楼。每幢门前是一对旧式豪门前的石狮，里面前三层到后三层，又是三道洋式的曲形走廊。特具讽刺意味的是，它就连着百姓称之的“鸡（野鸡）街”和“花街”。真是何等风光。地区的贫困，却有“娼盛”的“繁荣”。比起千万、亿万的大案，这已是群众见怪不怪的“平常事”了，正是这种趋于普遍化的“平常”之政治溃疡，更是怵目惊心。百姓对此虽然敢怒不敢言，但要不能真格“拿办”这些贪官，人们还不愿换走他们，否则，照他们所说，重新喂肥一批瘦狼，就更苦了百姓。而且，其中有幢屋主，乔迁之后要卖乡下几间值不了多少钱的旧房，不想，竟被一些先富起来的人竟相加钱争购，而把它抬到天价。就为这旧屋出了当官的、要抢它的好风水。这样的故事，早就该写进逝去的岁月，今日听来，分外辛酸。可百姓谁也不糊涂，这“政府街”上的豪宅。不论以其造价，还是商品房价。大家都算得一清二楚：“从他们参加工作那天算起，过去百来块钱就是高工资了。十几二十年不吃不喝，也抵不了这屋价的多少分之一！”凭这，就可以把问题定下来，还需要另外去“查”呀“讲”什么嘛。这“讲”，在正常情况下，以“讲政治”“讲正气”是可以把它讲清楚的。但在不正常的情况下，在记者面前讲了真话，事后遭到无尽报复，又得不到保护的百姓，以及对“‘三讲’来了有点怕，‘三讲’当中说谎话，‘三讲’过了胆更大”的地方，到了有令不行，有法不依，知法犯法，顶风违纪者的名下，就更不容你对他“讲”了。我就听位搞过“三讲”视巡工作的同志讲，他去工作的一个县团级单位，头头从生活到政治，是群众不齿的“大流氓”。谁有意见，他就整谁。竟然召集全单位的人讲：“只要某某长在，你们还想能够弄倒我?!”本来，就凭这一句话，也可以好好梳理下此事。不想，巡视人员向这首长反馈群众意见时，已大打折扣，非常策略地提出：此人年龄望七，超过太多，是否可以按章办理退下来，或是他个人党政一把抓的四个职务是否分出两个来培养几个年轻干部。不想，此位长官脸一翻：“他的任命是我特批的，你们想怎么办?”这个绯闻不断，“三讲”中首讲自己夫妻关系如何好的伪君子，道貌岸然地脸一板，什么意见都被打回来了。巡视人员从大的方面讲，也是此“长”的属下，无法再作坚持。这种人，总是在他力所能及的范围内各行其是，占山为王，讲的就是有利于继续和发展包揽和包庇这种人的腐败政治了。此时，从媒体欣喜地看到各地通过“三讲”的新气象，也绝对相信大多数干部是好的。任何社会，好人永远都是多数，否则，就不成其社会。但在十几亿人口之中，还不是个别的“少数”，有时哪怕是“少数”之中的一个，这一个可能还不是贪官、昏官，是个自身还干净的“老好人”的“好官”，可管不下恶人，治不了腐败。而在这“少数”之下，又绝对是多数的好人为之受气、憋气，怒目真要眼红，又绝非以小人之腹所说的“眼红”，那么，这种“多数”又在说明什么呢。何况，上述那种“官”，他总还有一帮子人成为他的组织基础，干好干坏，那衙门才能运作下去。而少数，哪怕少到只有一个，却是个政治毒瘤，也不可能是个孤立的存在，若不放任，也不割除，它自身生存的形式也是要不断扩散地危及生命的。那么，“亡党亡国”之说，就不仅是高姿态的警示了。

对此，有时确实不敢抱有太大的希望，乃至有些颓伤。讲“严治”之时，提出理想和信念问题来，是抓住了问题。但在我们讲理想和信念时，那些腐败份子之所为，正是他们那套理想、信念促成他们必然的行为方式。然而，他们腐朽的人生观，并不会在我们“全心全意为人民服务”信念前不战自溃。在大讲“决不搞指导思想的多元化”时，事实已由过去为“多元”以示“开放”而在“多元”了。而且，不知是有心还是无意，它常和外交和文艺上所讲的“多极”“多样”之“多”混淆运用。在此种情况下，不论是对它摇头或赞赏的哪一“元”，它们之间都是无时不在相互影响、渗透、对抗，或曰蚕食、袭击、包围，乃至为对方掘墓的事实，是无需讳言的。在公开叫得很响的“消解主体意识”的声浪中，想能“导向”的意识，是否还该、还能去“导向”，且可放在一边不说。若简单地运用市场游戏规则，用句俗话说："学坏容易学好难"，那么，要求做人清清白白，要点道德约束的这一"元"，一时之间完全可能还没有那黄色的、黑色的、教唆吃喝嫖赌的那一"元"有市场。但，没有失去理智者都明白，这不是竞技的结果，而是世风被严重污染之灾难所该激发的愤恨。于是，人家所认的那一"元"，自然不会听你的令，行你的法，只能为你掘墓而送你躺进墓穴。这决非耸人听闻。我们所以从小到大，从弱到强，到打下天下创建自己的共和国，正是由崇高的理想，人类最先进的思想所武装而不可战胜。强大自身的过程，正是不断战胜形形色色灰色的、平庸的、错误的，乃至敌对思想的战斗历程。一旦它们卷土重来，登堂入室，作争夺思想阵地的殊死搏斗时，若没有彻底唯物主义的胆识，讲"立"不敢"破"，不敢迎对挑衅，别的话，说得再漂亮，也解决不了目前思想战线所面临的严峻形势。

三

现在常讲的"整风式"的思想建设，被有些人诠释为沙龙里神侃海聊的神仙会，即便正襟危坐，像群众所说的那样"认认真真走过场"，相互心照不宣地"肯定成绩"而过关斩将之后，说上一两句自己"政治不够自觉"之类的话，是不可能"整"改其"风"的。整风整风，就是要整整不正之风。解决问题、思想斗争、触到痛处，本身就是一个痛苦的过程。接受群众的批评，更不可能像在小市民情调的嬉笑，在舞场歌厅“演变”得那么舒舒服服。到过戒毒所的人，看到戒毒者毒瘾大发，又叫又滚，鬼哭神嚎的，惨不忍睹。若继续给他毒品，他马上神采飞扬，可让他痛苦一下又有什么不好呢，“老延安”讲到整风自我教育的过程，是有风有雨，有积极的思想政治斗争的。同志们也恰恰是从中转变了观点立场，或曰“更新了观念”的。有问题的弄清了问题，放下了包袱，最后才有大家达到的认识统一，组织上的一致而有一个人心舒畅。不知为什么，目前一讲到“展开斗争”的“斗争”二字，就注定会被误解，或被认为“左”的。不少回忆录和文艺作品，早在少经风雨的后来人面前，将过去的斗争一概描写成对人普遍的伤害，定格在惨无人道的画面上。然而，对那些腐蚀人们之思潮的泛滥，又摆出洋绅士嚷着“费厄泼赖”的派头，这本身恰恰就是一种斗争。

当然，对过去在思想斗争中一些简单粗暴的做法，确实有需要认真总结和切记的教训。可要认真做好明辨是非的“争鸣”，更是“民主”的光辉，怕也不该和真格的“费厄泼赖”相悖。社会主义指导思想的理论基础，就是在同形形色色的，尤其是与对立的思想和理论的争鸣之中形成和发展的。矛盾诸方的同一性和斗争性的规律，在任何一处都无有例外。今日反腐，讲“严治”，若就案办案，连腐败的毒根，错误思潮的清理都不想做，要“立”而不“破”，那就只能纵恶，使腐败的漫延更难遏制。虽然腐败各国都有，我们总不能跟那些所谓“发达”的国家以此去比“发达”吧；我们旗帜上的社会主义，就注定同那腐败也同样发达的社会是根本不同的；长上腐败的毒瘤，正是从那腐败也发达的脓血里传染过来的。同时，也只有以对群众的发动、依靠，成了当家做主的政治保证和体现而有的社会主义，才有我们防腐反腐的长城。惩治刘青山时的廉政清明之风，也是所谓的“发达”国家无法和我们以此相比的发达。

于是，当全国上下所关注的反腐倡廉不尽如人意，成为许多问题的症结时，以隐瞒自己观点为可耻的人民，能不扬起自己的旗帜敢“破”敢“立”么？“为”破“为”立，扶正怯邪，整整坏人，都怕这怕那，那还能“扶”得了“正”，代表得了人民的意愿么？要除恶驱邪，只做行政号召，口喊群众路线，实际上不愿、害怕、拒绝，乃至扑杀群众的监督，还想要腐败份子无藏身之地，怕只能是痴人说梦。要树立正确世界观、价值观，跟邪说论理，有理还气不壮；还怕影响“稳定”，怕引起“争论”，会误时而不怕误国；那建立在“豆腐渣”上的精神大厦之自信，还能叫人民群众放心么。

要真格的“严治”，只能“‘费厄泼赖’应该缓行”。

原载《云南政协报》（2000 年）

市场西服大掉价

西服降价的红绿纸标签上，已在衣铺晃动那低到让人难以相信的数字，然而，凑去看热闹的却很少，更没有人抢去“拣便宜”。有的橱窗，还有“买衬衣，赠西服”的纸标，其中有些什么“讲究”，不得而知，用流行的新闻语言来说，倒“是一道风景”。小时候，听过西方往海里倒牛奶的故事，想来，凄凄惶惶。我国出口一直两位数地往上增长，这自然不是过去西方式的经济萧条。可总是产销不对路，才留给店家这份狼狈。市场经济的市场，就是这样。前些年多爱抖上一身洋装的那股风过去了。虽然它不像女装流行的变化那么大，可这两年，二战前东洋西服加到三、四个扣子，已近大翻领衬衫的式样，实际也是在当时装推销，不用说在西服的故乡西方，影响不了别人，就是在国内，也“火”不起来了。

然而，清明时节，在通往公墓的大路两旁，卖给祭奠烧化的，除了纸扎的高楼和各式现代家电，过去在草纸上打满铜钱式的铁戳的冥钱，都换了印得已可乱真“美钞”，烧给先人的衣服和仆役的穿着，也全是西装革履，这一“观念更新”，叫人大吃一惊。解放前见漫画家画那西装革履、旗袍、烫发、高跟鞋的男女跪着上香求签的景象，是以他们衣着之“现代”与迷信落后的心态作讽刺性的对比。

如今，冥钞的洋化与送去的洋装，再由穿洋装者去烧化，两者的对比，就不是讽刺，而是和谐了。西服的行情，在阴阳两极的反差，倒是相互影响而作出迟到的反映。

本来，豆腐白菜，各有所爱，着装也该这样。除了军服，校服，必须整齐划一，即便在礼仪上，海外华人穿中山装、长袍马褂、西服，其他国家在民族服装和西服上，也随人选择。苏格兰的仪仗队，一直穿着他们的花格子裙子，给人印象特深，并没有什么不好。完全不必要求某种政治化的一统。有个时候有"西服代表开放"之说，选择着装都如此政治化，真是此种中国高官的毛病，它理论之荒谬，认识的幼稚，已不值一驳；但它已是强制服装全盘西化所抡起的政治棍子，还确实有它的影响。说此话者，也少不了要犯政治错误。直到纪念"改革开放"二十周年，电视上竟说，若无"开放"，我们不可能穿西服，这就不知根据什么，又想说明什么了。

由此，想到被许多所谓"开放"型的"学者"极力推崇其"傲骨"的史学家陈寅恪，当他的日记出版后，其中写到开国后一些心情舒畅的情况，硬被那些人指责为"伪造"的，因为它不符"傲骨"者的性格。直到他女儿组织一些知情者一同出面证实，说她父亲确实如此，才没吵（炒）起来。这倒颇似听不得新中国过去也有穿西服者的心态。我们想想，改革开放的总设计师没穿西服就不"开放"了么？穿西服要饭的，中国外国都有，若也与"开放"扯在一起，能是善意的么？抗战胜利后，我所在的一所教会学校，就是联合国救济总署在当地发放救济物资的一个点，看到穷人穿上一些被施济的西服，倍感辛酸。80 年代中，边境涌进大量“难民服”，海关为它带有病菌未经消毒、查获立即销焚，并非它为“西服”之过。至于说到开国后的十七年间人们没得西服穿之说，则完全是想当然。建国初，物价大降，补发工资，男士们大添衣装时，中式对襟衫与西服都受欢迎。在还没有化纤织物与机制服装时，用纯毛料手工制作，在今日已是英国皇室人员到香港置装的要求了。而且机关还动员女同志买花布做“布拉吉”——连衣裙以美化生活呢。十年动乱，一切随着政治生活的不正常而不正常，大家争穿军服，还要洗得泛白的旧军服，实际上也是在当时政治气氛下的一种时尚。若外国媒体说我们从黑色、灰色“毛式服装”（应读作解放前早已有之的“中山装”）中走出来之说，还无法简单地说它是褒是贬，那么，接过老外的话以此政治化地论国运，看似想往那里涂彩，结果是在脸上抹黑。

爱美之心，人皆有之，何谓之美，看法又绝对无法统一，这才有美的丰富多样和“百花齐放”。服装的中装、西服自然有它各自的美，是提供人们着装的选择之一，若为它“开放”成一统，又同老外所讥之的“黑色、灰色”的一统有何区别呢。有人重仪容的修饰，有规范于礼仪的仪表、西装革履；全副武装，有份能展示其风度的气质，应该得到尊重；可孩子们的校服也是西装领带，上学前领带与红领巾的缠在一起，忙不开交，蹦蹦跳跳又不方便；就未必是合理的选择了。

在群众还未脱贫，未能解决温饱的地区，若见西装革履者“鹤立鸡群”并以“公仆”自居地辉煌其中，那就叫人看得更不是滋味，乃至可以从“讲政治”的角度来看它了。国内有相当长的时间，在相当大的范围，穿西服都留着袖上假冒名牌的商标为其虚荣心做浅薄的炫耀之风，已恶心到不能再恶心了；但穿着务实于随意、舒服，偏于它的休闲式，免得拘于正规得近似受礼服之礼的束缚，以摆脱着装上所谓“灰色、黑色”之外的另一种一统成单调的样式，是寻求自我宽松的解放，未必不是一种精神更趋于现代的进步。

为此，买西服的有所减少而大掉价，极为自然。这自然是商家不愿忍受的现实。但，不论怎样的男士，他总得穿衣服，从市场来说，他不穿这就得穿那。制作、销售多种多样，能供他们多样爱好、需要、选择的服装，不正是为制作、销售服装业所带来的一大商机么，应该说，还是好事。

原载《社会写真》940 期（2000. 6. 24）

从于是之演毛主席之所想

由于一篇文章讲到于是之在“文革”中惨遭迫害剃阴阳头时，好心人说他演过好人，演过毛主席这么一个细节，不想，有人质疑：“1966年及之前，毛主席健在，不曾有人在银幕或舞台上扮演过毛主席的形象。”此话刚落，反应强烈，报纸在接下的一期就有许多知情人证实前者确实是有误的证词，争论也就画了句号。由此，却引起我之所想。

照史实的“准确无讹”，于是之确实在“文革”前演过毛主席。

那是1951年以李伯钊为院长的“北京人民艺术剧院”，还不是现在的专业话剧院，下属话剧队、歌剧队，还有军乐队等，是个解放区文工团式的艺术剧院。被圈内人称之“老人艺”。

为纪念建党30周年，20世纪20年代留学苏联已开始文学创作，并参加过长征的院长，写了歌剧《长征》的文学剧本，也是庆祝活动中直接写到党的一段重要历史的重点剧目在“八一”上演。伯钊同志对苏联描写领袖人物的文艺作品很熟悉，也抱着极大的热情精心安排毛主席的形象出现在舞台上。那时话剧队刚演完老舍的《龙须沟》，于是之剧中演的程疯子，为造型需要，脑门上剃去了头发，前额显得很高，有张洗坏了模糊不清的剧照，竟有人说他有点像毛泽东。伯钊同志看了这张洗坏的照片，就指定于是之演他写的毛主席。她除了自己跟毛主席熟，又是当时负责中共办公厅之杨尚昆同志的夫人，提供了包括主席给杨尚昆写的信件等资料给于是之学习。西藏和平解放，班禅及阿沛·阿旺晋美代达赖在中南海向主席献哈达时，为礼仪所需，调去院里的军乐队，于是之也随着到那一截二层楼上，俯瞰主席接待西藏客人的实况。

那时的于是之还不是后来的表演艺术家，还年轻，人生和艺术还处于起步阶段，由张模糊不清的照片而给他扮演这个角色的重任，有它偶然因素。但演好这个角色，确实看到一位后来的表演艺术家在向我们走来；剧作家只给了他在舞台上几分钟的戏，只在第五场写了毛主席与安顺场老乡和强渡大渡河的十八勇士会见的场面。那时，剧院刚刚演过的《王贵与李香香》和这《长征》都是不再搞“话剧加唱”的歌剧。于是之扮演四十二岁，瘦长瘦长的毛泽东，由于当时试验性的“塑性化装术”还不过关，有碍脸部表情，但还是很像。他没有唱段，只有一句台词，正面对着观众鼓励勇士们前进：“同志们，祝你们成功!”然后就是立在河岸目送勇士们远去的背影，化装上除了给人印象特深的大背头，于是之将右手叉在腰间，左手挥手前进的两个很有主席特点的动作，以毛泽东那种特有的神韵表现，真是模仿得惟妙惟肖地表演出来了。一个背影，完全像座主席的塑像。当时，各大媒体介绍《长征》的演出，多选这一背影的剧照。虽然这出以《七律·长征》为序歌而想表现出史诗气魄的歌剧和贺绿汀为它写的音乐都没保留下来，但毛主席的形象是于是之首次搬上舞台，其意义和影响，就不完全是艺术问题了。半个世纪过去，过来人是无法将它忘记的。

80年代初，伯钊同志饱经十年浩劫的磨难后，去看望一位与她同辈的革命老人时，巧逢我在一旁，说到那些造反派严整她的时候，将演了程疯子的于是之又由她指定演毛主席，也是一条亵渎了领袖的“罪行”等有关情况，还是激愤不已。本来，表演艺术家之不凡，就在他演谁像谁，他演过程疯子，又能演好毛主席，正是艺术天才和良心的闪光。至于演了程疯子再演领袖是“亵渎了领袖的‘罪行’”之说，则是与艺术无关的敬神术。那时，虚无主义地对一切都打倒的“造反”，同时又在造神，是很污糟的事。

虽然中共“八大”根据七届二中全会精神重申反对宣传个人，“在文学艺术作品中夸大领导者的作用”，然而大千世界的实际情况往往要比那复杂得多，何况，只是记述性地那么几分钟的过场戏，也无法说它有“夸大领导者的作用”。此事已过半个世纪，由于某种疏忽或受某些条件所限，一时没把它弄清也难免。只要不像某些自视为“大家”者，读者指出其“文化散文”的文化硬伤，反而不屑一顾地说“吹毛求疵”就好。本来，文人的价值不就在于他作品的价值么，“文化散文”已见常识性的文化硬伤，那它散文的“文化”又何在呢，它所给人常识和“文化”的误导，稍有良知，该懂内疚，还有什么可神气，还有什么“大师”架子放不下的。

想到于是之演毛泽东，为了在舞台上露那么一面叫观众感到真实可信，是反复读毛的著作，用毛笔练毛体草书，有时就对着主席的照片看，以加强对角色内心的体验。“文革”中就为追查他进中南海的事，受冲击，写交代。康生竟然为此想到说他是杨尚昆、李伯钊派去窥测毛主席的特务。虽然为此受了不少罪，新时期他仍著文说：“作为一个演员，这次的收获是很大的。”对人生，对艺术的态度，若将前述的作家与之相比，即是人的为人、为文之风，不敢恭维！

原载《湘泉之友》旬报218期（2000.5.30）

“文凭万岁”的背后

实在感谢敬业的电视记者，以他们闪烁智慧的劳动和技能，给我们大开眼界，使我们能看到文凭制假贩假的市场之猖獗。照市场的“现代经济法则”来看，这自然是制假贩假者看准、看好这一市场，才有产销两旺的火爆。任何人花大把钱卖假的绝非傻瓜。钱要用得“立竿见影”，自然得有成套的连环骗术。就从这套已经成功的假冒术也可以想象，以假文凭冒真“知识化”混到干部队伍或用人单位，以后他们还得有整套以假冒真的动作。若以这样的文凭所说明的队伍素质，只能看作又一个造假。

要求干部“知识化”，无疑是为国家现代化之必需。文凭证明一个人受教育的程度，在正常情况下，是可以说明他的知识程度，然而，且不说非正常的情况，仅以“知识化”弄成文凭万岁的做法，也是很可怕的。文凭造假有市场，正是这一做法的直接对应。

然而，前几年有些大学招收“企业家”，或同一些单位名为“合作”，也就是专招该单位学员所办的“硕士班”，不少学员还是在职的什么“长”之类的人物，一周的几节课，是秘书开着小车来代听，考试，则花钱请真格的研究生代考。这样彻底市场化后，既然交了几万学费，到时间自然也就得发文凭。这样的文凭，说它是真的也不假，说它是假的也是大实话。

可是，谁若用它作为干部“革命化、年轻化、知识化”之一化的达标线数以当换取官票的三分之一资本，那么，以这等的假所骗取的真官者，想要他“全心全意为人民服务”，大概也是天方夜谭。这号人要坐在那个位置，最多无非是八面玲珑善于应付的演员罢了。解放前，官宦豪绅家的浪荡公子，还有别于乡下土财主家的子弟，除了要拿文明棍，总要绷个面子弄个文凭招摇，十里洋场的“野鸡”大学是充分满足要求的。只要按时按数交够钱，进不进校园门都无所谓，到年头就发文凭。这种文凭，大概也只合叫“野鸡文凭”。过去那些花花公子，生来“命好”，生来就为吃喝玩乐而活着，在老子的公司里挂个董事、经理之名也不用他麻烦，知情者知他招摇的是野鸡文凭也只当野鸡文凭，为此，无论你去怎么看他，他都活得那么“命好”。可在今日，这“野鸡文凭”要在用心于它并用心于念念有词的“为人民服务”者手上，那他念念有词的“人民”还能不成一道咒语么？如此玩文凭，无非在当前的腐败风中玩得又多出了一道花招。

文凭可以假，道德、人格也假得了么？

前两年，读了《文摘报》选摘的一则报道，终生难忘。它说到有关方面截挡下的一名偷渡者，从有关资料怎么也无法将他此举与某些有犯罪动机的行为联系起来。后来，经他本人交代才清楚，他学成归国不久，凭他在外读的名牌大学和所获的高学位，竟然不受外面高薪诱惑而毅然归国，当即任命为某研究单位的领导。住房分配等等福利待遇，更是充分体现政策。归来者为此有份欣慰之情，也属当然。可是，上任不久，他发现原来那些老研究人员，其知识并非想当然的“老化”，而是比他懂得还多，具有丰富的实践经验，而且很尊重他。这位应该说是有良心的人，当自己在高位却没有比下属更高的水平能领导他们而尴尬时，他为单位的研究项目上不去而感到有负国家对自己的期望而难过。提出辞职再出国，有关领导一再挽留，并检查是否有什么照顾不周而“留”不住人之处，并进一步改善条件和待遇而加倍照顾。如此爱才心切的干部，实在难能可贵。不想，这位有良心的人为此反而加剧了内心的痛苦，并有了偷渡的下策……但，他若不受道德情感的折磨，是另一种人，名利双获，不要白不要，那么，后果不堪设想。然而，就从他读书人的良知看，不仅不能不相信他的文凭是真的，我也相信他肚子里也是有真东西的。

可是，讲“知识化”的知识，若完全轻视书本上的，基础性的理论，与只承认经验是同样错误的。可俗话说：“实践出真知”。真学问，若离开认识同实践的依赖关系，大概也像泡沫经济一样，只该称之为泡沫学问。这位归来者为什么感不到领导也尊敬他属下的下属，那篇报道没有触及这个问题的所在。照我想，下面的研究人员，虽然文凭与学位没有他那么“名牌”，可有了实践的功夫，理论能联系实际的研究就过硬多了。至于从科学研究中的新问题所发展出来的新学科、新观点、新方法，它再“新”，也是从过去的东西所发展而来的，并不是不可知，不可学的。不论什么人，包括过去的人，完全可以从学习中不断调整、丰富、更新自己的知识结构，哪有知识定然老化的问题。这个问题，不论怎么想，怎么说，书面文字怎么界定，最后，都只能看他在实际中解决问题的实际能力。不然，媒体报道那么多很有今日时代特色之事迹的劳模，在先进的进口设备出问题时，从国外请专家来弄了几个月都依然如故，可自学成才的老师傅几天之内就将故障顺利排除，恢复生产的事迹，也同样要是天方夜谭了。这些老师傅虽然没有能提高身价的名牌文凭，但在这样的事实面前，若说他没有“知识”，则绝对是瞎说。要是将“知识化”简单为“文凭化”，这种“瞎说”反而成为一种摆布人之命运的力量，在有中国特色的现实中，价值观念由此带来的混乱，有时就是混淆、颠倒是非的混乱。

无怪有的地方为“尊重知识”给大学毕业的职工加点工资时，一位同志手下的学生有大学文凭符合条件，而在同一大学直接授课的客座教授却得不到他学生所能得到的待遇。因为，他只是自学成才，虽然已受到社会的承认，可人事部门只认文凭。我也相信，人事干部也不是故意为难谁，凭文凭照条条框框操作起来也确实方便，如只图如此的“方便”，原本操作此事的本意也就失去意义了，何需麻烦他等再作此“操作”呢？

文凭是可以假的，不论是制假犯所制的假文凭，还是持有“真”文凭，肚子里的货色却是假的，也无异手持“野鸡文凭”。但，上述没有文凭却修好洋专家没修好的设备的工人，其“知识”却丝毫都假不了。若不将“知识化”被“文凭化”统括，他们就是真正的、知识化的人才。有人说，文科就不像理工科这么“刺刀见红”，这也未必。有一位“企业家”，隔不多久，就换个秘书，碰到我总是摇头：“怎么大学生、研究生竟是这个样子！”想给“企业家”当秘书，自然是比机关学校拿的钱多，可不合老板要求（据说写通知、复信都写不通顺），人家一句话就把你“炒”了。要是进了机关，虽然一再讲要打破铁饭碗，凭文凭对人的“知识”定位，还是吃定了政府。有位同志接受记者的采访见报后，见我怒不可遏：“我说当年在此‘闻一多拍案而起’。怎么成了‘闻一多拍桌子踢板凳’呢？”记者显然不知道毛泽东有“闻一多拍案而起，横眉冷对国民党的手枪，宁可倒下去，不愿屈服”的名言。而将毛泽东“拍案而起”准确、传神、简练的文字之艺术，“通俗化”得荡然无存，并对文字的原意做了不应该的变形。记者如此，还有编辑、主编呢？他们的文凭将他们定位在那里，读者、作者目前又“炒”不了他们的鱿鱼，结果，他等在文凭万岁下的文凭，既是实实在在的坑了他们自己，同时也对“野鸡文凭”和做人做学问之假，来了个很顽固的真保护。

比之这些出尽洋相之类的事来，那些比这等人占有更高位置，以无知而无畏，靠胆大而妄为，在他们的权力范围内所造成某些决策性的失误和损失，也正是那位有良心的学者所担心以后自己良心所无法承受的后果。它，本是不说清、不道明的公开秘密，并引起普遍关注和思考的问题。但他们的文凭还不可能是街头买的假文凭，可真文凭办不了真事的遗憾，问题虽然各不相同，但相同的是，凭一纸文凭定位其“知识”的文凭主义，又不能不使许多完全不同的、完全可以避免的问题，都同样要暴露出来。

文凭主义，要贻害到何时？

文凭主义，可以休矣！

近日，媒体传出文凭制假贩假市场又有活跃之势，如干部、组织部门在具体要求职工“知识化”的路线之实际操作上，若不能消解“文凭万岁”的观念，那么，文凭的制假贩假不仅无法杜绝，倒是它市场火暴的直接基础。就是一些为拿真文凭者，也容易为此难以甘于寂寞，案前的浮躁，易使其知识泡沫化，或使其功夫在知识外。结果，文凭能说明的，恰恰是它不该说明的，想以此用来标明队伍素质者，恰恰是他自身素质问题的大曝光。

伟大诗人有诗句“纸船明烛照天烧”以送瘟神，我等是否也该烧烧纸钱，送送新的歪风邪气呢?!

原载《文化广场》927期（2000.5.24）

重识读书人的"书"

"以权谋私"，已是听得、看得、也恨得咬牙之事。初听"以文谋私"之说，颇为新鲜，细想，能"谋私"之"文"，总是与权勾扯着的。常听文化长官们说他守的是"清水衙门"，有的，是以此叫苦，想取得更多的支持，有的，尤其在"反腐倡廉"时老把它吊在嘴边，别人就未必会看作他"不沾腐"的保护色了。

其实，不论名为"群众团体"的是否"清水"，既当"衙门"，乐坐"衙门"，那么，多大的"衙门"就有多大的财权、人事权，这里我提拔你儿子，那里你破格重用我老婆，乃至远到他老子用权给某某政治上大开方便之门，某某又"处理"豪华轿车"卖"（是"处理"，是"卖"）给他儿子，象征性地给几个钱，钱货两清，似蛮"清白"，比送烟拿酒，实惠万倍。事在文化单位，还是权权、权钱交易。"衙门"并不以它挂的"文化"牌便"清水"，还要看是什么人，是怎样坐"衙门"。而"以文谋私"，既以"文"作手段，总得有"文"，也该"干净"些，但为谋私，绝难"干净"。

本来，如为大款、海外"名人"立"传"人家送别墅，给多少钱，都不是别人该管的。可用其"文"涂脂抹粉，以"艺术虚构"树"碑"，已无异于卖假药假酒。虽然真正的艺术并不像一般商品那么容易定价，也不是完全没个客观标准。“狗扒屎”样的字，并不会因为你在那个位子上，有人出高价捧场买字，别人就当你是大书法家；四张并不怎样的图片，稿费反常的给到天价九万，大家就更好看清各有所图，所开之价，正好说明它不是作品本身的价值。正像报上整版叫好的书，人们多半不敢对它有所企望一样，是它乃不正常的“炒”作，对于没失去理智的人，只能冷眼以对。因为，不论叫“赞助”或“合作”，版面是可买的，评论的调门，也是可以用红包的分量调整的。出版部门的个别头头为凸显“业绩”请人制造舆论，把从孩子教科书上赚来的钱是花得很开心的。有卖有买，大捞好处。听一位文化官员感叹：“为几百块钱就能这么糟蹋自己吗?”其实，谁都不傻，各有算盘。有本书在当地“研讨”，只送一百，京都请“大牌”，不叫“红包”，是“车马费”，就已上千，是教授一月的正薪。请去好吃好喝，坐在沙发上不负责任的说上十几分钟，还是蛮划算。可人家奔向“大牌”，是要用其“权威”之“权”而来。如此使嘴使笔，与“当官做老爷”的滥用权利的不会两样。最后，其“文”值几文，其人值几文，谁都不糊涂。然而，在事事都讲经济效益之时，要“文化搭台，经济唱戏”的地方并不少，为旅游、为海外人士寻根、投资等等所需之“文化”，有的很小，乃至很穷的地方编《志》出书，也成了出版之中的一“热”，是很懂“文化”对发展“经济”之潜力。

近日，有本地方志，竟有连党员都不是的人印在某文艺单位党组名单的咄咄怪事，说声工作不细，没查档案落实是说不过去的。一本志史的工具书，如此一来，已完全丧失其功能，还出版它干什么，若为它所为之“书”之外的需要而硬要出版，那也只是贩假卖假的勾当。要是遇上写“文化散文”的名人“到此一游”，也为其散文中的“文化”之所需，从《志》上恰恰抄到类似的错处，而这种散文还畅销，以错传错，谬误广传，那么，其标示的“文化”，不成了扮演这种“名人”身旁的“三陪”角色，成为对“文化”的糟蹋么？不想，接着，当地《小百科》连跨现、当代的名家都“失踪”，虽然也找了个把正派人当陪衬，全是褒者称“几大金刚”，贬者称“几人帮”者独耍当代文学之历史。圈内人已见怪不怪，老同志为此等篡改历史之事严肃提出后，自然得认真思考。若就这一小圈子论他等的作品，他们还有比自己在这“史”上写乱伦、猎奇之作还稍干净点的东西，偏偏人家对此情有独钟，可说的话也就多了。经问清，志书与《小百科》有关部分操持捉刀的全是一伙。不愿受写作的寂寞和艰辛，而以这样的聪明想彪炳千秋，自然是“聪明”到幼稚可笑的程度。若说，此为“以文谋私”，那文权落入此等之手的教训，更当切记。有人说，只当它是“文革”中的“大字报”，哪有正经人信它的？此话不假，无声的轻蔑，比之“红卫兵”的敲锣打鼓更坚实有力。可那写黑了一页历史的大字报，信不信，都不能忘记它误导人们陷进历史挫折的影响。其遗风在这样的书上，虽属个别，但同假药假酒一样，还是有它的商品市场，不消毒，必然加倍膨胀。污染开来，这样的“书”多了，它也可以用豪华的包装招摇书市，可用正常人的眼光看它，它还叫书么？

原载《杂文报》1158 期（2000. 1. 14）

小议“公正”与“权威”

偶尔遇到一位老同志，见他劝解写得太累而病倒的老战友道：“何苦呢，你再写，也写不成托尔斯泰，就是写出《战争与和平》，现在这些评论家也会为它不合‘朕’意而不屑一顾的，更不用想上什么‘经典’什么‘榜’的!”看来，有几分调侃，又何尝不是对目前文艺价值取向的叹息和无奈?

近年，不知是股什么风，海内海外，评论中国现代文学的“经典”、排行、推荐、评奖所张的“榜”之多、之繁、一级强似一级，大有非叫众生折服于它要刮起的龙卷风不可之势。后来者，赶时髦的浮躁，早将该做学问的功夫冲淡了。然而，读者从开始为之新鲜、为之惊奇、为之对它的“公正”出现截然不同态度之所喜所怒而来的热闹，到此项操持者乐此不疲而折腾得人们的喜怒也疲倦得对它毫无兴趣时，据书店的同志说，这类书，当中除了“五四”后早有口碑的，别的，开初很好买，渐渐，读者对它已由“不相信”而产生了明显的逆反心理，书也严重压库。由此，搞了那多“榜”，绝少权威，值得反思的东西就多了。

报载某位主持人的讲话是：“公正和权威都只能是相对的。世界上有影响的诺贝尔文学奖也只是少数人在操持。”此话不假。文学艺术是社会意识形态的一种，又是和伦理道德等其他社会意识形态相互渗透的东西。于是，你看的“公正”未必就是他看的“公正”，没有“公正”，也就没有“权威”。但，不论谁“操持”，尤其在社会主义国家，能否“操持”得反映出大多读者的意愿呢，否则，也无“公正”和“权威”可言。有人，以中国文学是否能入诺贝尔奖作为她发展的标尺。但，鲁迅就不同意别人对他提名的“操持”，后来更有萨特（J. – P Sartre 1905 ~ 1980）拒领此奖的轰动事件，就是好莱坞影星斯考特拒领奥斯卡奖之举，也颇有他饰演的巴顿将军之风。这些拒领奖者之所为，不知是否留有他们为此而作的声明，但对这些被看作“权威”的奖项，这些人所以会对它如此，不同样是从另一面对它“公正”的否定么？

有位细心认真的读者，为对各项“榜”上的“经典”“心里没底”，查了多种辞书，在《中华读书报》说出他的看法，“《辞海》说得最具代表性：一定的时代，一定的阶级认为最重要的，有指导作用的著作”方谓“经典”，不同的制度，不同的社会，都只能这样。可是，它在现实之中为各种“操持”的结果，正如上述那位读者所感受的，是一片混乱，大失所望。

在现存的社会秩序中，既然强调“决不能搞指导思想上的多元化”，而多年所说的“多元”也不是那么容易听你的“一元”可了事时，其中不论还有多少问题，有个标准出来，才好认定此标准行事，那么，“最重要的，有指导作用的著作”的选拔，就好办些。天平公正，自然权威。然而，既然要坚持什么，自然就不可能不同意或反对什么，无法能让个个都说“公正”。

在一提到“一定阶级”的“阶级”，就有“以阶级斗争为纲”之嫌时，谁也无法否认我们四周仍有代表各自不同利益的人群或曰阶层的这一现实，为此，对同一部作品往往会有截然不同的看法，以及为照顾各方以示“公正”所凑成大杂烩似的大拼盘之“榜”而弄得左右不是的局面，也就毫不为怪。要推出有“指导作用的著作”之导向，其指导思想之一元，若被弄成单一的思想政治要求，被运作为舆论一律和艺术模式的单一，将作品本需化为艺术的思想，为趋时应景，成图解、配合之需要，还想作为“思想性”的金牌扛来唬人，那样，实为庸浴社会学招魂，也就难怪文艺上的各种邪说怪论乘虚而入，并膨胀了文艺上的邪教邪法了。

古人道：“一元者，太始也。”哲学上是指将世界归结为一种本原的学说。以完整、彻底的唯物史观看大千世界，丰富多彩，繁芜杂沓，无法单一，是艺术多样化的土壤。将万千现象归结为本原之本原，更是艺术的典型化所认识事物的本质之根本，这倒是可以产生“经典”的基础。然而，这些年，大报大刊上，文艺多元化的叫嚷不绝于耳，绝非秘密。这“多元”与“多样”的一字之易，不仅消解指导思想，带来价值取向和艺术观念的，也只能是混乱。若没一个共同认同的标准，并有保证认真贯彻而无法在其中营私贩私的措施，又叫别人用什么来承认你的“公正”与“权威”呢？无怪被认作为“旧文化续命的言情小说与武侠小说”列为“经典”自然是“操持”人以此以示他举着“开放”的旗帜；然而，语言艺术的语言，连基本的通达都做不到，又何来其艺术？不是真善美，而是假恶丑的贩卖，就更是亵渎艺术、反艺术的恶劣行径，但抬上“榜”去，也可成为鼓励“创新”的姿态。过去，不同，乃至对立的意识形态之间，总是你拥护我就反对，具体问题不作具体分析的简单化，自然会出问题。但走到另一极端，人家放个屁都当圣旨，而这种人往往还是颇有能量的角色，他等以此完全取代现有“一元论”的价值观，还难如意，但它的非一般的影响、干扰，又哪能掉以轻心？在这种情况下，若价值取向还不能与广大读者取得相近的认识，真有《战争与和平》，人家不屑一顾也完全可能。为此，是否还需要那么浮躁地“操持”这些活动呢？“操持”者是否需要调整调整自己的认识和心态呢？否则，不论出于多好的心愿，想以此能“公正”而“权威”，就太不实际。

知情者明白，现在一部作品要争到评奖、调演等上“榜”之事，仅以“铺路”、“打前站”的费用，比作品制作的精力、物力就不知要高出多少倍了。有的，颁奖的同时，报上就有花边新闻侃“内幕”，我见有项地方文艺评奖，还没开评，大家就知道头奖定属某某地区。事实果然如此，而且届届如此。问原因，是负责评奖的乃该地区人士。听来真是哭笑不得。有个按我们中国特色，为主办单位的级别也属高规格的一个什么第“一”的“榜”，刚放“榜”，有位人物公开对着作品所反映的该民族地区的有关人士讲：“××上榜，是我给×××去了电话的！”本民族干部对此书有意见，也是用高级“公关”来“摆平”。可

“摆平”哪能“摆正”？更甚者，是海外的“小说百强”，一张榜，就有人瞎吹瞎“炒”，直到海外媒体揭出榜上不止一部反华反共作品才让这些人闭上嘴巴。此“百强”大陆“炒”作时，竟有意排漏为之保密的“政治预言”《黄祸》（是书名太暴露了吧！），但大陆评委对此也未公开（暗箱操作是另一回事）表态而被“质疑”时，我眼前只有问号。他等拿着丰厚“评审酬金”的洋钱，确实是钱，若与那些反华反共之作合污，到入此“强”又价值几何呢？这么折腾，又怎能“权威”呢？事实上，有些部门、地区，那习惯于此的“操持”者，早把它当作一项产业活动，停不下来，否则，有人要为此受损其利。若经济的市场化在文化领域已渗透到这个地步，以上所说，就完全是多余的话了。无怪某些奖项的获得，有时不仅不被视为荣誉，反而成为窃笑的对象！

原载 2000 年 5 月 2 日《人民日报》

《文学报》1149 期（2000. 6. 22）（修订稿）

艾滋病的摇滚

车行滇道，来客问道："听说这里吸毒的、患艾滋病的、像摇滚乐一样滚得热闹！"一时，我无法对答。这一带艾滋病患者多是从吸毒染上的。可是，"著名"歌星毒瘾患发，倒在南京、北京的报道，已说明这绝非某地的"土特产"；一部纪录片《中华之剑》报道缉毒干警流血牺牲于他们未竟事业之壮烈所告诉我们的：缉毒之路，今后也不可能平坦！因为地缘关系，边境一带已成为国际贩毒的暗道，虽然贩毒者绝不吸毒，可首当其冲的贩毒道上，又哪能有完全免受其害者？这吸毒、艾滋病，一黄一黑，细说学理，咱外行，但贪图享乐者，黑的、黄的齐来，多多益善，也属必然。而且，毒源、病源都是外来的！

从缉毒干警用生命都堵不绝境外涌来的毒源之势来看，其入侵之凶猛、斗争之激烈的同时，还不能不看到它有时却堂而皇之地长驱直入的现实。随着出外"考察"人员之多、之杂，有人回来传达"考察"之所见所闻而讲的"现代化"，也只是对当地有钱人红灯绿酒、纸醉金迷的生活方式说得口沫四溅的迷醉，仿佛酒、色、财、气随之俱来。"现代化"在他看来，就是各色现代享受的花花世界，就是"西化"，七转八拐的，好似殖民化了也就"现代化"了。气得工人说："这号人，拿块汪精卫的灵牌给他当祖宗祭好了。”

由此，想到香港就有媒体传出，说有人从外往回走时，检查到带有艾滋病毒而不准过境，哪里来还得哪里去的消息；也见到有人出入色情场所，发现追踪“大陆佬”的记者，忙用弯着的肘子挡着脸孔的照片……在这类人当中，有能耐的，还不屑干这档子事，出外一趟的秘密交易，像已经曝光的武汉那个厂长似的，大笔公款已经转到外国银行的个人户头，或是回扣在递增存款数字，随之，子女出洋也就是立即取得正式手续的洋人。同时，这号人还念念不忘的赞赏别人对“三陪”、暗娼也称“小姐”的“文明”。对于自身被酒色财气所膨胀而迸发的综合精神艾滋病者，既是乐得此病，所以讳疾忌医的狂态，更是病入膏肓的绝症。

本来，大千世界，千奇百怪，有点这样的人，实不为怪，在讲自由、讲人权时，道路选择，也该听便。可怪就怪在他又不愿放弃这与他所追求的格格不入的社会而去，反而抓牢党票，要当社会主义的官，尽量利用手中的权，在自身所在的组织结构中，来营造能满足其私欲的“天堂”。这号人，在经济大潮以其一定的负面影响，夹带各色诱惑的潮头给他的“洗礼”之下，洗花了的眼，洗花了的心，是拼命摆脱组织和群众的监督，是原则不顾，自行其是，为一己之私利，为腐化的痛快，是不择手段地索取、腐败、堕落。他等，最初也不一定那么自觉，然而，由此中得到的“甜头”而求巩固、发展此种生存方式时，手中的权力也只能越来越自觉地为其异己、背叛的目的服务。

这，就不能不成为对社会安定、制度巩固的莫大隐患与危害了。

“卑贱者最聪明”，那号人眼都不扫的基本群众，算是“小人物”吧，却是非分明地看在眼里。但，他们的忧心要是也能立竿见影的管用，那么，中央也就无需对那些明知有问题反而得到提拔重用的干部，提出不仅要对他本人，还要对其背景予以清查了。虽然我们常说好人是多的，可在一定的气候条件下，好人在受气，也是很深刻、尖锐地在提出它的问题。群众之中流行的顺口溜道：“年轻是个宝，文凭不能少，关系最重要，领导家常跑。”还说：“光跑不送，跑也无用，不跑不送，不可任用；又跑又送，提拔重用!”其中，“年轻”、“文凭”，在现代化建设中是对干部必要的条件。但目前，除了“年轻”算个硬条件，可改年龄，改得一年比一年小的也不少。“文凭”也是可以变相买到的。我就看到，有请年轻的“企业家”交三万，上两年“博士班”的招生函。叫秘书代听课，花钱请研究生代考的干部也是有的。其他的“跑”呀“送”呀，那就更是透顶的腐败了。比起常提的公款吃喝之风来，用人提干上的腐败，才是众多腐败现象之中的要害，是腐败中的腐败。那些人的精神“艾滋病”之病毒，也是靠腐败的土壤而繁衍，并似摇滚乐那样摇滚着流行。

对吸毒，迄今无传染之说，若有决心，还能戒除。可“艾滋病”，只要有一个病例，就会几何级数式地翻升。得病的，在他寻乐纵欲的过程，就是传播病毒的大好时机。干部若不腐败，绝对无法染上。前几年，《参考消息》上有则外电，说一个美国人知道自己的艾滋病到了终期，就到中国南方几个城市寻其末日的欢乐，最后倒在昆明。急往回送，香港转机，当局自然不让他进机场。临死前，不知是忏悔还是得意，说出各地与他同乐，满足了他肉欲的异性，也是个吓人的人头数字。据此去查证落实，自然徒劳。哪个女人也不会自供与“老外”睡觉的意图和事实。那时，病房虽然十分紧张，有人情愿睡过道，也不愿搬进那间“老外”曾住过的，乃至与他隔邻的高干病房。这些很体面的人，此时的畏惧心理，很好理解，也有几分可笑，谈此色变的神情，尤为令人深思。就是不在场的许许多多的，人前也是很体面的干部，若见此情，也不是完全都能摆脱此种心态的。他们，不论是严于律己的，还是精神与“艾滋病”同病相怜者，在目前还无因遗传得此病的病例之前，可以肯定，它都是随腐败而来的。“艾滋病”，原为 AIDS 的译音，有人巧用方块字，试将音、意合一，写为，“爱资病”，也是智慧的闪光。这一“资”字，借用于此，当然只应专指腐朽、荒淫的生活方式而言，我们干部若都能以身作则，不耻自责，扎扎实实落实各项有关防腐倡廉的措施，此病也就会少去许多传毒的土壤。本来，在他们那个位置上，是可以为此做不少工作的，不然，患上此病，就是在寻其最后的欢乐时，加速、扩大其病毒，也是自己要死时，还得拉上一串垫背的随之而去。先前的英雄说得好：“同志，我是爱你们的，你们可要警惕啊！”

《采风》周报二期（1999. 11. 11）

小偷与大盗

近日，偶尔翻到几张旧报，读来感慨万千，苦思苦叹。

有则报道，说该市副市长，也是原副书记调离时，千万市民挥泪送别，有的还跪在政府门前，希望能把他留下。干部在群众中能有这样的威信，真是为公仆者是个真正的公仆。然而，所以要调离他，却是他在那道衙门无法待下去，在代表会上落选了。群众拥戴的好人落选，是有人操纵选举。操纵者要把他不顺眼的好人选掉，选上的，不说个个，大多还是要能体现操纵者的意志者才行，那，又能是什么人呢？想想，也够呛。可是，这样的选举还得说它符合组织程序。得让人家在门前挂上红旗做他的招牌，而里面在卖什么药，就只有天知道了。社会主义民主，已被这种人偷梁换柱，弄得面目全非。同时，看电视也曾报道过山西农村乡霸操纵选举而搞家天下的事，省委不仅及时处分了有关人员，而且当众宣称：这不是真正的共产党干的，真共产党就是要泾渭分明地把冒牌货揪出来示众，不能让他等冒共产党、社会主义之名干坏事，亵渎我们的旗帜和事业。这一说，抓住了要害。这些年，打假打假，千假万假，千害万害，不都假在、害在这些家伙所冒得而被搞假了的牌子上么？

近日，看到真是冒着被“飞斧砍死，在天高皇帝远的地方最后会连尸骨都找不到”之险的中央电视台的工作人员，用尽心机，将雅洪地区从上到下串通一气，顶风违法，有预谋、有组织地进行毁灭性的大面积的盗伐天然林的恶性事件，偷偷抢拍下来，将那海盗式的盗伐场景——曝光。国务院支持、表扬了这种舆论监督作用的同时，一位当时通风给电视台叫他们赶紧逃走的副书记却被说有“经济问题”逮捕，另位协助了工作的教授，也因恐吓电话不断而流离在外……至于那些“老老实实”接受国务院批评的地方长官，在听上级的话之背后所为，肯定不是真正的共产党能干出的事。

这类事，三令五申，屡禁不绝，愈演愈烈，怕也是不分对象地讲“宽容”、“宽厚”、“宽松”的讲错了对象，反而使那些“假冒伪劣”在宽厚的保护下依然潇洒，使老百姓对“真”的也不得不持怀疑态度。后果如何，可想而知。我身边就有这么一件事：几位文化人在风景区审稿，竟然碰到一位“三陪”从温泉单间鸳鸯池里拉出一个衣裤还来不及扣的半老头去见女老板，年轻轻的“三陪”，一身江湖气，当众大吼：“他拿老娘取乐的卖身钱都不兑现给现款，说要记账(嗦)!”随着吼声一看，那半老头竟是大家都知道的某校常务副校长。叫一个个都无法相信自己的眼睛。不久，只听说此人挪了个窝，平调到另一单位去当首长了。为的还不是这类“生活细节”，是有什么别的麻烦事，不得而知。但，仅就这样的“细节”看，在资本主义社会，为官者还不是嫖娼要“记账”，从国库里偷出点钱干这种烂事的“公款消费”。只要有绯闻，也得身败名裂，被轰下台，受到弹劾。而这位先生，咱们也不是非要断了他的生活出路，虽然实权有所削弱，平调怕还不算处分。如此叫他依然故我，自然是受到“宽厚”的保护之故。这，对于我们凡是见过搞“无情打击”的，都会同意对干部要“宽容”、“宽厚”。然而，“宽容”，要搞成纵恶纳污，那么，群众对“假冒伪劣”的义愤之所指，就不是向着它本身来了。尤其中央一再擂响反腐的战鼓时，落实到有些具体单位要动真格时，就有怕影响“安定团结”的怪论出笼。若我们的“安定团结”，是没有人敢动恶官污吏的“和美”空气，那么，这种“安定”不仅脆弱，还是为“安定”埋下的定时炸弹。

君不见，时下无论公布多大的，原想会震动一番的要案大案，不想人家都看得稀松，松松垮垮地说：“当有多大的事呢？不就是受点礼吗？县里、省里、小到区上镇上的官儿，哪个也不会少于他！”相比当年杀刘青山时，干部写私信绝不会用一张公笺之律己的严厉，已被看作不可信的神话，对此，有时还得被骂为“傻帽”呢。君不见外籍企业家回到故土，本想投资兴乡尽点力量，可一想到自己所见的父母官的公子在国外挥金如土，故而表明自己不敢投这个资，怕所投下的钱，七转八拐的到了花花公子的口袋，不仅无益故乡，反是造孽……似这样的话，听得人的心都要凉半截！

只说法治就能把这些问题解决，可目前我们也不是没有惩腐的法呀，而且见国外有学者说，法治也得人治，执法还是人。为此，恐怕也就不能等法治的条件完全成熟而从天降福，还是要从管党、管人下手。对此，强调正面教育有其必要，说“榜样的力量无穷”，那也得看人家是否愿以你所认定的榜样为榜样。说不定，人家还要反其道而行呢。我看过有位严于律己的干部，平日单车代步，乃至以步代车，他告我，才买一辆单车又丢了，在不长的时间内，这是丢失的第三辆。在那地区，他是一把手，大院前后有门卫，昼夜值班，每户配有现代电子门锁。楼里丢车，自然有贼，可我绝不相信是个贪点小财的小偷小摸之所为。同志生活俭朴，有空就到群众之中走走。平日，附近路近，走路也当锻炼身体，同时，小车往群众门口一停，也难深入下去。此时，以步代车，绝非矫情。由此，丝毫也不想否认先进的交通工具造福于人类的意义，以及领导、机关配备用车的必要性。当长江抗洪救灾之日，高原城市为夏日暴雨也有短时积水，当天，市内红红火火地传遍一则小故事：说当天领导机关的大院内，所积之水，穿了雨鞋也是可以在路面走的。可那多干部，不见小车，寸步不挪。望望隔院的办公楼，格外潇洒。这位同志，蹬上单车，从积水的路面，并不惊险，也不艰难的就去办公了。此事，无需查证，即使是则民间传说，也是老百姓希望有这样的好官。可这位同志初调来时，就盛传有他的同事拦路质问："你这么搞，叫我们怎么办?"言下之意，谁都不傻。可这位同志就是这个样子，群众有口皆碑。升为一把手后，自然也没人有胆子拦路质问。可对他无中生有的谣言，时有所闻，大有不拉他同流，便誓不罢休之势。由此，想到偷车之贼，我是毫不怀疑就在这类人之中。嫖娼记账之类的事，对他等真是小菜一碟。这种人，将我们的好传统、好作风，连同记账嫖娼的经济，一同偷去毁了，使我们的政权大厦落基在沙滩上，时机成熟，叫你自行解体才有他的戏唱呢。他等自然看不起一辆单车，可正气对他邪气的威胁而定要除它之恨，叫这种大贼也会小偷小摸的干几回，真是大材小用。不过，不论从经济或精神上，只要能将这社会主义掏空，人家是不在乎这个的，是大处小处齐下手。要是气候、条件统统成熟，要窃国，未必比袁世凯干得逊色。

这绝非危言耸听。近日，为纪念三中全会20周年，电视上常出现公审“四人帮”的镜头。罪在“篡党夺权”。可现在多少大大小小的个人王国，还不用篡夺，大权就符合组织程序的握在手上。而且，他等爱唱五七年非常耳熟的调子：他在这个位置上，他就代表党。可他干的，不仅不像共产党人干的，恰恰还是在反对党的原则而行，在群众中形成的恶劣影响，正是要扮演给我们政权掘墓的角色。仅仅说他等之所为“影响了党在人民群众之中的威信”，那倒是把他们的劣迹包揽到自己名下，给自己脸上抹黑。群众自然为此对我们感情疏离。

本来，“四人帮”不就是明明反红旗还打着红旗么？对贪官污吏，要不揭去他的假象，不能遵中央指示：手不能软，让他们假假真真地混在当中，还打着红旗招摇，那么，群众看着我们的旗帜，能够依然鲜艳，还是他们心中原有意义的旗帜么？上级，自然是狠下决心，才提出警告，如不能彻底反腐，是要亡党亡国！可是。即使这样，在不少大小个人王国里，还是你说你的，为此，我们对这个问题，又能不再想想么？

原载《中流》112期（1999.4.12）

苦味的糖

新服一剂偏方汤药，由于加多了红糖，苦难入口，糖吃出苦味，说怪，也不怪，本是调味、提味的味精，过量，入口也是苦的，是物极，都必反吧。

如空调，冬暖夏凉，为人免去酷暑严寒之苦，不能不说它是个好玩意儿。可是，长年惯于生活在空调的恒温中，一走出自己生活的恒温区，就既怕寒也经不住暑，抗疫能力日益下降而害“空调病”。同时空调排出的废气和噪音，也是对环境的污染。这些包括“空调病”在内的，所泛称的“现代病”，自然与现代物质文明与生活方式有关。最近，专家告诫人们：“汉堡包等外国快餐食品，是高热量、高脂肪、高蛋白质食品，经常食用，容易诱发高血压、糖尿病和心脏病等‘文明病’”。就是很方便的“大哥大”，十几年前在海外大兴之时，有人就为它干扰了空中的频道而忧，更被它为作案提供方便，为破案增加困难，公开呼吁不要盲目发展。更不可以像我们某些电讯部门，将它的发展作为一个地区发展的标志。记得，抗战胜利后，大量涌入市场的进口“玻璃”皮鞋、皮包、雨衣等等，是与黄金等价的，它红红绿绿透明发光地撩乱了多少入时者的心啊。时至今日，它已成为最便宜、最方便，广泛运用到可作任何包装的塑料袋时，尽管人们也知道它带来“白色污染”的危害，又终归为它的便宜和带来的方便而对它抑制不力。它，不像核，既有原子弹狰狞的面目，又有转动家电的微笑，也不像我听说的一位守法致富的个体户，平日还规劝与他一道长大而不务正业的伙伴莫要吸毒，可是在一次胃痛难忍时，他那伙计给了他本来就可以当药镇痛的烟土吞服，不仅立即生效，更能乐在其中。之后，也就那样把他“乐”完了。由此，也不能否认大烟小吗啡的药物作用，但它一旦在对人的迷幻之中成为人的享乐追求，也正是自杀，是当代某种“愚乐”中的堕落。这种“愚乐”，包括嫖娼，即便不叫自杀，也是将对女人的占有与凌辱作他消费的垃圾，真是伤天害理。虽然迷幻其中者也不管其利害，但知其利害的又毕竟是多数。然而，诸如“白色污染”、汽车、空调、工业用水的排污等等，由此，尽管可以由媒体发出空气品质不好，劝告不要外出，发出城市死于癌症的比例在加剧上升的警告，以及破坏生态，贻害子孙后代的灾难，似乎说得太恐怖，可也并非遥远的危机，对于只顾眼前，甚至到眼前也不顾，考虑得太“现实”，又无视自己这样恰恰是给“现实”埋下定时炸弹之所为，还不是自杀么？

人，认识到穿纯棉比穿别的好，住平房比高楼好，吃粗粮比细粮好，骑单车比坐汽车好，外国有的城市甚至不让私人汽车上街等等，无疑都是一个非常非常的进步。但若没有汽车，没有高楼，只有牧歌，又是现代人之幸么？随着科技的发达，人类的进步，生活改善可触可见的光彩常常闪烁于物质文明时，任谁也不可能再回到自耕自织的原始封闭状态中去。可是，要是又走到另一极端，当科技造福于人的成果应用于日常生活时，已看到它某些负面效应，又不抓紧以科技治理，只顾物质财富的追逐、占有，反而弄到致害于己，精神于浮世的迷醉之中消磨、耗蚀到赤贫的程度。同时，物欲、私欲的膨胀，享乐到“愚乐”的糜烂，又必然污染这个时代应有的精神文明，那么，它与自然生态所遭受的破坏，也正双管齐下地对我们生存环境亮出了红灯。

孔老夫子对《诗经·关雎》有过“乐而不淫”的评语。淫者，过度也。一切的一切，“乐”到过“度”，乐极生悲，都是自杀。无怪那多越是能够享受现代物质“文明”，同时又畏悚荒芜其心灵与文化的人，越是向往山野、丛林，甚至上山开荒去过原始公社式的生活。对此，不论宗教界怎么说它是“世界末日”的必然，其实，无非都是对某种“现代”的逃避，或曰叛逆。

可是，人们又只能如此逃避，或以生活的倒退而为之“叛逆”么?

于是，前人所说的“安贫”之“贫”，若相对于豪夺又暴殄天物，只顾享受到“愚乐”者之“富”来讲，自然就不能看作缺衣少食、穷困潦倒之“贫”，淡泊自守也就并非无志，而是相对于追利胀欲、贪婪无耻者的另一种精神境界了。“新三年，旧三年，缝缝补补又三年”的年代早已过去，在繁荣市场之际，叫人恪守苦行僧式的生活方式，也很不合时宜。但，对于去得容易是来得容易，贪物玩物，肆无忌惮，不顾后果的，我们看到的，固然是是有为其

“愚”而如此者，但更多的，并有他很大负面影响者，还是前人说到有“爵邑俸禄”，靠“弄法作奸”而“奸富”或称为“浊富”的。他们多以“声色之好”、“身安逸乐”在物质与心灵双重溃疡之中而追求金与权的拥有和接合时，这“浊富”之“浊”，是不如“清贫”之“清”的。这“清”，自有一贫如洗之“清”，也未尝不是心无污浊的透明纯净。茅屋为秋风所破的杜甫，祈望天下寒士有广厦万间之心，于清澈而显出空阔之处，其精神拥有的天地是多么富有啊！

唯物主义是坚信物质是第一性的，科技造福于人而创造出新的物，更是丑小鸭里飞出的白天鹅。但，一个人要成了拜物教徒，贪物玩物于道德、人格、法纪不顾，就更不可能顾及生态了，玩得一个人之所以谓之“人”的一点东西也玩干净了，那么，那物又是什么物呢？

由此，我想到那红糖，本是很甜的，可是，有时还偏偏可以从它吃出苦味来……

原载《金沙江文艺》双月刊百期纪念号（1997.5.15）

垃圾与良知的试金石

一则是偷偷输进的“洋垃圾”，一则昆明旅游单位为“擦亮珠峰”上山捡垃圾的新闻，都特引人深思。

解放前，街巷的墙、杆上总有许多小红纸条，张贴它的人指望行人念念上面顺口溜似的咒语，就有“魔法”，可以把他家的病祸等不幸给“卖”出去。这种迷信的“买”或“卖”，也得就具体情况而说。这倒像那些被“引进”到国内的“洋垃圾”，人家确是用“魔”之“法”卖出它的灾祸的。有人说那“洋垃圾”“弄来能值几个钱，有谁要呀？还不值运费呢？”看来，这号“经济脑袋”还是蛮灵，他要知道这“洋垃圾”不仅无须算运费，反而要在你接受之后以吨计价送钱来，怕就要肯定这买卖是可以干的。

垃圾，顾名思义，是指被倾弃的污秽废物。《庄子·天地》“殆哉圾天下”之“圾”字是解作“危险”，在今日，也更可以读出此字的分量。

过去，下到农村，不仅厕所、厩房的人畜粪便更是上好的农家肥，拣剩下的菜叶扒在槽里也是猪“拱食”之食。就是屋里扫出些与尘土混在一道的杂物，倒在屋前的树根下，里面任何一点还有用的东西，鸡都会刨出来啄食，剩下的尘土留在树下，回归大地，好像就没有什么垃圾似的。可是到了城里，尤其是有人高叫“高消费”的时候，这垃圾也就随消费之“高”一道升“高”，日以为患了。在四处大建的居民小区，参观过几处被认为非常“现代化”的设计：每屋梯口都有一个倒垃圾的道口，即便能做到口盖严密，也同样是蚊蝇滋生的天堂，有时还窜出小肥兔似的老鼠，这就更不是目前有能力为居民生活之“现代”而要的“现代”设计了。由此，它带来有碍健康与环境污染之害，人人皆知。但比起工业，以至于核垃圾废料来，又真是小巫比大巫了。随着有些并没有处污设置的工厂之设计与建造，它也是在求高速发展时不容忽视的，也是个个睁着眼睛在看的问题。因为它是那么敏感地涉及各自生存的环境。污染严重了，草木不生，不是当即致命，也会患下奇奇怪怪无以名之的畸形病，并且还遗传、延祸下去。所以有的国家是用舰艇偷偷摸摸地把它倾弃公海，遭到世界各国强烈抗议，就是把它从国内人口稠密地区转移到偏远地带，也同样引起该地区的反对而引发地区冲突。由此，自视财大气粗的家伙，看到无须念咒语，出了钱就有“魔法”可以把他们的垃圾、公害，如同他们经济、文化的后殖民主义一样地推销出去，坑了害了别人更利了自己地满足了他的本性，真是何乐而不为？

可接受这些“洋垃圾”的呢？不论是出于本位，还是为了私欲，这样把别人的公害“引进”加害到自己同胞头上来，就是枪毙他百次，也偿不了由此欠下延祸给子孙的债。可是，为什么还会屡禁不止呢？不就是为了钱而丧心病狂么？这类黄金拜物教徒，他们戴着白手套的双手所捞到的钱，可不是在垃圾堆里刨，而是从垃圾的污染带给人们生存的威胁和死亡的阴影里取到他明晃晃的黄金。要说人家由此卖出了公害，他也同时出卖了自己灵魂。

当然，也有为了贪图眼前一点小利，几乎是慢性自杀地对某些垃圾也趋之若鹜，若国家一再查禁、烧焚的“难民服”，奇怪的，还有叫“难民车”的。则全是全新的走私轿车，不知怎么挂上“难民”二字也就有了魔法似的可以大发横财，也被钱迷心窍者对自己予以政治、道德的自杀。而“难民”二字外加个“服”字，则是对查禁的境外垃圾之一种。多是未经消毒沾带病菌的旧衣，有的还是从死人身上扒下来的。可有人偏偏以它“洋”，穿着也“洋”出了气派似的，如同那些看进口的打斗、色情片的，还有唱着“I love you……”并扭着屁股跳摇摆舞的未成年者所骚动的亢奋那样，完全是闹剧形式的悲剧。

今日的现代人，要想在现代消费中没有垃圾是不可能的，就是当年没有一点垃圾的乡下，也不会只有牧歌了。起码在塑料用品消费的普及到无所不在时，乡村也避不开了它的“白色污染”。何况，活在今天的人，谁也没有能力，也没有权利可以拒绝物质文明在现代消费中必然留下垃圾在面前的现实。可要挣脱污染的威胁，还是得像当年在乡下那样，让它消解、还原、回归自然。当中，有的涉及尖端的科学，咱不懂。可是，像工业废水，也是目前危害面最广的一个问题，也早有予以处理净化的科学办法。若是只顾捞钱不愿投入，水也无法还原它水的本性而成毒液，害人，也利不了己。就是过去认为不能分解，是永久性污染的塑料，目前也找到了分解的办法。在讲超前还想到要顾后的建筑设计，公寓楼里也早已不要垃圾道，免得垃圾囫囵一包糟地倒在一堆，任腐烂食物把别的也烂在一起地搞得臭气熏天，任各种细菌病毒也随那臭气扩散传染。而是拎着垃圾袋到固定在一处的垃圾箱或向按时路过的垃圾车倒。同时，要求自觉将废纸，也包括旧电视机之类的废金属以及塑料制品等一一分类倒在专箱内，使之都能回炉再生而再服务于人。从中，还真是可以换回不少的钱。这钱，不仅是劳动所得，更是化害为利，为大家免遭污染的良知所创的无价之值。围绕对这垃圾所持的不同态度者，比起那为老外转移污染加害于同胞去拿黑心钱的，我们也看到一块无形的人格试金石。

在这种时候，舍近求远，要上那海拔六千多米，去拣一些登山者留下的日用垃圾，名之为珠峰“美容”，并为此“壮举”大造声势，那就完全是商业性的广告活动了。其实，在那冻土线上，无居民之地，不说垃圾很快风化，即便有所污染，也无影响可言。无怪此“壮举”也遭到当地的抵制。然而，我们周围亟待治理的污染，却更需此种壮举。虽然，无法轰轰烈烈，大干大上，那就从自己治起吧，起码是将人家消费的垃圾不给造成污染，并设法变废为宝吧。这，比起那种浪漫的“壮举”来，也太平凡了。但日复日，年复年，能持之以恒，那么，浪漫的虚夸，还是不能与良知的闪光相比的。

原载《金沙江文艺》双月刊百期纪念号（1997.5.15）

作家与衙门

文化单位，总该有文化，并予以有文化的管理；这，不论横着讲，竖着说，这个档次，或那一流派的；大概在口头上，都还得认这个理。

可是，在现实中，大大小小，成百上千个文化单位，又总有这样的一些人，在上级面前，他是作家，似乎还有几分文人的清高，可以不拘上下级之礼，但在他所掌管的单位里，又是向政府承包了作家的包工头，对上面的原则指示，也不敢公开唱反调，有时调门定得比谁都高，用以作自己的政治资本。可是，这号人要“执政”，实打实地干的时候，就是另一副嘴脸，以权谋私，结党营私；能和他勾在一起拉帮结伙的人，自然不可能是什么正派人。他们支持的人和作品，其思想，以至于艺术倾向，也可想而知，完全是无文化、反文化的行为。当这样的人一心把他的“包工头”当官来作的时候，那么，不论什么样的群众文化团体，也必然衙门化，名之为文学艺术家的“协会”，也就未必能容真正的文学艺术家了。

近来，人们常谈“体制改革”问题，然而，尽管不是普遍的，但，一个群众文化团体，有时也会因为有这么一些人把党所领导的群众文化团体的体制改得面目全非，这倒是我们在“体制改革”中不容忽视的问题，作家、官，该是怎样的人啊?

有一次，几个人在一起，碰到一位既是老熟人，又是这多年在仕途颇得意，也是很会当官的先生。而这位先生原来那一套在今日运作不灵时，颇不得意地对一位当年喜欢写作，今日还只是个作家的同志讲：“今天的官也不好当，还是你们作家好，哪像我们，要办个什么事，总少不了一大堆意见，你们却天马行空，自由、潇洒，个人想怎么写就怎么写，一本书出来，‘追星族’多多，还有大笔稿费!”不想，群众对此公的微词，这位作家也有所闻，于是，他也直来直去地讲：“如今，出书已不是那么容易，哪来稿费多多，何况，咱也不是可以招来‘追星族’的作家。所以，在您手上有权，既可以用来做好事，也可以用来做坏事时，怎么都会比我活得有滋味，可是，咱只要为人民写作，写人民要说的话，那么，那种只会当官做老爷的人下了台就不一定如我了，死了就更不如我了!”此话一出，全场愕然，总感到说得不太近人情。事后，大概此话还可以嚼出一点味道，过了很多日子，还听到一位同志讲：“话是说得刺耳，可还在理呀!”

大实话也是各有各的说法，也不是不可以说得“艺术”点。而且，包括群众文化团体在内，各个部门，大小机关，都需要许多干部，也自然包括可列为“官”位的人来开展、推动每日的具体工作。其中，为人民做了许多好事，有突出贡献者，他本人的名字就能立起一座口碑，有的，还当载入史册。可是，也不是什么作家都可以与之相比的。身为“公仆”者。要主仆错位，当官做老爷，甚至有别的劣迹，那就完全是另一回事了。同时，在今日的现实中，“作家”二字，也是一个非常复杂的概念。要是作协会员就是当然的“作家”，有两本自己写的书就可以入会，那么，在有钱不仅可以出书，还可以搞首发式、研讨会，甚至还可以请来一些文艺界有面子的人讲些不负责任也不着边际的话，有的，在“互通有无”的情况下，还可以吹捧到肉麻的程度时，书，以及这等等形式，不仅不能作为文学的载体说明文学，倒反可以看作对文学很辛辣的讽刺。另外，还有职务就是“专业作家”的，自然是当然的“作家”。当中确实有不少勤勤奋奋写了一辈子的同志，也有写不写都是终身制的专业作家。还有，只是过去与文艺有过一些什么关系，碍于人事“安排”有难，就“安排”到这个位置，为照顾“待遇”问题，就评个几级作家。这真是委屈了这样的同志，也真委屈了“作家”的称号。听来确实荒唐，也是不能不正视的事实。要说报批有这手续、那证明，可现在又有什么事不可通融或作假的？地方上抓假打假，有时还会有保假的呢？在这种环境里，好人都会养懒。何况，当中还有本来就是无文的文人，或是多年也不写什么，偶尔有篇什么东西，也不是非要以此为业所拥有的专业才能方能炮制出来的东西。这号人，整天闲着也可以整天嚷着没时间写东西。再要不甘寂寞，折腾的花样就更热闹了。同样，这种地方的创作也自然寂寞。过去，有的说这种“专业作家”制是苏式体制，但在50年代听当时从苏联访问回来的同志讲，那里有种创作基金，尤其是要写长篇或搞大型专题研究时，可以申请或以无息借贷的方式得到此项基金，以辅助一时脱产之际的生活来源，以后再以稿费偿还。要说，这种办法，当年移植到我国成了“专业作家”制，在过去的历史条件下对繁荣创作也产生过一定的积极作用，那么，在各种条件都变化了的今日，也就很不适用了。完全应该像“中国交响乐团”考用演奏家那样，废弃终身制。搞一套只是阶段性地包括以各种措施（自然有经济上的）帮助作者完成他可行性创作计划的办法。否则，只能养下太多太多“混混”，有的在文坛“混混”一辈子，混到一官半职，自认混到这个份儿上，定是当然的大作家的也有，不然，只要在这个位子上，在什么场合对那部作品说了几句什么话，戴上个“著名评论家”的顶子，则是万无一失的。要是以“关怀”青年作者的姿态，叫嚷他们出书难而向上要到一笔拨款时，不想，真正有希望的青年作者，这时却看到他与他的同伙将这笔钱分赃似的给自己出的什么什么《选》时，甩了出来就更像一位大家，也更可以武大郎开店了。

“作家”如此啊，如此“作家”啊，虽然，就是创作人才辈出的时代，也不一定能留下多少传世的作家与传世的作品。但，人在其位时，总还要有个“人类灵魂工程师”高尚的人生与艺术的追求吧。否则，与“人类灵魂工程师”的称号是无法沾边的，也绝不会比“当官做老爷”的人好到哪里去。要是有污染空气的作品和言行，那也只能和有劣迹的贪官污吏是一路货色。官，作家，两者不论职业，职务有多大区别，要看他的好坏，也只能是以其工作、创作对人民的态度和影响来论。

毫无疑问，事实上，是有了作家，才有作家的组织的。不论像过去叫它“文协”或现在叫它“作协”，若是有了“作协”才有作家，那么，这个作家是可悲的，这个“作协”也是可悲的。然而，在我们社会制度下，再自由的职业者，也不愿自由到失去组织的依靠，没有组织的归宿。不会要无政府主义，不会认为一个为作家办事的机构都是多余的。然而，作家若不是以他的作品用以说明他的职业，仅是以那名称作他身份的光环；组合作家的团体不是以发展和繁荣创作来说明这个团体的性质，只靠贴上些令人眼花缭乱的标签而光芒四射，那么，那名之为文艺家“服务”的团体，要是无视“服务”却鄙弃“服务”，成为机关性的惯性运动，成为官府衙门，甚至成为一伙谋私者的窝点来运作，那么，又怎么可以繁荣创作？又去哪里找到社会主义文化团体应有的社会主义呢？

这多年，总说这些文化团体“老大难”，其实，有什么困难？又难在哪里呢？说来说去，不就是把党所领导的群众团体弄成衙门，把“为人民服务”，为文学家“服务”的宗旨在落实到具体单位、具体工作，成为衙门的权力使用，才成了难倒自己的“老大难”么？文化团体应有的“文化”，泛指到人类物质和精神财富，具体到社会的意识形态，是篇永远作不完的大文章，也可以是很敏感的政治问题。这样的部门以它要培养多少“著名”及“大师级”的人物作为工作规划，自然可以看作笑话，但，若以此服务于作家，是可以支持、帮助许多作者成熟，成才，走向“大师”级的。可是，现在一个文学青年，一开始，从能否加入大大小小的“作家协会”（因为现在无“分会”之称，只好这么说），就涉及他的评级、待遇等等很管用的条件或参考条件，也就构成了他与协会的一种利害关系时，加以当中有不正之风在主此利害的沉浮，这，就在事实上已把一个旨在为作家“服务”的单位推向另一性质的机关了。还有，文坛的腐败也在扭曲人们对文学与作家价值观念的审视，而派生出的种种不正常的情况，也是看得人眼花缭乱，是非难分，随之而来的，小到个人的利害关系、名利冲突，大到文艺路线、创作倾向的是非，这，就叫不计世俗的名利之利害者，也要为此讨个是非的公道了。对前者，可以批评其行为之不高尚，却也未必会去认真批评，对后者，不敢说人家的是非之心有错，但也不能理直气壮地予以支持，只好一味绕开问题地故作“明智”。这种人，即便不是作家的“包工头”，也是太会作“官”的官。如此这般，日深月久，新老问题相缠，将“老大”问题为畏其“难”而封存起来，以为喊几句豪壮的口号，一切就能迎刃而解，而这群众团体的办事机构又仍然照着与口号相悖的、以其惯性的老办法运转，周而复始，花再大的劲去创“新局面”，也都未必可以乐观。

前途是光明的，道路也总是曲折的吧！

原载《文论报》369 期（1996. 12. 1）

笑的“艺术”与缺少笑容的面孔

过去，游神，赶庙会，踩高跷和扭秧歌的，总有戴着制成胖头娃娃的假面的，它漆得大红大粉，龇牙咧嘴的造型，真是夸张到丑得既可笑又可爱的程度。在那种场合，它本为逗乐，能让人笑，就是一招。

同时，记得过去有部影片，说百货公司推广“微笑服务”时，有位售货员对镜训练自己“微笑”的标准姿态，拿出架势摆出一副和蔼可亲的样子，眼睛为了想闪出欣喜的明亮，睁得像唱戏吊上去的眼眉，嘴角出不了表情的腮肉，用力扯得它松弛一点。当她在柜台迎着顾客拿出这副架势时，竟把顾客抱着的孩子吓哭了，叫人家掉头就跑。其实，她那“微笑”再难看，也不过跟那假面夸张的造型差不多，但，假面就在它假，又以丑的形态表现，于是，知其假而观其假，在与假的间隔距离中，冷眼静观，视如人生游戏，看得好笑。由此而来的幽默、讽刺，虽然辛辣得沉重，还是由假笑引出真笑。可是，要是不是假面，是面对面的真人对看你假笑，也就很自然要考虑它对着自己的是所为何来，难以隔开距离静观，却不能不深究这后面有什么难测的心计，由此就得叫人“防着点”，起码是敬而远之。

白居易《劝酒十四首》中的“且灭嗔中火，休磨笑里刀”的诗句，说笑是可以藏刀的。中外古今，为利害关系笑出的故事，也有的是。可这真笑、假笑、藏刀或酿蜜的笑，都是有那可以直觉到的形态。可假的，一被识出其“仿真”的“艺术”，那么，其藏刀的假笑之假“美”，若叫人不以刀相对，也是惧刀的恐惧吧。

当然，电影里那售货员的笑再丑，也不会藏刀，若看出其矫情之假，也完全可以像看假面之丑态，反而可以为之一乐；然而，未经世故的孩子，自然要被吓哭。但在假冒伪劣产品猖獗之际，经世故者为防售假，也难像看假面逗乐，不隔着肚皮的人心，这时也得隔着肚皮。

笑，《论语·宪问》道：“乐然后笑。”可这笑也有对那些不和谐、不合理的事物之反应，以纠正它的嬉笑怒骂之“笑”。它，本是感观直觉后的一种机能，可一个人，不论因事或因人而乐，都该是古人说的：“开心见诚，无所隐伏”的美。《孟子·离娄上》提出：“诚者，天之道也；思诚者，人之道也。”孟老夫子是以它用以指自然界和人事社会的最高道德范畴。于是，由衷，见诚之笑；除了艺术家可以表现为美的艺术，它自身，实在也闪烁艺术的美。但，若要将笑作为改善关系，以适应社会的功利性而作的一门“笑的艺术”，自然完全是另一码子事了。

由此，我倒想到吴天祥的那张很少笑容的脸孔，他是近来媒体系列报道《走向好人》之中所说的，那位武汉的信访员。我不知道有关他的录像是怎么拍摄到的。它不是事后为要宣传他而补拍的表演，一看就知道是现场实录。每天，不是那么多人挤在他窄小、杂乱的所在，就是大伙满脸满嘴忧、怨、怒已难分难解地候在他的门前。他就为这些人的工作问题、生活补助问题、医疗问题、房屋拆迁遗留下的各种问题，以及断水停电、孩子上学等等，包括平日连想都想不到的许多问题，也要他三番五次地为之奔走。白天忙了，晚上还得想，吃着饭的时候，有人找上来又得撂下筷子跟人去说或跟着去跑。真是没有什么可以让他笑得起来的事。在有关单位推诿，在投诉人埋怨给自己办的事还没结果时，他有被夹击在当中的为难，又绝非要撒手不管，他有被搅得心力交瘁的疲惫，甚至无奈，可还有事不成绝不罢休的刚毅。那没有笑容的脸孔，有受托于人而事未成之忧，又是满腔热情地在办理别人所托之事。别人对他发的怨言、牢骚，他不仅不反感，而是非常理解。他同情所以出此言者的困境和为难之处，想到他们这样对他之无忌，倒是对自己的信任。

一个劳改释放的青年，多处联系，人家都不愿接收他工作，为他毛病不改或是别人对他难以消除的成见而被拒之门外，吴天祥为此真是磨破了嘴皮而说服了人家。在吴天祥丝毫也不富裕的情况下，就让这青年跟自己凑合着吃、住。年轻人后来找到工作，也干得很好。有一次，治安事故中，他勇斗歹徒，负伤之后只说，他不这样，对不起“吴师傅”。一位八十多岁的老太太，为老吴替她身患残疾的儿子安排了生路，要送东西感谢，吴天祥只有一句话：“我收您一分钱，就证明我不值一分钱！”是啊，有以钱可以估出的价值，更有不屑于金钱的无价。若说，人，是因感喜悦而开颜，可那张很少笑容的脸孔，却叫许多心事重重，愁眉苦脸找上门来的人，为他这“思诚者”为人民服务之诚、之情的工作而摆脱了困境所开之颜，真是比所有使人感到亲切、温馨的微笑都美。

这位并没有可掬的笑容给人看的人，却让那多愁眉的人笑了起来，这，恐怕才是“微笑服务”的根本吧！

原载1996年11月25日《中国工商报》

红脸·白脸·洗脸

《三国》戏一上台，曹操以示奸雄的白脸，总会让人由此想到史家要为他翻案洗脸的问题；走到昆明翠湖“云南陆军讲武堂”旧址，由此也不由得想到对唐继尧的评价问题。

这“讲武堂”，是清末民初我国最早设置的军事院校之一。今日看它刷成土黄的楼墙，想着我们老帅朱德、叶剑英及周保中等老一辈的先行者，当年在他们正当年轻时从里面走来，再看这建有近九十年的旧址，还确有它“讲武”之地的雄威。它从始建的1909到1928年，曾办过十九期，要说它的工、步、炮、骑四个科目培养过不少军事人才，不如说孙中山的“同盟会”在这里有不少会员，是民主革命的不少志士所在地，才有1911年10月30日——“九九”重阳以此为军事基地所响应武昌起义的起义，为推翻清政府所建功的光荣。

这些事，和唐继尧关系都不大，他这云南会泽人，从日本士官学校回滇后，任新军管带、讲武堂监督。旧址展品中有首《云南首义纪念歌》，词曲作者不详。这“首义”二字，自然是指1915年袁世凯伪造民意，悍然称帝，孙中山两次发表《讨袁宣言》，云南人民积极起来响应发动讨袁伐逆的“护国战争”，也称“洪宪之役”、“护国运动”。歌词“霹雳一声五华峰，壮矣哉唐、蔡、李诸公”。这“五华山”已是云南几代人的首脑地。这“唐、蔡、李”，自然是指唐继尧、蔡锷、李烈钧，而且是把唐继尧当“首义”的首号英雄。

还在武昌起义时，任三十七协协统的蔡锷与讲武堂总办李根源在昆明于“九九重阳”举兵响应后，蔡锷命唐继尧进军贵州，接任了贵州都督。1913 年被袁世凯调至北京暗加监视的蔡锷，在他留日之前所师从的梁启超的赞助下，于 1915 年 12 月 15 日潜回云南，联络唐继尧、李烈钧通电讨袁，成立护国军，为再造共和写下新的一页。

这三人之中的李烈钧，早在 1907 年进日本士官学校后就入了“同盟会”，辛亥革命后曾回江西任都督。1913 年宋教仁被刺后，主张武力讨袁。7 月在湖口起义失败，再到日本。1915 年 2 月到云南，是护国中的中坚，任护国军第二军总司令，后为大元帅府参谋总长、北伐军中路总司令。陈炯明叛变，他回师广州讨逆，是“联俄、联共，扶助农工”三大政策的积极拥护者。

唐继尧与之相比，就差远了。蔡锷一开始就把他这日本士官学校出来的人，想当然地当作新派人物重用，护国也是首先联络他。但他，讨袁只发宣言，人却坐守云南。他也反段祺瑞独裁，又暗通北洋军阀。中山先生任他元帅，而他却刁难军政府，不愿与先生合作并排斥先生。在护国中，是无法与李烈钧和蔡锷相比，可在有关的宣传中，他却是当然的首号英雄，李烈钧反而已被遗忘，这也是很值得深思的唐继尧现象。

过去，见戏台上的白脸曹操，史家就提出为他翻案的问题，要就历史人物的历史功过是非给他洗脸以见真容。而这唐继尧，却被宣传的美容师涂了个举义旗之旗手的红脸，若要看他白脸的本相，也是要洗了脸才露峥嵘。

如果说，30年代欧阳予倩作翻案文章的《新潘金莲》，在舞台上塑造了一个追求个性解放的妇女形象，实际上也是作者受“五四”这一思想的自我表述。那么，四十年代末，解放区文艺工作者编演的《武大郎之死》，那就完全是以阶级分析给潘金莲一个受压迫的被侮辱与被损害的形象，成了西门庆施暴的牺牲品。这些戏，看得也催人泪下。但，潘金莲并非有史可查的人物，完全是作家在《水浒》、《金瓶梅》中艺术创造出经典性的荡妇之艺术典型。哪来其案可翻？要翻掉这个艺术典型，那就是它还不能成其典型，更不能深入为读者、观众心里之型。

曹操不同，史有其人。他那“对酒当歌，人生几何……”的诗句，其慷慨又悲凉之情，也未必是要与台上的白脸找到何种对应的诗人形象。历史本身对他的解读，对于有点历史唯物史观的人都能接受，但，要在台上给他洗脸，就得怀疑是否有此必要了。虽然，谁也不会说舞台上的白脸与史上的曹操无关，但它毕竟是经过多少代艺术家并非囿于史料去作的演述，而不断丰富、创造的另一奸雄的艺术典型。它是深入人心，也在人心定型的形象。他们看这奸雄与忠良一同上台，戏才有戏，才是真实的人生。就像电视剧《刘罗锅》，不论史家对他考证的说法有多少种，观众还是接受了艺术家创造的这一人物形象。在普天之下大多好人不满各色的丑恶现象时，荧屏上刚正不阿、不同流合污、一身正气的刘罗锅是看得解气，是为他们自己的善心找到相契的艺术。

目前，对唐继尧，不论是被美容所涂的红脸，还是以他本相的白脸所创造的艺术形象都没有。这个滇军军阀，当年不论他出于何种动机，能够公开讨袁，客观上也是有过不容忽视的作用。但在“护国战争”之“战争”中，只发宣言，滇军出兵六千打十万的战绩，并无他手上的兵。他只在八个老婆之中得意地过着，事后又得意地过来摘桃子，也是很够味的自我讽刺。尤其事后要树为头号英雄的形象，更是欺世盗名。

“讲武堂”旧址陈列的资料有唐继尧“宏其规制，广开生源，锐意改革”而称他为“校史上的改革人物”。这一点，只要看“四·一二”蒋介石篡夺了政权之后明令各省不得办军官学校，就可以看到他们之间都是死抓军权于一身的心态。何况“讲武堂”已有韶关分校、泸州分校这样的规模。“护国”之后，蔡锷、李烈钧都已随中山先生而去，而唐继尧守在云南当都督，他为巩固势力、扩大地盘的一些措施，怕也难称“改革”。他占地为王，屡次出兵川黔，鼓吹“联省自治”，企图称霸西南的影响，也自然影响出他在三迤多处骑马挥刀之铜像的威风。这些铜像，都是国外铸造、越洋运回的，不论是由它或配合它所作的宣传，都可以看到这个军阀还是懂抓舆论的。在一定的条件下，也就形成一种“强者为王”或像美国作家斯特朗（Anna Louise Strong 1885 ~ 1970）所说的“历史是胜利者所写”

的一种舆论局面。

但“强者”、“胜者”并非义者、善者时，写歪了的史实，后人不仅要写正，就是从那写歪处，也可以为此上一堂知人论世的一课。以后不论他在台上唱红脸或白脸，大家也会像看人们为曹操涂白脸和洗脸那样，反而更识他的本相。

今日，往事往矣，但在那些小至本位、地方保护、有令不行、有对策对政策，以至于口头“拥护”，实际抵制而闹独立、大闹占地为王者的美容了的红脸上，不是也可以看到唐继尧不消逝的形影么？

原载 1996 年 11 月 16 日《光明日报》

从“拿莫温”说起

在台北，遇过一位木工，当他知道我的情况之后，就摒弃现代称“先生”的时髦，对我直呼“阶级兄弟”。之后，不论隔他多远，隔他多久，这四个字都沉甸甸地在我心头。近日，还特别想着这四个字，是遇到这么两件事：

其一，是位文科研究生找到我，说他读到解放前写工人生活的作品，对其中如“拿莫温”这样的词语，感到太陌生，读得太费劲。这当然是解放前的生活，离新一代的年轻人太遥远了。解放前，抗战前，洋人在中国开厂，总是在一些地痞流氓的所谓“白相人”，更在工人中揽收工贼作叫“带工老板”的工头、监工，是紧盯工人片刻不离的、不祥的鬼影。早进班晚散工，远远就望见他们站在印度门警一边，叉着腰等着对从栅门过去的工人进行搜身。在工场，跟着巡回督管的“荡管”，拿着“皮辊”东瞅西望、吼吼叫叫、指手画脚。在一再的“劳动强化”下，看工人是否有“摇班”（罢工）和待工“磨洋工”的迹象。工人上厕所，都会拿着秒表克算计时。知道工人借方便之际，有时会在厕所里站站喘口气，他们就视为“磨洋工”了。一旦被抓住，就脚踢拳打，还有包着橡皮的钢棍——“辊子”抽，还得“停生意”——开除。那画了押给他们的“包身工”，就是打死了也无人问。

那些这样管、压工人讨好洋老板者，由于排队集合他们是排头，洋老板用洋文称之“Nuber one（No. 1）”，就是第一的意思。于是“拿莫温”也成了沪语中特有的音译外来语。研究生英语不错，但他今日的生活无法叫自己将“拿莫温”与 Number one 联系起来；是年轻人今日自身所在的时代离解放前的岁月太远了，但“拿莫温”这三个字所联系到工人过去的血泪史，是再也不该让他们感到“陌生”。

其二，是座新落成的工会大厦前，在寸土寸金之地，还能留出空地树起两座手持钢钎的工人石雕，实在不易。但这两座石雕，我是越看越不对劲。首先是石雕后面几条抽象、装饰性的不锈钢线条有气派地高耸，把它前面的石雕衬得太矮小了。再看，就不知是雕凿的手艺不过关，还是别的原因，这石雕的人体比例也有问题，形象矮小，神情呆板，看得让人生气。不想，一旁有年轻人说：“工人就是这样，我就是工人！”这青年，虽然穿着朴素，却高大、健壮，眉清目秀，一表人才，还是银幕上“硬派小生”的形象。比起沿海某市在电视亮相宣传月薪四万，小费在外的“男公关”来，真不知要帅到那里去。他就是工人，又说工人就像这石雕，是他感到自己并不能当家做主，精神上就是石雕的这副模样。

这，叫我想到一个已经是转包到第五家才开工的建筑工地。前四家都是转手就是一道钱，第五家要没赚头，也不会干，除了在原材料的质量上耍花样，就是克扣工人，加班加点。从表面看，年轻人还没有穿补丁的，有的还穿西服。但工棚里的大统铺上，就是些烂席破棉絮了，工地捡块砖头就是枕头。卖饭的小车来，菜都不便宜。都是要一大碗饭和两三个菜，一天赚的，基本上都吃到肚子里去了。跟人打工，吃省了拿不出力气来，干活不卖力就得“炒鱿鱼”（不再叫“停生意”了），这叫他哪来主人翁的感情？

同时，有条街口，下午，总是摆出一长溜旧书摊，卖书的，全是经营不善的大中型企业的工人。他们业余钻研技术，爱好文艺，买过不少书，现在为“读书无用有钱就好”，加上生活困难，就摆摊卖书了。几年前，承包他们厂子的，是个人说了算，连解放前还弄个黄色工会当花瓶的老板都不如，设备被掠夺性的生产弄废了，他等捞足了也拍拍屁股走了。有的，把摊子搞烂了好像跟他毫无关系，心安理得地照样当他的干部、领导。工人弄得只能发一点生活费，他等却还是吃喝报公账，叫工人心里特不平衡。

国家领导人一再说，不能体现工人当家的社会，是不能叫社会主义国家；而且，那位研究生也告诉我，他们的政治课，老师就是以否定社会主义将他的口才发挥得淋漓尽致。有这么一点气候，捞得腰缠万贯还手有文凭的人，是否愿工人在他手下当家做主，就更是问题。目前，虽然这种现象还不算普遍，可也绝非个别和偶然。要是任其这样发展下去，那么，那位研究生就不是要到史料中去知道“拿莫温”，而是该在现实中去真切地感受一番那已“文明”、“开放”得不拿“皮辊”却比拿着“皮辊”更有风度和潇洒的“拿莫温”了。要是那样，他等的“潇洒”，又毕竟是时代的悲剧。

为此，我不能不想到心头上沉沉甸甸的“阶级兄弟”四个字。虽然现在讲“工人”就是工人，也不兴说“工人阶级”。而且“阶级”二字也没留个音译的外来语叫那研究生苦恼，但他告诉我：英语“class”不仅有“阶级”，同时还有“班级”、“类别”、“层次”等意思。

因此，在时兴讲层次的高低论贵贱时，我想，不论何地何时，在“世界大同”之前，总是有代表不同利益的代表人物和他们的理论，也就容我们对这两座石雕有不同的看法，同时，也好再次认识一个推动历史前进的，我们阶级自己！

《当代思潮》双月刊41期（1996.10.20）

女权·花瓶

一时，多处都有名之为“女性文学”系列和丛书出版，有的综合性出版社，还传出成立“女性文学中心”的计划，情有独钟于“女性文学”。这不能不看作一个引人注目的出版动向。零零碎碎找到几处出的这一类的书，看来各家的格调也不同，就是同一套书里，水平也不一致，有的，严肃，有的，则低级庸俗。但，印数都不高，看来，市场也未必看好，倒有一拥而上要把它“炒”热的架势。

何谓“女性文学”呢？是它由于写女人，还是女人写呢？列夫·托尔斯泰的《安娜·卡列尼娜》、左拉（E. Zola 1840～1902）的《拉娜》、福楼拜（G. Flaubert 1821～1880）的《包法利夫人》等等所塑造的女性典型，是举世公认的，它们为几个洋老头所写，也没见评论将它们与“女性文学”挂钩。中国女作家丁玲的《太阳照在桑乾河上》、草明的《原动力》、《火车头》等，还是写土改、工人恢复生产的，就更无法入“女性文学”之列。

从字面讲，“女”是相对于“男”而言。女人的恋爱、婚姻、家庭等问题，其中若无男人在内形成某些矛盾，也就出不了问题：有了问题其矛盾造成的痛苦、阴影又都集中在女人头上，归根结蒂，还是女权问题。我们有段说惧内的相声，将“气管严”谐音为“妻管严”，其笑遍南北的笑声，既笑出我们这个社会的妇女问题有别于别地之处，也改变不了当今世界妇女运动仍以维护妇女权益为中心的事实。就是某些会玩男人的女人，她等若能耍笔杆子，虽然也可以用文字自赏，但那“玩”法，也不可能仅仅在床第之间，与思想和社会毫无关系。

本来，“女性文学”自然也可以在这上面做文章，出故事，然而，事实并非如此。从一拥而上的所谓“女性文学”的出版看，各家拥有的想法、做法，也是千差万别。各种不同的情况、都需要认真地研究、认识。但，其中有一家的广告词，是既指作者，又指作者笔下的“她们”说，“在传统面前，她们是最坏的女人；在未来面前，她们是最好的女人”。此处的这一“好”字，完全是建立在摧毁我们伦理道德的废墟上。这，对于加盟此系列的女作家，不知是否同意他如此描绘自己，但作为策划此书的思想导向，则是非常令人深思的一说了。

“传统”是什么呢？韩愈《师说》：“师者，所以传道授业解惑也。”《庄子·养生主》：“指穷于薪，火传也，不知其尽也。”《孟子·梁惠王下》：“君子创业垂统，为可继也。”对于薪尽火传，一脉相承的系统，尤其是思想道德传统，尽管它在发展过程中也必然要扬弃某些不适于发展的东西，但，谁要把它等同封建的伦理道德，那也是连“传统”二字的字义都不懂的无知，谁若自视“前卫”，将传统一概视为历史留下的污垢，那也只是从他“未来”的坟墓里所发出的“预言”。

一个民族，她的民族精神是无法脱离传统的思想基础在空中造楼的；思想的发展，更是无法将过去、现在、未来断然割开。许多是非，主要是看你以什么观点看待，而不是以时间的前后论好坏。如果，昨天与今天，今天与明天的是非标准必须是按时序颠倒来看，那么，20 世纪 30 年代初丁玲笔下满怀时代苦闷的莎菲，巴金的《家》中激烈反对包办婚姻的觉慧，50 年代杨沫笔下追求真理投身革命的林道静等人物形象，今日对他们说“是”之处，不是都要等“未来”作“坏”的判决么？那么，不是只能一切都大乱，又何从去谈历史、文化，以及这号人所炫耀的这号“女性文学”呢？从这号策划所策划出的一名女作者写她与几个男人厮混的过程，以展示其“女性”之魔力的“文学”来看，也可以看作解读他们所说的“传统”与“未来”的一个样板。对它，要肯定“未来”会说它“好”的，无非针对人们今日对其张扬“性解放”的反感所斥之的“坏”而来。对此，其实也像《家》中对包办婚姻的两种对立的态度，其对立在彼时已同时存在，若论是非，又何需等“未来”呢？

那在西方曾经热闹了一阵的“性解放”，在它的喧嚣过去之后的“未来”，也就是今日，人们正为它带来婚姻、家庭、以至于社会的不稳定和艾滋病的蔓延等害而忧虑不安。前有辙，谁要等着读者接受他的导向，在以后的“未来”，或在今日为它的“未来”病态地喝彩，对于见辙知鉴者，自然枉费心机，但对误入拉拉队的，不等“未来”，就在今天也要给人传患上精神艾滋病的。

然而，对于死信在“未来”能得“好”，又死死顶住众人说“坏”的现实（不仅是传统）者来说，他个人在“文学”之“女性”上，还是在“坏女人”身上动脑子、出招数，这，就完全无异于过去的男权主义者、封建统治者，有的虽然不是以打骂、虐待的形式，而是让女人寄生、附属于自己，当金丝雀养着，可能也还有人以此为荣，但对女性的人格，却是同样的凌辱。

这种对女性的态度，自然也有女权问题。然而，策划者偏偏将她们当花瓶上市招徕，也姑且是当他为“在传统面前”的“坏女人”在现实中寻找知音，而这知音，在不到“未来”，而是在今日的现实中时，自然也就不该是“好”人。即便想以“坏女人”找“坏”男人，且听下回分解，也只有问策划者的预期目的何在了。要是这样，这些书，虽然具体到每部具体作品，情况也是千差万别，但我们的出版，要想以这套办法把书“炒”热，起码也是一种花花公子的心态。这，对读者、对出版何益呢？包括当事者，不该冷静下来好好想想么？

原载《中华读书报·家园》106期（1996.7.24）

打假莫要遗忘的角落

听商业部门的同志讲，这两年名气太大的酒，销量下降，因为假冒产品都是对着那些名牌在冒牌，弄得真真假假，防不胜防。而消费者又怕用了大价买到假货，太不合算，不如降个档次，可以减少上当的危险和上了当带来的一肚子闷气。为此生产名牌烟酒的厂家也是忧心忡忡，怕他们的名牌会倒在那些假货门下。

假冒伪劣产品之猖獗，已成公害。联想到文坛类似的情况，是否我们也该重视这一公害呢？某晚报曾有则消息报道：公安部门查到的一个暗娼，她甩出的“工作证”，上面标明她竟是该地“文学院”的“专业作家”。据知情者透露，这个“文学院”，只要按“规定”交款报名，就是它的当然成员。岂不知暗娼有钱也会弄个这样的身份，带职“下海”，也蛮风雅。这一来。该院对外是矢口否认有此成员，扬言此人所持之证为“假”证。

然而，有的证不假，是否货就真呢？那一暗娼所持之证，尽管该单位一口咬定它是假证，大家心里却明明白白。目前，能加入作家协会者，大概是可以名正言顺地名为“作家”。入会的首要条件，是要有两本以上公开出版的作品。这一条件，有时也可能是高不可攀的，如美国民主诗人惠特曼，不论他在世界各国的影响有多大，但他的《草叶集》从初版仅收13首诗到第九版增订到383首，其一生也仅有这一本《草叶集》，要入作家协会，条件还不“达标”。但在如今有钱就能出书之际，它又是完全无法作为能看准创作水平的一个标准。

人家有钱，也不用担心有无读者，也不管什么“社会效益”、“经济效益”，不要说两本书，就是书出之前和书出之后，人家都不知其作品与作者的《选集》、《文集》甩在你面前，不论该怎么评价它，你还不能不承认它是有书号，在形式上是合法出版物，也是一本书。有人，有点权，自印书，标价很高，摊销到下属单位，印数比出版社目前一般的印数还多，回收的钱自然也比正常的稿费多。报纸上所指的“文学垃圾”，就是那种以公款大量印，大量作废纸处理的、宣传单位或个人“政绩”的“报告文学”和“有偿文学”。但是，既被称为“文学垃圾”，它还能作为创作成绩的一本书么？书号不论是“弄来的”还是买来的，为此都是合法的，可以公开的，但它根本没有进入发行渠道，使作者圈子之外的读者无法得见，也就无法谈它的影响。可它是否就是要为正名“作家”者以求“达标”所需之物呢？

目前，报刊上，人民代表、政协委员和各界人士谈到知识分子职称评定中的腐败现象，在作家职称评定中也不例外。结果，职称往往也是很难说明什么的符号。有个地方为学生编选课外读物时，为抵制不良的奢靡之风，备选目录中就有一篇写节俭的散文。征求意见时。有位教育工作者指出这位有高级职称的作者有贪污行为，他写这一题材，正是自我讽刺，再用这样的东西教育孩子，正是对课外读物的亵渎。此话一出，个个愕然。真假文学，真假作家，把人全搞糊涂了。

毋庸讳言，我们的创作现状，距离人民群众的要求还很远；虽琳琅满目，却真真假假，终归不是繁荣的标志；虽然作家与作品有水平的高低之分，甚至有水平的，写过好作品的作家，哪部东西写砸了，也不为怪。只要有个正确对待人生、对待文学的态度，总不怕没有好作品出来。然而，随着市场经济的发展，就有推销作品得搞“包装”之说。过去，说“包装”，只当把书印得漂亮点，世上也不会有哪个作家，愿自己的作品印得难看，读者也愿自己想买的书，其装帧，也是一份艺术。但，现在的“包装”，却成了“炒”卖的勾当。一本书被“炒”来“炒”去，就不可能不“炒”过头，一过头，这“包装”就成“伪装”了。哥儿们互相抬轿子吹喇叭的，拼命吹“走向世界”，吹“走向辉煌”，除了在他们自己圈子里热闹外，圈外（还不要说在广大人民群众之中了）就无所反应了。记忆犹新的，有本“炒”得南北皆知的书，其“轰动效应”，大概真是到了史无前例的程度，读者对它反感之深，有一部分就为它“炒”得让人难受有关。这大概也不是“炒”家在“炒”中获利之后可以不闻不问的事吧。

有本刊物，也是这么“炒”，“炒”得很火，搞得不少边沿省区，尤其是搞出版的同志，踏破铁鞋去寻，想从中取经，结果到手一看，无不大呼上了“炒”家的当。谁都断定，那些为它做广告的名家，根本连刊物都没有认真翻过一下。对这些人，大家认为，应像电视上对做假广告的厂家那样受罚，让他们知道做假广告之过。此刊，最初宣传为当代中国的“前卫杂志”，全国宣传工作会议后，又宣传为“高扬主旋律”之刊，总之，要什么它有什么，要什么它又没什么。后来，又炒它的“高雅”，然而，凡是翻过此刊的，只要翻出当中描写十三岁中学生在厕所手淫自娱的文字来，就可以问，“高雅么”？至于炒它“高扬主旋律”等等，更是自欺欺人。名家、名报、名刊，要宣传什么主义、什么观点，尤其是对具体作品的看法，当然是各人的自由。但是，无论在什么样的社会制度下，无论什么人做不负责任的广告，是否都应该明白还有一份丝毫不涉及民主、自由与人权等问题的《广告法》呢？作品、书刊的“高雅”、“伟大”，都得靠认真刻苦去为人民写出、编出来的，绝不可能以“炒”功像变魔术似的，要什么就会有什么的。

如果文学的发展靠这套造假、“炒”功热闹下去，那么，它就完全可以像警察看到暗娼那样亦真亦假的“工作证”，还有消费者看包装得真假难辨的假茅台那样，会谈文色变的。那样，对发展我们社会主义文学，不仅无益，只能是公害。

原载《求是》半月刊193期（1996.7.1）

水的无偿、无价与有价

满街醒目地挂着号召节水的布标；各地，尤其是建筑工地，又有太多公用水龙头开而不关，或是开关不灵地任水日夜长流。

有广告词说：要是不注意节水，那么，我们看到的最后一滴水，就是自己的眼泪。

此话，看来也不尽然。电视曾经报道过一个需要脱贫的山村，近在北京郊区，由于缺水，那对着镜头的农民兄弟说，他们洗了脸的水，还得洗菜，洗过菜之后还得煮猪食，除了自己的尿不吃，一滴水也不会让它滴漏。我想，人在此地，有伤心事怕还是要考虑让这滴泪成为一滴活命的水才好。

我自己也有过这样的经历："文革"中，被捆打时，尽管是滴水成冰的隆冬，那些人用脚蹬在背脊，死死紧勒的捆索，把我勒得里外的衣服都汗湿了。松绑时虽然双手还没"报销"，一身又麻又奇痛地搅和在难以忍受的干渴之中，真是叫人不想活了。原来拧得出水的衣服已僵成铁板似的，原来额上流下满脸的热汗，用舌头只舔到干白的盐粉。那时，便桶里连自己的尿都找不到，关人的地窖因"停产闹革命"还堆着些头年留下的土豆种，我抓来就往嘴里塞，想从它麻涩的"硬肉"嚼出一点水的湿润，可它已被抽发的长芽抽瘪了，嚼得牙齿发响的灰土呛得人五脏都要散架似的喷出一口血来。那时，金银珠宝在我眼里全如粪土，只有水，是能救命的无价之宝。

无怪那小河流过村前的中州小村，水遭工业污染后，明知它比尿还难喝，村民也还是喝了。在《电视新闻》中，一个个面黄肌瘦到了变形的样子。村里的孕妇，不是流产，就是怪胎，即便能生下来，也很少能养大……水啊，无价的水！

考古学家看到被沙漠埋葬的古城古河，和现实中我们看到已成良田、绿洲的沙漠，都不是无水和有水而有的变化么？水啊，生命中的生命，人世的无价之宝啊！

今日要节水，就是要人们知道水是无价的啊，可是，有人就不知道是哪来的什么“经济学”，在电视里讲一套照“市场规律”给水提价就能节水的高论，听来真是耳目一新。

本来，水同空气、阳光，是人的生存之必需，也是自然界对人类无偿的赐予。随着社会的发展，就是自然水源充足之地，也要用经过处理消毒的自来水。在缺水地区，它就更是需要开发、甚至是争夺的资源了。为此，供水的设备与管理，当人口与工业用水俱增时，都要我们有套收费办法和节水措施。如新加坡等缺水地区，除一部分非食用水供应海水，富人用淡水也得省一点几用，他们并非买不起水，而是知道水的无价之处。若是我们以高水价叫用户考虑支出舍不得用或用不起水，那么，这种达到节水的手段，不论别的多好，若能完全达到顶定目标，它紧系人的卫生与健康之用水标准的降低，绝对无法作生活质量上升的说明。何况，长流水的公用龙头，若不让大家深知水之无价，你收高价他也有公家出，何消他操心。为此，倒必然以用水划出一条贫富分明的界线。

过去。大款斗富是用钞票作鞭炮放，或是干脆比烧钞票，之后，若有高价水，他们就可以看谁家的水放得大来比阔了。为此，想起有部影片里有个这样的镜头：有个被俘的伤员看到一碗水爬去想喝时，纳粹兵夺过碗就把水泼在地上。这碗水，对渴求它者是无价的，但对能支配它者，它的无价却被有支配权者如此支配时，会是多么残酷啊。同时，我也记得，解放前农村为农田分水与买水的纠纷而成世仇的，结果，从水引发出来无休的械斗，也就不再是水的问题。对此，最后是泪还是血呢？懂“经济手段”的经济学家，是否也该考虑经济的社会学与社会主义呢？

原载《周末》230 期（1996. 6. 28）

绣花枕头

上了年纪，体质总是在衰退，一天不如一天，说没病，也少不了这里不适那里疼的，于是，同医生也不生疏，有的还交上了朋友。幸好，托社会主义的福，从表面看，我的老相还没有像几个与我同辈的老者那样，老到惨不忍睹的程度。在老朋友互相最关心的还是健康时，见了面总少不了说：“你脸色蛮好嘛!”我也只能苦笑着说：“绣花枕头!”

这“绣花枕头”四个字，是小时候家长、老师告诫孩子读好书、学点本领时常说的话。那时，平常百姓家，还不知道枕头里有塞木棉和鸭绒的，只希望子女莫像绣花枕头外秀内朽，面上花花的，里面却是一包谷糠。我小时候，没学到多少真本事也是真的，虽然比喻总是跛脚的，借以形容自己身体的现状，还不离谱。

可是，虽说“脸色蛮好”，还是要上医院。可几月不见，门诊和病房都搬进了新的高楼，人说：“医院又上了新档次!”再次到那里，更是上“卫星”了。门口堆满空调机、木地板、石膏顶，木墙及进口浴缸、抽水马桶等等，现代设备一应俱全地全面进入病房而大搞装修。看看这，我不能不为在设备如此现代化的医院就医而庆幸，也为医院如此不断上“档次”而满是忧心了。设备还没如此“现代化”时，住次院，医疗费都是几千上万，甚至几万才出得了门。对此，医生也发牢骚，说每买回一台新设备时，有关部门都有在很短时间收回成本的时限。于是，在这很短的时限内，就尽量加大这一设备的使用率，不管收费是否合理，成本也就在这一时段全部分摊在受用者的头上了。有的疾病，本来需要做的某项检查，不一定要用它，对此，是可以用病历为据，但是，人家不管你需不需用，也等用了它再说。病人，本来也只有听医生的份，接受治疗。之后，自然也只有接过发单交钱的份。

公费医疗的单位，弄得每家的有关经费紧张、超支，有关此项管理的单位再向医院提出收费存在的问题时，听医生的牢骚，也不是完全没有道理。可是，我本身就有过这样的经历：有次，老花镜架坏了，医生看这镜子有些年月了，就叫到一家跟医院有联系的镜店重配一副。同时，每周还定期去看一次专家门诊。每次左检查右检查，发炎、白内障等等，好像眼科所有的病名，都给我说过了一遍，有的，也是不确定地在病名前加了“好像”二字：弄得怪复杂的，心也安静不下来。有段时间，停用记账单，改为凭单报销。看病前，我摸摸口袋，有二百九十多块钱，也就放心地去了。不想，开了药方一计价，是三百二十多，只好回家拿了钱再取药。看了几管眼药，我不能不问：“这就值这么多钱吗?”“这是丹麦、瑞士的眼药!”“咱这普通中国百姓的眼睛，还用得着用丹麦、瑞士眼药吗?”咱离休后，虽然医药费可以全报销，但机关经费紧张，用得也是心疼。可不管怎么说，用了钱能医病也行呀。可每周都到这些“专家”面前，就是不开药也得用笔检查费，而眼况却未得到任何控制。半年下来，报销的单子一大摞。有天，在街上偶尔看到像我坏了的那种样式和材料的镜架，取了旧镜片去配了副镜架，戴了两天，眼睛什么毛病也没有了。原来，先头验光细致、准确，左右眼老花的度数不一样，而且右眼还加散光。可在这之前，专家查来查去，说有这病那病，哪怕也说一声“好像”再叫看看眼镜是否有问题也好，可这“专家”就不说这眼镜“好像”有问题。虽然自始至终都没用上限时收回成本的新设备，可这丹麦眼药开出来，也便宜不了谁……有了这番教训，再听医院一而再、再而三地往上上“档次”，几乎真的要闻此风而丧胆了。

凑巧，这次望着这些新设备要给医院上档次时，我还为“植物人”三字在内科的辞典上查不到有关词条，要顺便问问它的学名和学理。可是，一个个都只会说“是对外界失去感应和知觉……”之类的话，完全答非所问。连是否另有学名这一事，也没有个肯定的答复，更不用讲学理。我本来就是从报上看到有原来判定为“植物人”者能讲话了才有兴趣去了解这事的。然而，照他们的答复，也就完全无法解决我的疑问和好奇了。由此，再想到那丹麦眼药，我也不能不想：尽管医院这样不断上“档次”，就是叫我们医药费全给包下来的人也同样为难，因为谁也无法从这“档次”上得到有利于治病的条件。但病人看病，最根本的，不就是看医生的工夫么？所有的大学、医院、科研单位，它们在群众眼里的“档次”，不都是与里面的名教授、名专家同名么？

抗战时的“西南联大”，那校舍比今日北京留下的一些旧防震棚都不如，这样说，也不是要舍弃今日条件的优越，但那些名家培养的弟子，许多都是闻名中外的世界级的人物，更是不能不正视的事实。因此，医院“档次”的提高，显然不能仅在搞“空调”等等问题上下工夫了。不然，再“现代化”又能怎样呢？看去，还不是一个绣花枕头？当然，绣花枕套也是有级别的，首先，绣工的高下就大有讲究，还有布面的、缎面的、单面绣、双面绣的，但在里头，可都是同样的一包谷糠。

原载 1996 年 6 月 19 日《大河文化报》

文学奖的含金量

记得云南丽江闹地震的消息，是当晚开了一天会要休息时从《晚间新闻》知道的。虽然很晚了，住在同一饭店的，特别是海外的朋友，对我这个昆明有家的人，依然要来个电话慰问，使我深受感动。同胞之情，血浓于水。第二天，在会场外，灾情当然还是交谈的热点。不想，有位先生突来一句："没关系，云南的《大家》有钱，多拿出点来救灾就解决问题了。"话是一句，还是各有各的听法，也不能不引人深思。

这两年被媒体"炒"得颇热，被誉为高雅的、豪华的，云南出版的文学期刊《大家》，去年授予长篇的文学大奖，奖金十万，是超过以往国内任何一项文学奖之奖金金额，仅从这点看，真的可谓"大奖"。对此，媒体"炒"得也热，人们议论得也热。

尽管对这次获奖的作品颇多异议，但颁奖者总是以此具体地表明他们在文学创作上提倡什么，鼓励、支持什么，并以获奖作品为标杆。对于我们自身处于不断听到要"文学多元化"之多"元"的时代，不同的文学，总在代表着不同人的利益和愿望。对一部作品要有个统一的看法，是否必要，可以讨论，但不可能，却是无疑。若由此认为此中就无是非可言，也算走进了死胡同吧。但，颁奖者想以此奖之“大”来树立此奖的“权威性”，在多种的异议之中，也已形成与颁奖者愿违的事实，就更是不能不正视的现实。

这不能不让人想到以法国作家埃蒙德·德·龚古尔（Emond de Goncourt 1822～1896）、茹尔·德·龚古尔（Jules de Goncourt 1830～1870）兄弟命名的，于1902年创立的法国最重要的私人文学团体“龚古尔学院”，每年评选出当年出版的最佳小说之一种文学奖——“龚古尔奖”。获奖者，奖金只是象征意义的五十法郎，并被邀到巴黎歌剧院大道的广场边上的德鲁昂餐馆，同评委在一道吃顿晚饭罢了。可是它的权威性影响，甚至超过法兰西学院文学大奖。是多少人梦寐以求的啊。作家一旦获此殊荣，他的这本书至少可卖出五六万册，给作家和出版商都带来可观的收益，更有非钱可计的文学声誉。此时，这区区小数可掂出的文学值之含金量，又远远不是那种多少万可比的。

这样说，不是笼统的反对给作品予物质奖，还提倡像战争年代那样，送支钢笔或笔记本作个意思。对于不少与边沿山区的山民同样需要“脱贫”的正直的知识分子，奖金额的增加，对他们之中能获奖者，更是好事。若《大家》的奖金为此再翻十番，更该拍手欢迎。但作为文学奖，若奖金与作品之文学值的含金量不相关，由钱的多少来看作品身价，那么，它奖的也就不是文学，而是文学拿了钱的卖身了。

这也不是针对哪项“大奖”而言，而是如今的奖，实在评得太多太滥，听了都摇头。怎么使我们的评奖是在极其严肃认真地进行中而提高其权威性，这就更是都在忙于评奖时不能不认真考虑的问题。

这事，说来容易，做来不易。从报上某些随笔的夹缝里还是不时披露出的某些评奖花絮看，评委和工作人员要应付那多请客、送礼或搞其他“活动”者，甚至是有来头的说客，也真难为他们了。有的，还不走“评”的过场，是有了得主再找人评，评委写的评语公开时，也是好话则留，批评的全删，把评委大耍一顿。巴金同志有篇短文谈到某次新诗评奖，也说到评委多评自己，影响不好。至于有的小报小刊收参赛费的、人人有奖的“评奖”，给什么奖则由交钱的多少来定，就更是乌七八糟地在亵渎文学了。这其中深刻的文学社会学，无非在说明事物再简单不过的因果关系：当文学评奖的功夫全在文外，怎么可能得到它在“文”上的影响与权威呢。

无怪人们对这些事不仅不感兴趣，还不能不反感。可这种奖还是有它一种用处，那就是在提干和评职称时，对于有些不清楚这些奥妙的组织、人事干部还能大“蒙”特“蒙”。由此，它起劲的作用，也只是它扮演了骗子的角色。

前几年，也有“文学要回到文学上来”的提法，当它用于否定文学与社会生活的关系，要它关进象牙塔，那是绝对无法接受的。可是，该当评文论艺，却全看文外功夫之时，还是不能不请那些先生回到作品的文本上来评，才可能获得这项文学奖的威望与权威性，但要做到这点，恐怕又要再到文外，治治文外、文坛的腐败之风了。

再遇灾情，又遇到在议论某项文学奖的奖金时，那么，不论奖金额的大小，颁奖者是否愿出钱救灾，首先，还是希望获奖作品能有与奖金同值的文学值的含金量，能使灾民中的读者从中得到精神的黄金，而有建造生活的信心和力量！

原载 1996 年 6 月 14 日《花潮》

捐班·入典·泡沫

有段时间，多种文摘报刊都摘录了一段著名学者钱钟书拒绝“东方之子”采访摄像的消息。字数不多，却特引人注意；学者严于治学甘于寂寞的风骨令人肃然起敬；可也有人想着老头子太倔，大可不必如此。

从世俗的眼光看，钱老如此，出人意料。我曾见过一个某地的文人，是个很会“炒”自己的人物，常常折腾一些有惊人之举的点子，闹热得在他编的刊上也只见他的点子，反而顾不及问其他。这，大概是在市场中太懂得给自己“包装”的学问。有次，偶然见此先生向企业“拉”“赞助”，说要多少多少万，才好接待“东方之子”的编、摄人员，其实，全在为自己上银屏而张罗。“东方之子”是否会买他的账，无从得知。凭肉眼看去，如看他那些花花哨哨的点子之毫无内容的背面，这号人即便上了银屏也无多少“魅力”可展示。但一旦成了“东方之子”，也就成了舆论认可的某方面有成就的代表人物，在本人太讲实际太重功利之心的驱动下，再有舆论开道，不愁名利不来。

这，倒叫人想起封建社会的“捐纳”，它，始于秦始皇，“捐纳”者为救灾、缴粟千石，拜爵一级。到清代，尤其是鸦片战争后，广开捐例，京官自郎中以下，外官自道台以下，均可“捐纳”。官职成商品，官场的腐败，骇人听闻，倒反美其名为“捐班”。照鲁迅先生所说：“到了民国，官总算说是没有了捐班，然而捐班之途，实际上倒是开展了起来，连‘学士文人’也可以由此弄得到顶戴。”鲁迅先生1933年说的这番话，已过一个甲子，在我们的社会里任何一个单位，即便它腐败得无法收拾，怕也不敢公开收钱卖官。然而，先生说到当年“学士文人”为得“顶戴”，如：要捐学者罢，那就收买一批古董，结识几位清客，并且雇几个工人，拓出古董上面的花纹和文字，用玻璃板印成一部书，名之曰“什么集古录”或“什么考古录”，那“学者”之名也就随之而来。相比之下，它与今日胡编乱造，东拼西凑而成书者，毫不逊色，再要使出将自己“炒”上银屏当为什么“家”什么“星”的功夫，那些只会在古董上摘点拓片的，就更要望洋兴叹，自叹不如了。

当年“捐官可以希望刮地皮”，“捐学者文人”则“名利双收”，诸如将“电影明星和摩登女子的照片”当“新时代的美术”者的“文学家”或“艺术家”也就这样起来了。“所以也还会有人忙着做名人辞典，造文艺史，出作家论，编自传。”所以鲁迅认为，文人除了分为罗曼派、古典派等，为了“历史要‘真’”，还要“另外分出一种‘捐班’派来①。”

“捐班派”之“真”，怎么入史，当代难以知晓，但他们在现实中的“真”却一目了然。他等以“名人”招摇、要待

① 《鲁迅全集·准风月谈·各种捐班》，人民文学出版社1981年版。

遇、要官的等等，更不在话下。然而，要是过去干这些还需要鲁迅说的“投资”的话，那么，如今请你入典，他也入史，诸如编印“辞典”却也是生财之道。每个科研、文化单位的人员，每年都可以收到不少那些神通广大弄到许多花名册者而来邀人入典的通知，上面除了要你写自己的词条和照片，就要你交多少钱。这套遭各方批评后，又是请你买几本有你的词条的《辞典》，每本都在百元以上，每本又收有几千条词条，这笔进账，叫个公务员几辈子也挣不来。这，在群众深恶痛绝“倒爷”时，此种不论说它是“文倒”还是“倒文”，倒还方兴未艾呢。

有次在某地，我还故意向一家曾邀请我入典之处走去，在座民居小楼前，房主说他楼上的房客早搬了，而且还知点内情，说此人都没留本自己编的《辞典》就不知搬到哪里去了。就是人们一度以列入其中为荣的英国《世界名人辞典》，在英国驻华使馆出来公开声明，说它完全是纯商业行为，与政府的文化政策毫无关系时，一切也就像在阳光下吹起闪耀七彩、转瞬破碎又不留半点痕迹的肥皂泡，是颇有景观的泡沫经济的文化泡沫现象。

这一切，当然是就鲁迅先生称之的所谓“学士文人”中的“捐班派”而言，对于那为人民作出了贡献，有真才实学的学者，入典上银屏已不是给他个人的荣誉，而是我们事业所需的榜样的力量。可是当这一切被“捐班派”弄得如此乌糟时，钱钟书先生所以那么做，还需要别人对此另做什么解释么？

原载 1996 年 6 月 8 日《花潮》

说“时髦”与“流行”

一般来说，爱美之心，人皆有之，大概是不会错的。可是，怎么算“美”，却是美学，还是我们现实生活之中的社会学所无法避开的一大学问。

不过，目前在市井之中，“美”，一般也常被当作“时髦”的同义语。《后汉书·顺帝纪赞》：“孝顺初立，时髦允集。”李贤注：“《尔雅》曰：‘髦，俊也。’郭瑛注曰：‘士中之俊，犹毛中之髦’”，也就是趋时，现代人说的“新潮”。

随着物质文明产生的工业生产的发展、竞争，以及为产品促销的花样，在消费上处心积虑地营造一种追求“流行”的浮华心态，也就成了某种商业行为的自身需要。表现得特别明显的，就是服饰的流行与变化。在一阵一阵流行的旋风之中，它一方面在满足人的物欲，同时也在刺激物欲的膨胀。尤其在讲“流行”之中也日益讲“高档”、“华贵”之时，那广告词上说的“领导时代新潮流”者，就不仅指那些生活宽裕可以效颦者，而是高消费所依仗的有钱人，并以此作他们攀富比阔而显示各自优越感的大舞台。所以，过去就有“靡然从风”之说。这风，扩散“纷华糜丽”之“糜”，“偃蹇傲世”之“偃”。对慕虚荣者之从风，可成为足够的无形压力。

流行的，本来就是一阵一阵的模式化，而美的，却必然是个性化的。这样说，并不否定某种流行的一旦与某人的个性、气质契合也能是美的。但绝不能笼统地说流行的即是美的。如流行横条花与直条花，需要减肥的妇女要是选前者，瘦长个儿的若选后者，那只能凸现她们身材的弱点。日本报刊说，中国流行以手持大哥大作其身份的标志。这“身份”，自然是以腰缠多少定身价。要是一位政府官员在大庭广众之前，站在他的小车边昂着头对着大哥大嘶叫，看来就恰恰是与其身份很不得体，是一个缺乏教养者的形象。在发达地区，也不是大家都放弃这种通讯设备能给人的方便之处，但，即使在人群中有急需它的，也是找个没人的地方从衣服内口袋拿出这种“手提机”来用，完全不是玩在手上炫耀的。前些年，好些外国朋友看到不少人身穿的西服袖头上所留有的商标大为不解，知道这是以名牌商标显示其身份时，只能哈哈大笑。只用一眼，就可以看出它是名牌的假冒，其售价还赶不上真货的零头数。无怪一位从云南出外多年，已是外籍人士者进“昆交会”，看到会上服务员的袖头一律如此时，竟怒不可遏地冲着他们叫：“你给我们云南丢什么人嘛！”弄得这些服务员既不好“回敬”外宾，同样也是火冒三丈。流行，不能叫人自省其心之虚荣，反会刺激、膨胀虚荣心。

虚荣心，对虚荣性的消费，无疑是迅速扩大“流行”的激素。但“流行”的扩大而使其所流行的一旦成为一种模式时，又使“领导时代新潮流者”，不仅悖发其喜新厌旧的心理，更为其流于从俗的模式而失落了优越感。于是，不断地花样翻新促使一种花样的流行期也越来越短；为此趋时的商品也只管花俏不求实用。但工薪阶层花半月所得，买双鞋穿一周就完了，还听到“高消费就是叫你多买多扔嘛”的训词，是不会有谁买这个账的！

应该说，物极必反。所以才有人将新衣剪些窟窿，牛仔裤（按原文 Blue Jeans 该读作蓝色工作裤）要石磨；不穿泳装的游泳池，谁要目光斜视，准得遭人怒目，是真的“回归”到“自然”，人于此中，似在罗丹的人体雕塑群中穿行；英国有在其中享受裸体日光浴的俱乐部，进去的要是皇族才行呢。开国之初，我到过一个原始部落，男女全无衣裤，他们遭受贫困落后的折磨，看了叫人心酸；20 世纪 80 年代初，听说西方有人试验在下身的皮肉上画条裤衩，真是“此地无银三百两”的挑逗，是反“自然”的“现代”，也就无法推广，更不合我们国情。

我们还是在发展中的，生活日益改善的国家，为更大的发展，要付出更大的努力。即便个个肥得流油，要也“靡然从风”，终非吉兆。被诱导去追风者，活得也太累。过去宣传雷锋一无所有，后说雷锋还是“懂得生活”，有块手表和一条毛料裤的说法，都不可取。若似西方某些人那样去“回归自然”，还上山用原始的方法开荒，尤其在今日中国，是没有必要的。而中国，是否又像西方某些媒体所说，中产阶级大量崛起？我只见我周围的朋友，还无有能如此崛起者。我也看到中产阶级大量崛起的地区，贫富差距拉大，社会动荡不稳，当局大喊“均富”。记得少年时参军，同行者将家里送来花俏一点的，哪怕是内衣，也一概退回。并非有人对此说过什么，而是自己感到穿不出去。世风俭朴，要面对现实，自然从风。今天，致力于生活水平的提高与提倡勤俭虽不相悖，也不是花一点的衣服也穿不出去的那种苦行僧生活方式的再版。但，既有靡然从风之“风”，总应该，也可以有抵制种种为此攀富比阔，拜物拜金而笑贫不笑娼的腐朽概念。虽然无需效仿西方某种“回归自然”的行为方式，总还要懂得朴素的“自然”而显出自我的美学，从而将天性的爱美之心真正成为表现出美的潇洒。那样，可以少去多少为追“风”而耗去的精力与财力，免于追得辛苦却空虚，忙乱更无聊啊。对于更多自主于外，绝不从“风”者，也可免遭趋时所制的花俏不实用，价高不耐用的商品所带来之苦啊。

原载《周末》273 期（1996. 5. 17）

谁 有 病

记得，前人曾有诗句说道，天色异常是天有病，而人有病，只要没有什么特殊情况，也是可以从脸色看出来的。虽然，精神病患者在不发作时并不总是那么狂躁、兴奋，处于整个思维活动和自觉的心理状态的失常，也就是歇斯底里（hysteric）。但，被诊断为精神病患者，也不可能不现出他失常的行为方式。因此，要看谁有精神病，也不是太神秘和不可知的。

近日，我是莫名其妙地听到一位同志有精神病的流言。

这位同志，不能说熟，还是有几面之缘。在群众之中，口碑甚佳。他一上任，群众之间就很热闹地说到，有一伙人宴请他，都被他罢宴拂袖而去。那既为此尴尬，又为自己圆场地说："他不吃，我们还不会吃?"可吃过之后，传出他等互问之语是："他这么搞，不就是说我们是腐败的贪官?"这自问，不知是否可代自答。之后，听到他在某处巧遇当地一项大的工程完工，原来准备第二天剪彩的几把剪刀，为他的到来又再加一把，请他也来热闹。结果，他不仅谢绝了，而且提出这样的建议：不要尽请这多官员剪彩，有两把剪刀就够了；最好请为此项工程作出突出贡献的工人代表，和健在的，老一代曾参加解放这个地方的工人阶级先锋队中的代表持剪。对此，包括广大干部的人民群众，反映都特好，特强烈。可那些本来准备持剪风光风光的先生却满不高兴："标新立异，讨好工人！"说标新，其实一点也不新，无非按照革命老传统想事，说这为"异"，是说此话的人把自己对立在传统之外而"异"吧。说"讨好"，这两个字在这里当然不是当好话说。可是，为什么这位同志，总想到（哪怕说"讨好"）工人，而你等不仅不会为自己忘记工人为耻，还不满别人的"讨好"呢？这些人的这番话，倒加深了我对这位同志的认识和感情。

几个月后，再到此地。茶余饭后多次在闲谈之中听到这位同志要结婚的"新闻"。一位总能想着工人，埋头工作的同志，中年能成家，当然是好事。可是一说到这位同志找的对象，不仅稍有名气、还是军婚的小女人，是将他放在第三者的位置，我就知道这是恶意中伤的流长蜚短。因为在这之前，我就听说那些讲"他这么搞，不就是说我们是腐败的贪官"者，为要这位同志能跟他等一个样，老想跟他套近乎，知道他独居，就一伙人都拥上来给他介绍对象，都被他谢绝。在中国，从生活上是最容易把一个人搞臭的，他等对他，拉不成就打罢，后来流长蜚短的，就说我们这位同志有精神病！

这倒叫人不能不好好想想，到底是谁有精神病？要看谁的思维活动是否失常而失态，就得看"失常"和"正常"的常理常规是什么了。

很显然，有的在我们这个社会本当为"公仆"的，一旦"主""仆"错位，当官做老爷，于是，本该"为人民服务"的观念，自然只能成为酒、色、财、气的追求。对于不与之合流者，也自然视为精神病了。

不过，从一开始，他等说的“他这么搞，不就是说我们是腐败的贪官”来看，这些人，还是不愿背上不光彩的“腐败”二字的，也明知自己难以自拔的这一套，在人民和法纪面前是站不住脚的，却还是愿在一种腐败的现实生活之中潇洒，并成了一种顽固的、惯性的堕性。这种人是否该列为“腐败份子”，自然只有纪委监定。但他等总是在各种不正之风、包括自己也在当中鼓着风地，舒舒服服地往那边滑，却是毫无疑问的。当他等身边有位讲原则、有正气的同志出现，群众即便不作对比，他等也会考虑利害。拉拉打打的一手，正是此种的需要。但这一拉一打，也更表现出他等维护那些腐败和不正之风的高度自觉性。用我们正常的政治、道德的常理来看，恰恰是这种指人有病者自己深患重病，病入膏肓了。若不知自省，反而想拉着大家都下水，认为只要大家都一样就万事大吉，那就更完了。

由此，无病者该为自己身心的健康而愉快，可是由上面那些故事来看，健康者被这些带菌接触的病患者所形成的一股力量在包围时，他虽有抗菌力，也可以想到，活得很累。这样的同志，理当敬重。

原载《当代思潮》双月刊 44 期（1997. 4. 20）

迷信与环境

从中央电视台的《焦点访谈·算命也有执照》，将某“易经学术研究中心”打着继承传统文化为幌子所进行的封建迷信活动，在镜头下以犀利、辛辣的笔触，将那些骗子诈骗不成而被揭露之尴尬、互相推诿责任还虚张声势之形、之声，暴露无遗，看得痛快。可是，回头一想，这又仅仅是别处的传奇么？身边不是也常演这样的丑剧么？为此，当提出“旗帜鲜明地反对迷信”，最高法院负责人声称“封建迷信活动应坚决取缔”，教师、家长、心理医生提醒“警惕迷信风刮进中小学”时，我倒感到应该治治自己见怪不怪的麻木症了。

其实，算命卜卦的，挂牌招摇而有活动的市场，还是因为有人愿意去送钱受骗。因此，要治封建迷信活动，也是一项综合工程，最根本的，还在于能真正深入地进行辩证唯物主义的宣传教育。接受这一教育的方式，当然不应限于在课堂听课。事实上，更多的还在于整个社会的文化环境对人的影响。例如以“八”为“发”而炒的所谓“吉祥号”所以能够炒得那么“火”，还是因为有那么多狂于以“发”为生的追求者在躁动。何况标卖这些“吉祥”车牌号和电话号的，是完全公开由有关部门大张旗鼓地、并有媒体配合得很有轰动效应的行动呢。如果说书店里那些算命测字的书，虽然摆着公开，其书号、发行还是偷偷摸摸来的，或披以“《易经》研究”之类的伪装。电视上一位部队小演员的杂技表演，整个伴奏都是“阿弥陀佛”的诵经声，演员每个高难动作的结束时，都要作出与演出内容毫不相干的打坐合十状，就真不懂编导的意图何在了。何况，当电脑进入家庭成为社会的经济与文明程度在宣传时，用于家庭电子游戏的软件之中，就有不少突然闯入得叫人不及防范之下的封建迷信及色情的东西。

然而，当前宣传媒体覆盖面之大的，是没有什么可与电视相比的。假日，孩子做完功课，中央台黄金时间播出的节目都不让他们看是说不过去的。可是在校的优秀少先队员看了《武则天》后问家长：“武媚娘是不是白虎星?”这就叫人啼笑皆非，也是不曾预料的猛然袭击。对此剧，众说纷纭，这种宫闱戏在市民中颇有观众，收视率不低也是事实。剧中写到星相师测到“白虎星”日后会当朝，成为朝臣反武而构成的戏剧矛盾，作为那个社会典型的封建特征之一在表现，无可非议，还可以看作塑造人物的典型环境。可是随着剧情的发展，恰恰是在证实这一反科学的“预言”，观众也就无法从中得到科学的认识。这就不能看作营造典型环境之气氛的必然。鲁迅先生笔下的祥林嫂捐门槛给万人踩，以赎自己改嫁之“罪”的情节，读者却感到善良者被封建迷信所害的悲剧。同《武则天》先后播出的另一出电视剧，剧中那整日从关着他的门栅里伸出手在摇货郎鼓的“疯叔”被亲侄大宝误打而死的这一情节，剧中始终是没做什么是非判断的。可是大宝为此同样疯了，听到他人摇货郎鼓，吓得往床下钻，当是疯叔要来抓他，却给人物罩上轮回之说的宿命阴影了。对这些电视剧，这，也可以说它“瑕不掩瑜”。但瑕疵还是瑕疵，一个时候，打开电视，对于敏感、分辨力弱、接收性强的孩子，都被这种“微疵”输入脑里，日后只能成为他们树立辩证唯物观的障碍。若讲起这些事来吓一跳，平日又见怪不怪，使这股阴风得以不散的话，那么，对下面这则广告，当是怪中之怪，见怪也要说怪的了：

乘龙升天　乐土福地

玉案山公墓

玉案山公墓位于昆明城西六公里，风光秀丽，龙似山脉，墓地建于龙背之处，筇竹寺佛光环绕，眺望前方车水马龙，城市风光尽收眼底，南望滇池波光粼粼，天色山水浑然一体，是逝者理想的风水宝地。我公墓建有专用公路和专车直达墓区，也可由黄土坡乘七路、附七路公共车到黑林铺下车，换乘公墓自备车即可。

昆明市西山区玉案山公墓管理所地址：西山黑林铺前街69号

热线电话8182339

……

这则广告，不是街巷之上那种卖春药、治性病，贴在电线杆上的广告字条，它制作精细、色彩夺目，以占半幢楼的巨幅，在昆明圆通寺对过，赫然耸立在当街之处。在省会的中心地带，旅游业的观光点，是你不想看，也少不了也要看到它之处。其内容，除了宣传土葬，要死人跟活人争土地，是与提倡的殡葬办法相对立的。而那街头巷尾算命卜卦者之悄声细语，比起这“乘龙升天”、“佛光环绕”等等蛊惑人心之语的张扬，真是小巫见大巫。好在它对面还有新建的“博览书亭”与报栏，否则真是对四围“学习张家港做文明城市”巨幅布标的巨大讽刺。然而它立在那儿已几年之久了，如若当管此事的部门和人员，忙得顾不过来，或小车过此看不到它，那么，在主仆关系还不错位之时，我们这些城市的主人，见怪不怪的麻木总不正常。阴风不散，总不该视为夏日炎炎时的清风徐来。

原载《周末》268 期（1996. 4. 12）

腐败的另一号包装

开国四十多年来，在我的记忆里，还没看过读者像今天这样在报刊上对作家提出规劝：叫作家“要甘于寂寞”，要作家“守作家的本分”，意味深长地说：“作家，好自为之。”对于这些说法，不论你持什么态度，都值得深思。

同时，针对一些人，还是领导干部“嫌贫爱富”的问题，又见提出了“傍大款”、“攀穷亲”这样一个群众路线问题。这，对于大家都在同一的社会生活里的文艺界，自然也无法超脱于外。

有位同志讲到他所在的单位评职称的时候，包括平时并不见写出什么东西来的人，个个捧来油墨未干的大部头。因为高级职称有名额之限，于是，各家除向评委施以攻（公）关之功，自然还得拿出硬件来：你拿出一本书来，我就印它两本，你拿三本，他还赶印第四本，个个竞相印书，人人著作等身。

本来，没有什么比作者的书更能说明作者了，然而，书都不翻翻就以这样的数字来考核作者的业务水平与成绩，就近乎荒唐了。学者闻一多，生前除了两本在“新月”时的《红烛》、《死水》，他的重要学术著作，尽管通过讲坛已有很大影响，也没印书成册。再看看媒体曝光的那些为出版学术著作奔走筹资的学者教授，以及他们上街卖书的尴尬，又回过头来，再看你三本我四本，一月之内所印之书超过该单位四十多年“创作成绩”之总和的奇绩，就不能不叫人佩服了。在二十几天，不要说“买”，就是从“弄”书号到印刷厂能为你赶制，要没特殊关系，就得甩出大把钞票。要说这能考核水平与成绩，就不如说看谁有钱了。就是有的以公家名义编的《文学丛书》，虽然也没发行渠道对外发行，当其中有的有政治问题被提出来时，回答竟是“我们没有看过稿子”，稿子都不看就能出版？因为人家掏了钱，这钱，自然不只是印书的工本，其中的名堂就多了。所以你三本我四本的，即使每本都是精品，在这个圈子里，除了能写“畅销书”，有高额版税收入的作家可以这样财大气粗，而他等的作品出版还偏偏不屑于如此运作外，对于一般还是以工资收入为生的一个群体来说，其中能为此“投资”多，闹的热火，花得“潇洒”的，也就是能“傍大款”的“能人”。

也有“大款”说：“现在该是我来‘玩’文学了！”此处，这“玩文学”三字，已不是前两年指的那种嬉皮士式的文学游戏。而是那些原本半文盲，本为此自卑者，一旦“发”了，他要“玩文学”之“玩”，其心态，也是戏剧性的吧。至于那另有心计，要顽强表现其思想倾向者，唱的就是另一台戏了。有个有约长期资助某刊的“大款”，原主编一撤换，就毁约了，但还坦率：“我是要用我的钱支持某某按照我的想法去办他那套事，换了人，我们就没那台事了！”这就再也明白不过，他们要扶助的不是文学事业，而有在文学圈内要找代言人的个人目的。这类“款爷”，不是我们平日说的那些为希望工程、为救灾、为文化及其他公益事业慷慨解囊的海外爱国人士及大企业家，以及先富了起来，虽然不是发得太狠，也不忘为国分忧出力的同志。“傍”上这号“款爷”，不要说给你印两本书，就是印多卷本的《文集》，人家也拿出样板来给你看了。这号“爷”，就是不给你支票，送“红包”，也不仅“赞助”，而是全资给你出书，再要搞首发式，还开盛大的“研讨会”，一手掷出多少万，还是很够意思的。本来，首发式、研讨会这种形式，对扩大一些好作品的影响，是很起作用的。可是，有些真的好作品却为无钱，或是作者不愿搞这种形式时，而这些人却为有钱，搞得越来越排场、风光，一个一个搞得，似乎约定俗成地成为对作品和作家在文学上定位的方式时，也就成了荒诞的闹剧了。旁观这套虚浮的东西，并不难明白它对繁荣文学事业是有益还是有害。正如梁晓声同志所说：“今日的评论有时是可以花钱买到的”，“有钱能使鬼推磨”嘛，还怕招不来吹喇叭抬轿子的？可当事者却要抓住它当“无形资产”，作扬名的好方式，作显“荣誉”的广告，作争待遇、地位的本钱。为此，名、利的良性循环使这号人的自我感觉就甭提了，按规定该退也不退，说离了他就说没人干得了，就是因为他自认自己是到了这个“份”上的人物了。当然，“爷们”除了跟文人“结友”以示高雅，但这些好处要能白给，人家也就早捐“希望工程”了。既然有称“爷”者，自然有当孙子的。当孙子的，除了出点子，当参谋，为政策找对策，更要施展其长地吹喇叭，抬轿子。尽管不是任何人想树碑就可以树起来，但今日要写传，也没谁来核定传主的历史，看看评价是否恰当。是到了那“份”上的人写的，短文，愁无处发？有钱，怕没处出书？有的传主，正是群众说的“不三不四”的人，可“不三不四”的历史被改写成受“左”的“迫害”时，这就不论你怎么烦“政治”也只能是“政治”吧。那“爷”们所花的大把钱，对于一般还是以工资为生者已是天文数字，可人家花得值，是互利互惠的交易。报纸所提的《“挂靠”应注意的经济现象》，对这号人，更是走在这一“现象”之前，有的实体，扛着牌子，趁管理混乱之空，“挂靠”在无有法人资格之作家名下的都有。“管理费”没听到公家收到一分钱，好处到哪里去了，自然不能像搞“首发式”、“研讨会”那么做广告，只能是“秘密”。诸如此类之事，是丝毫也无助于文学事业，只能看作以文学包装的腐败行为。

在市场经济之中，作家也不可能超脱在外，他们也要吃饭，希望改善生活，只要取之有道，也无须羞于言钱。但要如此这般的将自己去当商品在交易买卖，也是在今日的市场之上大大超前的交易。我注意到劝作家“好自为之”者，是为有的作品之“媚俗”，“媚俗”固然不可取，而这些人总还是想以爬格子打入市场。劝他们“好自为之”，也是一片好心。但对前面说到的那号人呢，也说一声“好自为之”就行么？

原载1996年3月23日《光明日报·东风》

同志万岁

看到有人由这几十年间彼此一般称呼的变化而发出的感慨，我就想到十来年前，一位内地上沿海地区开会的同志，有事找到大会的服务员，连呼几声“同志”，对方完全不予理会，再叫一声“同志”，人家就睖他一眼。当地的宣传部长走来就告他：“这里兴叫小姐！”他对着这位当地的主人，既有情绪又无奈地嘟囔：

“这是沿海，还不是海外嘛！”

后来我就跟他说：“你叫人家‘同志’，人家认不认你‘同志’哟！”

“我还不一定认她是‘同志’哩！”“这不就结了！”

其实，“同志”之称，古已有之。《国语·晋书四》：“同德则同心，同心则同志”；《后汉书·刘陶传》：“所与交友，必也同志”。可是，在近代，从资产阶级民主革命先行者中山先生创立“兴中会”起，就以聚集在为其民主革命主张而奋斗者之间称“同志”，自大革命到社会主义的共产党人之中，这一“同志”，真是“骄傲的称呼”。从它，想到董存瑞举起炸药包要与敌碉堡同毁时“前进吧同志们”的呼声，这一声“同志”真是惊天动地泣鬼神！年轻时，读过曾卓同志那首《门》：诗人为那“曾经用美丽的谎言来哄骗我们”，“用前进的姿态来吸引我们”的她，“在并不汹涌的波涛中，就投进了残害我们兄弟的人的怀抱”时，诗人是不予“正视一眼”，“让她在门外哭泣”，因为“我们的门不为叛徒者开”。这样的诗，当年是读得少年血热，想着为人就该这样。不想，上了年纪后，遇事认真些，就少不了遭议论：“这是什么年代了，怎么还那么古板，不开窍呢?”岁月真像要给人心磨上一层厚茧，好似是非都不要了，就可以相安无事。

然而，就是想相安无事，也不一定就能相安无事。有位朋友，前些年在机关里为历史遗留下来的一桩冤案平反，不想，这却触怒了那一手制造这一冤案、同是他“恩师”的、新时期也是以“开放”而出名的人物，把他叫去当面教训一顿后，他也一直闷声不吭。就是这位“恩师”死后，他也是主张应历史地予以肯定其一生。然而，在此事执行过程中，竟传出这“恩师”背后骂他“叛徒”的恶语。他也只是说“这算怎么回事呢，我不就是执行政策嘛!”当“执行政策”被这种以自我中心者将逆其志者之所以视为叛逆，不仅不怪，倒是必然。可是这样把自己置于政策的对立面，就不知自己要扮红脸还是唱白脸了。

有趣的是，这位同志有位少年时的同学，我年轻时也很熟。近年他见我与此君从无来往，多次问我“这是为什么?”，我也是一直闷声不吭。后来，这位好心的同志竟提出他们夫妇陪我去看看他的“老同学”，也被我谢绝，心肠太热的同志就感到我有点不近人情了。那时，他为那“老同学”多次提出其待遇问题，并为之奔走。而这位“老同学”更是一天几个电话，三天两头地往他家联络感情，并且提出要收他儿子当干儿子，完全要成一家人了。西谚有“急需或困乏时的朋友才是真正的朋友”。这位同志这时能解其“急需”，自然当是“朋友”，还是“好友”了。可是，人总有不为其所需的时候，何况，在一些问题上有分歧，分歧本身的是非问题，还可以叫别人翻脸不认人，并节节进攻呢。有次，这位同志又被他的上级召去，也是训斥似的，莫明其妙地指出他有这个问题那个问题。若这些“问题”只是某些看法的分歧，自然要让人家有他的看法，可是，这些“问题”却完全是无中生有的诬陷。对此，他不能不吭，而是义正词严地一一驳回。但他看见这位上级每提出个“问题”都从口袋里掏出的一张小纸条，原来全是那位“同学”写的。这种不是正常的，实事求是的向上反映情况，也不是我们需要的、健康的批评与自我批评，完全是无中生有、偷偷摸摸的，人所不齿的告黑状，我们这位同志修养再好，也无法叫他愉快。

后来他对我说：“我明白你为什么对那个人那个样子了！”我也告诉他，我就是在落实政策时，在发还抄去的东西时，发现有张不是“小”而是“大”的“条子”。点检物件时，工作人员也看到由于疏忽将这一夹在其中的“大条”，而赶忙抽了回去。但我还是粗粗溜了一眼，其中有一条说到1957年我在天津时买衬衣说了一句“我不要那种人造丝的，要穿丝的就买真丝的”，就上纲到“首先在生活上就已堕落到修正主义”，在政治上则将我从1952年起就在迎合、配合冯雪峰的修正主义文艺观点等等。将我这么个小人物同当时已打成“大右派”的雪峰联在一起，其结果，可想而知。当然，也不是说以他这一纸才给我定了案，可总算落井下石罢。不见此纸，他那身才子气、儒雅风，还是当时我这“小资产阶级”所敬重的人物。之前，我是不相信人家说他是为了要跟老婆离婚，就拼命检举得老婆当了“右派”；可是看到这张“大条子”后，我想咱走远一点总还可以。那位同志似乎也是持这么个态度，可他那位“老同学”却不放过任何可攻他的机会。当众演讲，竟可以说他“另提口号，对抗‘双百’方针”。这要在1957年，还不把人置于死地。平日思想“解放”得也是不可想象的，如此极“左”，自然也是为某种“急需”而为吧。可他这位总有随便怎么说的“自由”，活得很符合当今流行的那种“潇洒”的“老同学”，不想得了绝症之后，又有“急需”这位同志之处，由其家属找上门来了。这位同志还是尽他之所能帮了忙，不想又有人说：“他们本来就没有什么原则分歧，自然也就没有什么不可调和的分歧！”这回，我们这位同志当场就严正声明：“救死扶伤的人道主义不等于不分是非，不要是非！”事后竟然有人还是那么说：“这年月，怎么还是那么古板，就不会活络一点！”本来，就是这么“古板”嘛，这也不是为了要把谁怎么样和能把谁怎么样，但若遇事不讲是非而去如此“活络”，也就要你无需讲什么是非了。如今提倡“讲正气”，若非仅仅限于高层，限于国家大事之“气”，那么，普通百姓、一般干部间，总不该反而以讲正气、讲是非为耻吧。

这，使我又想到曾卓同志的《门》那样讲爱憎的年代，虽然现在的许多是非也不是敌我问题，同时，现在有人也忌讳讲“立场”、“观点”，但总的还得承认祖宗说的“物以类聚，人以群分”吧。要相安无事，在这人人都珍惜“民主”与“自由”的年代，不能为“同志”者，也不能非得要人入伙作同党吧。

若说“急需或困乏时的朋友才是真正的朋友”，那么上面说到那种懂得怎么“急”自己之所“需”的人，和在解放战争中，为部队前进受阻、“急”国家、民族的胜利之所“需”，舍身炸碉堡时高呼“前进吧同志”之同志的所“需”，也总该把它们区别开来吧！由此，我真想为人间的同志情高呼：“同志万岁!”

原载《作品与争鸣》月刊183期（1996. 3. 17）

舆论监督与“骂娘”①

目前，有的同志反复要求大家把成绩讲“够”、把问题讲“透”，于是，讲什么都是半对半，总怕“透”了不“够”，结果，常常不是不“够”，却是“够”得冲淡了“透”。因此，想又“够”又“透”时，常常是不“够”又不“透”。

现在，群众的心态就是这样，如果你讲问题时羞羞答答，缺乏公开正视现实的勇气，那么，你已讲“够”的东西，也无法“够”在人们心里。因此，我也常想，我们有些同志为什么对这些年“改革”、“开放”的成绩，这么缺乏自信呢？生怕群众不知其“够”，或是担心群众“透”了的心态，就是不正常，不健康，甚至显得有些虚弱了。目前，我们只想着需要安定感，同样也需要紧迫感和危机感啊。属于一个时代的伟绩，人们对其中的问题，说了那么一点，哪怕说得偏激，若是那点意见就能把人说得失去信心，那么，这“伟绩”也就不“伟”了。事实上，除了不排斥有“别有用心”者，更多的还是关心形势严峻一面的同志，倒是与国家，与民族共呼吸的忧国忧民者，他们要是对国家持悲观态度，就无所忧了，他们要是暴发的倒

---

① 此为1989年3月，被邀参加云南省政协六届二次会议无党派人士座谈的发言记录。

爷，又何忧之有？

我们常听到一句话：说现在不少人“端起碗吃肉，放下筷子‘骂娘’”。各种讲活、文章也从不同的角度，引用过它。我想，吃了肉就不能骂娘吗？骂了娘是否就是说肉不好吃呢？电视上报道全国工代会代表就说：“我们骂娘是骂不正之风！”当然，事实可能不是这么简单，就这位同志所言，骂不正之风，恰恰是为改革清除障碍的舆论，要把它看作心态不正常者之言，恐怕自己就心态不正常。

这里，我必须申明自己一个观点：再正确的意见，用以“骂”也是不好的；但它成为一种普遍的社会现象时，这又仅仅是个人修养与文化素质的问题吗？

不久前，我遇见昆明某个饭店的服务员，这些人是看够了灯红酒绿下的肮脏交易，但他们是“懂得自己的身份”，不敢“乱说乱动”的。有次，有个会议在那里召开，有位省委干部知道了此中情况，就动员他写了份检举，对他予以政策上使人为之鼓舞的启示。然而，检举一写上去，七批八转，又转到饭店经理手上。事情有了这一戏剧性的情节，这个服务员以后还怎么过嘛。在所谓的“优化组合”中，当然得解聘，敲了他的饭碗叫他滚。一个本来是用以深化改革的“优化组合”的措施，却被这些人冠冕堂皇地做得完全不是共产党干部该干的事。有关部门如此处理群众意见，也实在令人气愤，就是在这里，我也无法对被检举者直呼其名，倒不是我怕报复，而是在这种人手下活命的人，是经不起他报复的。唉，现在舆论监督的力量太微弱了。报纸上能揭发谁，那是需要揭发谁，否则，是上不了报的。何况，一个饭店经理，过个年可以将仓库数以吨计的肉食、水果分送给各种各样的关系户，以谢各方对饭店工作的“支持”与“帮助”，因此，舆论的力量较之这种物资的力量，真是“蚍蜉撼大树”。我再说一次，我不同意“骂娘”，但是，有的“骂娘”，确实是有话没处说啊！因此，这本身就是一个很深刻的问题，从某个角度看，也许是不亚于经济问题的问题。

毋庸讳言，在我们眼前，有不少困难；不能忘记，在这一穷二白的土地上，我们就是在困难中成长、壮大的。当年能够战胜一切困难的主要武器，就是拥有民心。今天我们在其他的条件方面，比过去已强百倍，但在这一方面，就未必能和当年比。想想那些有话找不到地方说，只能“骂娘”的，也就不难明白了。比起他们，在座的都是幸运的，每年都请到这里来提意见，写提案。五年前，我提请为本省的老一辈艺术家录像，抢救资料的提案，不想，为此带来好多件批示、转件，都予以比现在出版作品更好的纸张给很漂亮地打印出来，而且不得不承认上面鲜红的官印是一种权威的象征。我收到这样的复函，并且是派专人送到我手上，我真为国家有这样的公仆给我们“龙的传人”带来的希望而骄傲。但是，连续五年间我都问问这批艺术家的情况，结果，证实我所希望的，如镜花水月，复函是一纸空文时，我就与那些有话没处说的人相比，真不知该笑还是该哭了。

在我们周围，恶性膨胀的是什么呢？是不正之风、贪污受贿等等。不论治理得怎样，它总还是在理论上、舆论上受到指责的，然而，更多能畅通无阻的舆论又是些什么舆论呢？

目前，在把形势之好讲“够”时，各种文章都是以冰箱、彩电、收录机的生产、销售量，甚至把楼堂馆所林立当作改革带来的新气象而视为“大好形势”。而我们目前要治理的投资膨胀、消费膨胀，既是“大好形势”的表现自然只该发展，又何须治理？治理“大好形势”，不是要成历史罪人么？

在宣传为政清廉之“清廉”问题，本来是封建统治时期就讲的一个问题，香港的“廉政公署”之设置、工作，也是一直为世人所注目的。在我们社会主义国家的“三反”、“五反”之后三十多年，重提这个问题，既是现实之必须，却并不是社会进步的里程。可是，各级不少署名文章，却硬说贪污受贿是改革开放中所不可避免的，说比起其他开放的地区，我国要好得多了。既然这些腐败现象是不可避免的，那也就是规律性的东西，对于信奉唯物主义者，自然只有尊重规律，还谈什么“治理”呢？

为了补充说明这一点，我想说这么一个事，在清理整顿中，有公安人员说，上级叫在清理企业中要他们“保护”“企业家”。在这里“保护”二字的特定含义是不用我解释的。本来，在强调“法治”的今日，依法办事，法律面前，人人平等就很好嘛。在清理整顿中，当然要涉及某些违法乱纪的所谓的“企业家”，若清理他们，不是依法办事，而是另行“保护”政策，那还清理什么？所以，到今天才会杀鸡猴不看啊，何况，鸡还不给杀呢！

中国的“改革”、“开放”，只能是中国式的。经济、政治、文化上都只能这样。都必须考虑到我们的地理、人口、历史、民风民俗、政治经济制度、伦理道德和几千年的文化传统，对其中不合理的，要在前进中扬弃、改造。若采取虚无的态度，则会受到虚无的惩罚。如果，我们要坚持党的领导，又要全盘西化，那么，就像我们过去四万一台的机器，过去生产四台卖十六万，现在生产价格提到了二十万的一台，卖了一台反而多了四万，就想以此说明生产力的增长，只能是自欺欺人。

当我们群众为治安、为社会风气败坏而不安时，我们的报刊舆论却说社会的进步常常是需要以道德的沦丧为代价。那么，在座的都是要振兴中华的有识之士，是否都准备为自己之志向而先堕落一番呢？那样，是否就是社会进步的标志？这些高论，在群众心理上的影响，是为开放、改革开了道，还是抹了黑、设置了障碍呢？

毋怪这两年，不少为买办和洋务派论其历史功绩的文字也不时出现，本来，在讲自由的年代，尤其在这方面能突出地体现自由的时候，是应该允许其自由的。由此，人们也不能不有这样想的自由，那就是：过去推翻官僚买办的革命，即便不叫逆历史的潮流而动，也该叫作“左”的产物。那么，中国的历史应该重写了。许多我们尊敬的、认为革命有功的人，照到以上的思维取向，不论公开不公开，都应“重新评价”了。

就是近期的《春城晚报》，还转载有一篇关于重新评价李鸿章的短文，说他当年之所作，乃是“改革”、“开放”

之所为。要是采取如此评价李鸿章的思想取向，当年“老佛爷”处理所谓“友邦”和“家奴”的原则，也就可以冠以“改革”、“开放”的美称了。当“改革”“开放”被这些笔杆子等同“崇洋媚外”，甚至与卖身投靠、卖国求荣混为一谈时，他们是否想到，在他们为这些所谓“开放”的“先行者”唱赞歌时，又将我们今天国家和民族所需的真正“改革”、“开放”，以及由此必然呼唤真正的“改革”、“开放”的英雄置于何种地位呢？

前年，纪念抗战50周年，经过民族解放战争的人，看到现在演的《放下你的鞭子》，总是感到不对味，剧团的人就说，演员举手高呼打倒侵略者的时候，心里想到还是他们的彩电、冰箱好时，怎么又能对戏对味呢？

这也是历史的必然么？

转折时期，泥沙俱下，谁也不会奇怪，但是，成为一种思潮，就不能视为正常了。经过太多政治风浪的中国人，对这类文字，总喜欢研究它的背景。我，是不想去知道或打听它的背景的。但是，它能很时髦地兴起，是与我们不少负责干部的政治短视有关。这类人，只看眼前，只求“实用”，重对策研究，轻基础理论，也是什么都想“立竿见影”，只要有人跟着起哄，有那个气氛就好，至于这些说法在“立竿”后“见”的什么“影”，最终在人们心头是绿荫还是阴影，就没有多想了。它对人民跟历史和理想的感情和对我们政治行为长远的、远大的最终目的，就缺乏为其目的之所想了。

这里，我还得说几句与我职业有关的话。

今天，“读书无用论”的抬头，是很值得忧虑的。现代化的社会之“现代化”，其本质就在于知识价值，二十年转眼就过去了，若新的一代是些文盲、科盲，要使经济建设上得去，真是做梦。有的说，“读书无用”在于“读书无钱”，我承认这是现实，然而我也不大同意目前常说的“脑体倒挂”的提法。除个别情况外，大多数劳动者，收入不会比知识分子好到哪里去，作为写进宪法的，我们的领导阶级，全国广大的产业工人，更是如此。这点，也不需多讲，而与大家（不仅是脑力劳动者）倒挂的，倒是发改革财的倒爷、暴发户、违法分子。这种倒挂，人民不是以钱的多少计，而是为是非、价值观的颠倒而不平。在要求公务人员清廉时。几个死工资，人与人收入有点差距，怕也不是倒挂问题。大多数拿锄头，以至于用机耕，老老实实的劳动者，也不会挖出金娃娃来。可是人们又怎么不想钱呢？二分一盒的火柴涨到七分、一角，少一分也不给你。报纸上提倡高消费后，随之电视上看的尽是红红绿绿的灯酒。这在我们批评了“一切向钱看”之后，又批评对“一切向钱看”的批评，往后再翻烧饼，谁也不会听了。

报刊上制造应该让“万元户”入党的舆论，那就是说，有了钱，政治上必定是“无产阶级的先锋战士”；有了钱，政治上的好事也来了。这在提倡“学习雷锋”时，又一再告诉大家，过去宣传雷锋有片面性，雷锋生前还是有手表和毛料裤的。在春节电视晚会上，也在恭喜“招财进宝”，人们生活在这样的氛围里，相比之下，读书人想读书有钱，也不是太邪乎的事。现在，说“读书无用论”是由商品经济冲击而来的，我看，并非如此。现在，那些经济发达的国家，一直是搞商品经济，那么，为什么又不是这样呢？那里也有商业艺术，酒吧音乐，可是一个歌星唱得再红，再漂亮，再神通，再有钱，也不准他进音乐厅、大会堂演唱。那里，不是不按经济规律、经济管理的原则办事，倒是不卖钱的严肃文艺，却没将它简单地看作商品，而是政府，甚至是大财团以高薪把这些人养起来，并使整个社会，既要商业文艺娱乐、开心时，又懂得尊重严肃文艺及其工作者，弘扬它虽然不是叫开心的，却是可以为之骄傲的民族的、人类的文化。这点，恰恰是我们所无法相比的。

现实中，“读书无用论”之“无用”，就是无用，是学非所用。

许多留学生不愿回国，都是说，并非怕国内待遇低，而是怕所学的东西用不上。正月初二的晚间新闻，报道大学生当环卫工人，美其名为“向旧的世俗观念挑战”就是一例。社会分工决无高低之分。环卫，是城市必不可少的，是应该受人尊敬的职业。但是，如果当初让他们上大学，就是为了今天这样去向“旧的世俗观念挑战”，国家又何必用那多精力和财力培养大学生，学他非所用的东西呢？

如果说，将人才的发掘、应用，也应引入竞争机制。那么，当商品供不应求，人们见有它就排队时，产品也就无需竞争了。而人才，即使供大于求，在人事的关系网面前，何来竞争？要说竞争，怕只能是“钻营”的同义词，而不是真才实学的考本事。现在流行一副对联这么说：“说你行，你就行，不行也行；说不行，就不行，行也不行。”

横批是“不服不行”。这确实是我们不少部门的真实写照。如果任其扩散、泛滥，“读书无用”、“人才无用”论就会更严重地阻碍我们事业的发展。

有几篇在全国还有影响的报告文学，也涉及我们省对知识分子和人才处理不当的问题。因为我对事实本身无所了解，不能就此说什么。而我身在的文化单位，却不缺乏这方面的新闻。评职称时，有的单位还没开评，有的领导就可以答应并“指示”要评谁一级，谁二级。结果，搞的是不叫运动的运动，弄得人际关系紧张，都是一肚子意见。有的就是照“指示”评上一级，千夫所指，在单位上也很难呆。《红楼梦》里讲“机关算尽……”别的，我们老百姓不好说，只能无奈地说一声：如此用权何苦来？目前，省里各文艺协会正在召开和准备召开各自的代表会。有的就是挺身而出的要名要官，为此，文化单位也要变成名利场了。要是这些“闯将”来执云南文艺之政，弄得文化单位无文化时，我们的文化事业还不遭殃？我不是要无政府主义，是要有集中的民主，但集中下的民主也要是真格的民主才行，不能长官包办。何况，上头派来的干部也是人，不是神，他要作风不正，就不可能执行党的政策，要是他处在他该处在的那么一个位置上，却不按原则办事，还要人奉他为党的化身，那倒是对党的不敬。目前，封那个当这，许那个当那，说谁是“一流的人物”，谁是“当然的代表”之类的互相抬轿子、吹喇叭，对异己又猛加攻击、中伤之事时有所闻。在这些动作还没有通过组织形式表现出来之前，我也愿它只是流言。但是，这也提醒我们警惕其中的宗派活动。对它，要有可行的舆论监督。否则，不想法繁荣创作，想法为人民服务好，醉心于权力斗争，搞宗派活动，弄得大家身无宁日，那是有罪于文艺界的。若把文艺家的目光与兴趣引向名利的争夺上，那也是对文艺工作本身最大的破坏。

当前，现实严峻的一面提醒我们，再也不能把精神文明、教育文化工作看作可有可无的了，或者只是把它当作平衡理论周全的花瓶了。我说的这点情况，不足以反映什么问题，但是，其不正之风，却是同经济、政治、文化等等问题一样，是治国的根本问题。作为国家领导核心的党，党风与人民休戚相关，与一切的一切相联。矛盾总会有的，克服了旧的矛盾，又会出现新的矛盾，但党风只要正，有了电视上天津工人说的，“杀了个张青山，镇住了三十年”的党风，我想，骂娘的就没有了，有，也是少数了，民心所向、同心同德，是没有什么困难克服不了的。

这确实是些套话，是认识的 ABC，正因为是老问题，大家也老说，说得可能该听的都不耐烦听了，因此说也白说，人说“不说白不说，说了也白说”，结果还是“白说还要说”，我就是这样的。说错了，请指正。

原载于云南省政协六届二次会议 1989 年 3 月印发的会议材料。

考验文化的市场[①]

我是在文艺这个行道干了多年的一个没多少出息的人，既为自己作不好工作老在抱怨自己，又对它少不了意见。

顺着这个思路说下去，也就很难照到一般先用一堆数字说明成绩这么一个程序开始我的发言。这并不是我没有看见，忘记了云南文化工作取得的成绩，和在这条战线上许许多多踏踏实实在工作着的同志。

文化工作在我们革命事业中是个什么样的角色呢？所以这么想，不是忘记经典著作中曾经怎么阐述过的这个道理，而是如今它已是现实中无法不面对的问题。

我们可以有这样的意见，说它没有受到应有的重视也不是没有根据，同样，也可以有相反的意见，说它太被看重也不是没有事例。

例如，社会上犯罪率一上升，我们有些同志在念念不忘阶级斗争之时，也就念念不忘文艺工作了。那时，大家就捉摸文艺的教唆作用，可几本书，几出戏能有那么大的作用么？如果，由这么一个角度，把它的作用看得那么严重，那就是文化本身的悲哀，也可以产生文化取消论。

可是，我们要不避讳讲一些不健康的小报，黄色录

---

① 此为作者1985年8月应邀参加云南省政协五届三次会议文教组座谈时的发言记录。

像，也是属于文化部门该管的事，也承认它确实起过很不好的消极作用。例如：《晚报》上说的两个十六岁的孩子，看黄色录像前还根本不认识，散场出来就通奸了的情况在刺伤千万父母之心的时候，我们细想一下，这些令人不愉快的伤心事绝非个别地出现，又不是他们缺乏文化教养所致么？

我们人民，希望自己的文艺工作者成为人民的艺术家，可是，总有人弃人民之所愿，而愿拿个话筒，在台上搔首弄姿，挤眉弄眼，反以沦为酒吧的歌女为荣，作文化工作的，这样缺乏教养，叫她怎么自尊、自爱、自重呢？

有次会议，台上唱国歌，伴奏都走调。然而，有的人要是出外伴舞捞钱，劲头却十足。这里要补充一句，剧团、文化馆，是否该以开展所谓群众文娱活动之名收钱教舞，开舞场，有条条杠杠，不是这里的议题。但是，这些人干别的，干得冷冷清清，干这个，可干得红红火火，就很不正常，也就有可议之事了。我住在饭店，他们的舞会请来剧团所属的乐队，有时就大奏《何日君再来》和敌伪时的流行歌曲。这些东西，在旧社会都是被人看不起的东西．今日竟能在这些人的手下传播。有的乐队人员，自己也弄不清哪是好的，哪是坏的，哪是允许的，哪是该提倡的。为了捞钱，不管三七二十一。讲政治，有人厌恶，讲艺术，又不知道什么是真正的艺术，该怎么追求艺术，这，真比过去“为艺术而艺术”者都不如啊。有次听到《何日君再来》，我跑去提出批评时。竟有人说：“这个歌不咋个嘛！没有涉及政治，没有什么反党的内容嘛！”真是叫人啼笑皆非，这也是今日的一个悲剧。我们的文化队伍，是急需进行自身的文化建设！

现在，不乏心灵空虚而不讲文明礼貌者，但形成一股病态的思潮而成为社会问题时，从某种意义讲，也是个文化问题。

缺乏文化而形成的社会溃疡，只能注射文化维他命，才可根治。

文化的事，是民族的事，是国家的事。在我们的土地上，顺藤摸根，它有百年、几千年的根了。我们这一代人，只有种植新的社会主义文化林，以庇荫万代子孙，若要滥伐千年古树，就会成为历史罪人。人民创造文化，推动了人类社会的进步，使我们对事物的认识取得更大的自由，又以哲学、法制、伦理道德在制约我们。如果，放任自己胡来，自然要出现很多不成体统的事。而这些不成体统的消极现象，一旦成为一定程度的社会现象时，就不应只在追究个人责任，而要思考、研究这些现象本身，从而寻求问题的解决。

过去，禁而不止，令而不行，不只是哪个部门的事。因此，有些事来了，许多宣传、文化干部，看得明、急在心，就是管不了，甚至不敢管。

现在，小平同志要我们“有理想、守纪律”的号召深得人心，也就为我们解决诸如此类的种种混乱现象，提供了有力的保证。

文化的事，既是民族的事，国家的事，当然需要全民来干，但是，我站在这里，又只能从我的职业、岗位这一角度，说说自己的意见。

前面我说过，不要把几本书，几出戏，几支歌的作用看得太大。如果，有那么一本书，一场录像，真的可以把几年的思想教育成果一冲了事，那么，可怕的还不完全是这些东西，而是我们的教育思想太脆弱了，不能有的放矢，进行得科学，作到人心。但在这里，我又确实希望我们领导，能像彼时彼地那么看重几本书，几出戏的作用那样以整顿、振兴云南的文艺，使我们有一批好歌、好戏、好书，把那些乌七八糟的东西打得它无法找到市场。

据我所知，中央不少演出团体，都没有自己的剧场。云南的剧团，条件就优越多了。可是，却很少看到他们演出。有的今年还没在昆明观众面前露过一次面。当我们要建设有中国特色的社会主义，如果没有建设好自己民族的文化艺术，天天看的，且当它是好看的外国电视片，并成为我们文化生活中的主旋律，那么，我们所建设的，就绝不会是有中国特色的社会主义。一个社会，如果只有发达的经济，没有精神产品在发挥它的社会效益，那就是文化沙漠，绝非“社会主义”的社会。

现在，一讲效益，似乎只能讲经济效益，要讲经济效益，就是点票子。于是，有母亲为孩子身心受坏书坏戏之害而发出呼吁“救救孩子”之声之际，而出版社照出一些不该出版的书，因此，为讲“票房价值”而不顾一切的作法，就既奇怪又不奇怪了。这样说，并不是想替它们开脱，而是也该寻根。现在，看到钱在作怪，又感到不能不如此这般之际，我们还不能不面对文化在今天却仍然受“钱”制约的现实。坏戏不演，也没心思搞台好戏，坏书不出，不赚钱的书也不好多出。这样一来，黄色录像，不好的小报泛滥时，我们拿得出什么东西来抵制它呢？目前，采取的有力措施，只是公安手段。作为一个公民，为我们美丽的城市煞住这股歪风，免受其污染，我拥护，我感激。但要没有好的东西可以占领市场，一旦气候土壤来了，它也肯定卷土重来，死灰复燃！

取缔它的措施，积极有效，是有益的，如果再往远看，以后我们如果只握有这一措施作为自己的精神防线，它也就成为消极的了。

过去和现在，我都反对以讲“社会效果”为名来整人，但是，文艺工作者难道又可以忘却自己的责任，看作品，考虑文艺问题，可以不问它的“社会效果”么？

人们看够了有人借“清除精神污染”乱来，以至于一提到“精神污染”就有情绪化的逆反心理，这是很好理解的，由此，怕也不能认为“污染有理”，或听任污染吧。国外有些非社会主义国家都可以正视和提出这个问题，我们一讲这，有人就认为“左”，绝不能看作一种正常现象。正如我们谁也没有少看借“改革”以营私者，总不能因此归罪于“改革”。对那由于历史原因所造成的逆反心理，我们可以换个提法嘛，但问题的实质，是对诲淫诲盗及一些有消极作用的作品，是否也能有个符合我们道德规范的看法，如果这么一点起码的唯物主义态度都没有，还侈谈作品应有历史感，责任感，就太虚伪了。

目前，只要不是生活在真空中的人，都会听到各方面的——包括许多母亲、老师，也包括许多文艺工作者对这些问题的意见。

目前，只要不是充耳不闻者，都会听到和记得中央对有关问题的指示。

当然，文化建设是长期、艰巨的任务。不论怎么心切，也不可能在一个早晨建成文化天堂。说千说万，还是“民以食为天”，在当前抗灾保丰收的任务面前，想把它提到不适当的高度，也是不顾大局的。但是，像过去有的党和政府的工作报告，只字不提“文艺”二字的历史，怕也该从现在结束了。也就是说，应该把它提到议事日程上来，这恰恰不是为文艺工作者本身，而是为了社会主义事业的大局。

一直叫大家投身到改革中去，可是文艺单位本身却不见改革，若“投身”过去，也只能体察别人的改革。尤其演出团体，一提改革，各人就在考虑自己往何处去，再想以此调动大家积极性，解放文艺生产力，就有点一厢情愿了。偏偏很多人终年得不到艺术实践，不能演出，没事干的情况很严重。不利于改革，不利于调动积极因素。但不改也是不行的，我们怕只有在改中调整一些不切实际的设想，使我们能改下去。从改革中学改革。否则，又怎能叫那些人不再那么等、熬、混呢？

文艺团体是知识分子成堆的地方。党的知识分子政策，要在他们当中能贯彻执行，许多问题就好解决了。不要老怪这些人难办，其实许多思想情况就是政策不能落实的直接反映。不能落实的东西，也就不要大喊大叫。否则，老听打雷不见下雨的，为它盼酸了眼，怎么会没有意见呢。

同时，别人想着知识分子已被“抬起来”了，也与他们产生隔阂，对我们事业都是不利的。如果，落实知识分子政策，就是搞文凭主义，在别的部门怎样，我不知道，在文艺单位就无法服人。云南拿出去响当当的关（肃霜）老板，以艺术看艺术，这艺术可能就是珍珠，要用文凭来论她的艺术，就要掂量得一钱不值。这样搞，就有它的副作用。既然人人都说文艺单位复杂，对它头疼，那么，我们也就应该抓住它的复杂性来工作。抓住问题逐个地、具体地解决。虽然住房、待遇上的关怀，必不可少。但对搞文艺的，最终还是要使他们的艺术生命能发出他应有的热来，才是政策落实到点子上了。

个别人，对此要有非分的要求，是得不到群众支持的。要求落实政策，即便不是为了个人，要是离开现有条件的实际，也就失去它的实际意义。现在，如果能说一件做一件，做一件是一件，对于今天我们伟大事业中的一个部门，是否又是非分的要求？这是政协会议。去年的政协会议上，文化组提了一个给老艺人，有影响的演员录像录音的提案，是为抢救遗产，搞文化积累。可是，经过一番公文旅行，复件是：某委员，你的提案经过怎么怎么的过程，已落实了。仔细一问，有的老同志再给这么拖下去，就唱不出来了，也上不了装扮戏录像了。再一问，录像不是剧团的正式演出。乐队、配戏的都得给钱，拿不出钱来就办不了事。钱、钱、钱，又是钱。我们搞社会主义文艺的，为什么又想出这么一些办法，用钱来制服文艺呢？旧戏班里还讲江湖义气，何况我们是在搞社会主义啊！它已经不是文艺上的问题。

现在，赞成、反对文艺商品化的都有。我们的书、唱片摆在货架上，演出要卖票，已是商品流动的形式。不能不承认价值规律。在正常的情况下——我们看到名为“通俗”，实为庸俗的东西在冲击严肃的文艺，就不是正常情况——我想，只要是货真价实，群众是识货的，会买账的，它们也会在票房、书架上显出自身的价值。当经济高度发达了，人们也可以用百多美元买张戏票，或用更高价钱，买本作家签名的书。但是，眼光总是要放远一点，在非正常的情况下，也要看到世上有比钱更宝贵的东西，那就是，社会主义！在正常的情况下，就是做生意，也是要投资的。对文艺同样是要投资，要作许多细致的工作。花人力，花物力，也要准备允许失败，那么，人才、作品、剧目才会出来。事事都想“立竿见影”，是不现实的；如果不能“立竿见影”就采取不管、冷淡，甚至取消政策，则更错误。社会主义自己的文艺若不繁荣，那么，别的主义的文艺就会乘虚而入，一崛而起的。那时，任你怎么把社会犯罪率与文艺的作用等同起来也枉然。那时，在文化问题上，我们的公仆和大家都只好在历史的被告席上相见！

愿文艺工作者尽到自己严肃的责任；

愿出版界更有眼力，千万不要变成出版商；

愿主管的领导部门，真能为文艺工作者服务，同时也不要怕得罪某些乌烟瘴气的所谓“文化人”。

1985 年 8 月

原载于云南省政协五届三次会议 1985 年 8 月印发的会议材料

图书在版编目（CIP）数据

良知与狗食／周良沛著．—昆明：云南人民出版社，2011．5

ISBN 978－7－222－07752－2

Ⅰ．①良… Ⅱ．①周… Ⅲ．①杂文集－中国－当代 Ⅳ．①I267．1

中国版本图书馆 CIP 数据核字（2011）第 077660 号

责任编辑：赵石定　陈粤梅
装帧设计：杨晓东
责任印制：洪中丽

书　名	良知与狗食
作　者	周良沛
出　版	云南出版集团公司 云南人民出版社
发　行	云南人民出版社
社　址	昆明市环城西路 609 号
邮　编	650034
网　址	www. ynpph. com. cn
E－mail	rmszbs@ public. km. yn. cn
开　本	889×1194　1/32
印　张	10. 75
字　数	210 千字
版　次	2011 年 5 月第 1 版第 1 次印刷
印　刷	云南国浩印刷有限公司
书　号	978－7－222－07752－2
定　价	26. 00 元